烟台剪纸代表性传承人口述史

兰玲　王淼　杨超　著

湘潭大学出版社

序　一花独放不是春，万紫千红春满园

剪纸艺术，是华夏文明孕育出的灿烂之花。作为一种充满民族意识和人文情怀的文化现象，剪纸的魅力使无数人为它痴迷。它的历史渊源之深，思想内涵之广，美学价值之重，更是催人探索，领悟真趣。它早已是民间最受欢迎的一种艺术载体。

一把剪刀，一片红纸，剪刻出大千世界、人生百态，承载了万千的祝福，蕴涵着悠悠的古韵。中国红的窗花，吸引着全世界的目光。无论是朴实自然的单色剪纸，还是风韵优美的彩色剪纸，这些流传于民间散发着浓郁乡土气息的古典工艺，是任何艺术门类所难以比拟的。无论是造型，还是寓意，都显示出浓郁的当地风俗，并带着这方土地上人的情感和风格。胶东的剪纸风格，自然和这片土地紧密相关。没有大饽饽、大海碗、大秧歌、大海风等大气大方的东西，是演绎不出这般风格的艺术。这便是一种文化的底蕴，这便是祖祖辈辈风俗的传承。

我因收集民间窗花剪纸，常年奔波于乡村街里。结识了许多民间剪纸艺人。经常与他们在一起探讨创作，寻根问源，交流心得，结下了亦师亦友的深厚情谊。他们朴实无华、诚恳善良，他们朴实的品格和精湛的技艺令人崇敬，他们对剪纸艺术的酷爱和执着精神永远在鞭策着我。这些朋友，有的只是匆匆过客，有的却给我留下了刻骨铭心的记忆。现在，每当看到当年收集的那些老窗花，他们的音容笑貌就会浮现在我的眼前。每幅窗花背后都蕴藏着一段感人的故事，每个民间艺人的经历都是一段曲折传奇……我在拙著《艺海拾贝》中就提到了102位艺人，表达了我对他们真诚的敬意。

胶东地区的民间剪纸艺人，以农村的劳动妇女为主要群体。她们出于自身的社会需要，不受瞬息万变的政治气候和市场价值所制约，在漫长的岁月中，延续着民族的本源文化，代代相传，她们为民间剪纸的传承发展，作出了历史性的贡献。许多的民间艺人，一生艰难困苦。白日里，面朝黄土背朝天地躬耕于田亩，日落西山后，才将这世间的沧桑寄托于纸上。虽然很多人目不识丁，也从未接受过正规的艺术训练，但她们凭着对美的渴望和执着，在剪纸创作上迸发出惊人的想象力和创造力。她们随心所欲、天马行空，没有任何框框和规则的束缚，那些信手剪成的窗花，更是令人惊艳。我惊奇地发现这些原生态的作品，与院校教授们在课堂上所讲的装饰画艺术法则如出一辙。如民间剪纸的不表现光影、不表现透视、不表现质感、不讲究比例、不顾及体积、不强调空间、不受时空限制、不重叠、不遮挡、不着力刻画人物表情、淡化和虚化局部来突出主题。高度的概括和夸张变形也是剪纸的惯用手段，许多剪纸作品的构图和布局，都是追求"基脚线求平"的创作规律。由此而见，那些名不见经传的民间艺人才是真正的艺术大师，应该对他们大书特书。鲁东大学的兰玲老师要为烟台剪纸代表性传承人做口述史，这正是一件有价值有意义的事情。

我曾经对剪纸的未来心存忧虑：剪纸队伍青黄不接，有些剪纸人过于注重经济效益，无心搞创作，更谈不上创新。剪纸的发展和传承面临着人去艺失、后继无人的尴尬局面。但值得欣慰的是，从申报非物质文化遗产名录活动开展以来，由于国家对非物质文化遗产保护和各级领导的重视，给了剪纸和剪纸代表性传承人以极高的地位和尊重，许多有民族责任感的民间艺术家对传统剪纸艺术进行了大量的挖掘、抢救和整理工作，使古老的民间剪纸获得新生，让现代新型剪纸也能在艺术之林获得独立存在的价值。

如今剪纸艺术的影响在不断扩大，引起了装饰艺术界的普遍重视，许多美术工作者积极开展了新剪纸的创新活动，创作出了一大批具有鲜明时代特征的新型剪纸，谱写了剪纸艺术的新篇章。尤其可喜的是，有很多年轻人和高学历的青年学者，他们热爱民间美术，不断充实到剪纸队伍中来，为剪纸的创作和发展增添了新鲜血液，为发掘整理民间剪纸不遗余力，为培养新一代剪纸工作者洒下了辛勤的汗水。现在的我对剪纸的振兴感到欣慰且充满期待。

兰老师嘱我作序，我由于年岁和身体的关系，就将《艺海拾贝》里的一些文字整理于此。是以为序。

曲青棠

2021 年 6 月 16 日

（曲青棠，烟台画院原院长兼党支部书记，国家一级美术师，山东省剪纸学会艺术顾问。）

目　录

栾淑娟——巧夺天工出美花

我是1956年生人，栖霞中桥乡后高格庄村人。我的剪纸跟俺奶奶有关，俺奶奶叫栾潘氏，剪纸剪得好。剪纸在俺那里叫“铰花儿”，或者就叫“花儿”。为什么叫“花儿”，可能是剪得花样多吧，也可能是剪样里面花儿多吧。我记得小时候，村里有结婚的就请俺奶奶剪喜花，俺奶奶先去看看人家家里窗子的大小，再回来弄样子剪，就是些娃娃、喜字什么的。人家为答谢俺奶奶就给点礼物，那时候也没有什么好东西，一般就是给几块糖和四个小莲籽饽饽。村里人都请俺奶奶剪，所以说俺姊妹们小时候可以说是吃满疃的东西。

俺妈妈也会剪，我小时候还见过俺妈妈染花儿，因为红纸贵就染花儿，再说染的色多也好看。用白纸先剪个轮廓，然后细画，叫改花儿。然后再染，染花儿的靛一次不能和多了，否则就飞了。俺妈妈用麦秸管插上鸡毛描，叫“扑”，把颜色扑上，人物吧就扑个脸鳃，花瓣可以染好几层，人物的衣服都可以染。

俺父亲有关节炎，干不了重活，俺姊妹那时候都还小，俺家的工分少，所以每年年底决算的时候还得往外找三四十块钱，家里的使费就靠着养个猪，再就是到集上卖剪纸。我七岁就拿剪子铰花儿了。那时候没有好纸，什么都能拿来铰，废书废本废报纸，凡是纸都拿来剪。以前没有复印机，怎么弄样子呢？一是熏样，把木板弄水打湿了，铺上报纸，把样子再铺上，朝下拿着放在炕沿上，用煤油灯熏。那时候煤油也金贵，俺父亲就想了一个法。俺这里山上有松树，那个松树割了后会冒出松油，俺父亲就把松油弄回来，俺就用松油熏，松油烟大，熏得快还清楚，晾干后就能用了。二是用蜡笔拉（磨），把剩蜡放在铁勺子里融化，用笤帚将锅底灰掠扫下来，把化好的蜡倒进灰里，就这样自己做蜡，用蜡磨出剪纸的样子来再剪。

我十多岁左右，就跟着俺母亲到集上卖剪纸，把剪纸放在白布上，再弄玻璃条压着，这样平整又清楚，就这么去卖。那个时候不让卖，看着人家来赶了就赶紧收，收不及有的就被撕了，哎呀真不割舍的。有时候收拾及了就等人家走了再换个地方卖。等到我十七八岁的时候就放开让卖了。但是白天得干活，就指着晚上剪。有工夫就剪，攒着等腊月卖，一般是过了腊月十六就开始卖，那时候都步行去赶集，俺这里离王格庄集 10 里地，都是步行，四周围的集都去赶，远点的高疃等大集都去过。后来日子好点了，俺妈就说俺姊妹，自己剪了卖的钱自己留着，有一年腊月，我卖了三十多块钱，买了个毛衣，高兴得不行。一年能卖个两三百块钱，全家基本上就花这个钱。时间长了，人家都知道俺家的花儿好，每次赶集俺的剪纸一摆出来，很快就让人抢光了。看到自己剪的窗花有这么多人喜欢，心里别提有多高兴了。那时候，村里的大姑娘小媳妇要找样儿也都上俺家找。

我结婚以后也年年腊月去赶集卖花儿。到了 80 年代，是 1985 年吧，俺老头儿那时候是民兵连长。有一次，当时俺公社的文化站站长就问他说，你家属不是剪花儿？说是需要花儿评奖。俺婆婆家隔俺娘家 18 里地，我就回去和俺小妹说，俺俩骑自行车骑了 60 里地去送展品，结果俺两人都评上奖了，给了一本挂历，我想着是书法和风景的挂历。后来又在栖霞陆陆续续评了四五次奖，都是奖个单人床单什么的。1986 年，有一次，曲青棠院长叫了栖霞五个剪纸的过去，我和俺小妹都去了，曲院长给我们讲了一些剪纸理论，当时栖霞上烟台是 7 毛 5 的车票，后来参赛也得了个奖品，是一个小闹钟。我就觉得栖霞剪纸的发展和曲院长分不开。从那以后，不管是县上还是烟台市，有评奖就通知俺们。到 90 年代初，俺小妹就去了栖霞县文化馆工作。俺小妹小我 8 岁，你知道俺小妹后来就名气很大了哈，她是第一批国家级的传承人，是“金剪子”，就可惜俺小妹走得太早了。小妹有了名气之后，人家好多找俺小妹订花儿的，她剪不及，我就在幕后剪。我以前不出头，也没有文化，这是后来才到了台前，俺姐姐们后来也都干，俺姊妹五个都会剪。那时候真没想到剪纸能发展到这样，评上传承人之后国家给待遇，还有订货的，收入也好，我一个农村老太太感觉特别知足。出去的多了，认识的朋友也多，全国、全省，烟台会剪纸的很多，我跟他们学到了不少东西，像郭万祥、范祚信、刘淑霞等这些剪纸艺人，天上还有天，我们互相学习。所以说得干到老，学到老。

俺奶奶留下近百幅明清时期的剪纸底样，主要是老式窗心。说起窗心，我还记得有个德国老两口专门来收集剪纸做收藏，看到咱这里的窗心惊讶得了不得，一共来收了三次，那时候俺们这才知道这个剪纸价值这么高。俺奶奶留下的这些窗心我就觉得是宝贝，没事我就反复地琢磨，反复地剪。所以说，俺奶奶对我影响很大。我还记得俺奶奶边铰花儿边念词儿，剪什么就说什么，有“一对鸳鸯一对鹅，一对小孩挑梭梭，一对老牛吃青草，一对小兔滚山坡。”“凤凰串牡丹，越串越喜欢。”“剪的鸳鸯能戏水，剪的仙鹤飞上天，剪的喇叭花窗上爬，谁能分到谁发家。”“菊花捎佛手，活到九十九。”“红梅多结子，绿竹又生孙。”“观音送子”“见猪生财”等等，多了去了，还有“龙生虎奶雕搭棚”，说的是老包（包公）降生的事。剪老人去世剪纸是“踏着莲花上西天，上不去西天拿蛾仙。”有很多，我都记不住了。

我的剪纸的特点就是精细，剪子工夫强一些。尤其是打毛，一厘米的长度能打 30 多根细毛，人家都觉得神奇得了不得。剪得太精细好看是好看，也有不好的地方，因为它不好裱糊，线条太细，人家装裱的都打怵裱我的花儿。

我剪的多的就是传统花样，剪了这么些年，几十年了，有些东西都记在心里了，有些东西闭着眼都能剪。我还有个习惯，无论在报纸杂志上还是电影电视里，只要看到好看的图案，我都细心仔细地观察，记在心中。所以剪个花鸟虫鱼、十二生肖什么的都不用画，脱稿就能剪。我剪的很多作品都被人家收藏，像“百龙图”“百凤图”等。胶东民间艺术博物馆就收藏我的一百多幅老花样剪纸。

我虽然岁数大了，也在试着创新，剪一些现在的东西，传统的加上时新的两结合。有一次，蓬莱有一家银行来我这里订制“蓬莱十景”，我嫌那个原图不怎么可我的心思，我就给它改了下，改成我喜欢的完美的样子。

2008年，北京奥运会期间，我带着剪纸作品去北京，参加各种展演，向来自世界各地的友人展示咱中国剪纸艺术的魅力。我现场创作的《平安奥运图》，以花瓶寓意平安，剪的奥运福娃活泼生动，朝气蓬勃，现场的人都称赞说好。

到现在，我大约是出访过14个国家和地区，美国、法国、日本、加拿大、德国、荷兰、菲律宾、印度尼西亚、马来西亚以及台湾地区等，为宣传烟台剪纸，展览展示剪纸文化，每到一处我都亲手给观众演示剪纸。2015年5月陪同山东省非遗保护中心领导去法国、荷兰、比利时现场表演。在法国“第109届巴黎手工博览会”上，我让观众写下名字，现场剪出来，外国人都觉得特别神奇。我去台湾展演，现场剪了作品送给他们，台湾人说我是“国宝”。

俺家老辈子就是全家剪纸，俺奶奶俺妈妈俺姊妹们都剪。现在也是全家总动员，我姑娘和媳妇都会剪，有活动也都跟着我去参加。老头儿就给俺们磨样子，5岁的小孙女也会剪。我现在不光教自家人，带着全家人剪，只要愿学的都可以。老年大学、社区、鲁东大学、开发区金城小学等一些地方我都去教过剪纸。我的徒弟，现在说的话有三个，日照辛崇花，淄博齐元花，海阳李宝恩，他们现在也都剪得很好，小有名气。

国家重视剪纸，给了我很多荣誉。1995年在全国首届中华巧女工艺大赛中，荣获“中华巧女”称号。2009年在第五届民间手工艺评选中荣获“民间手工艺制作大师”称号。2011年被山东省文化厅授予“山东省农村优秀文化人才”称号。2013年被山东省文化厅授予“民间传统技艺大师”

称号。2014 年被山东省文化厅评为烟台剪纸非物质文化遗产省级传承人，2015 年 5 月被山东省旅游局授予“鲁艺人家”称号。2016 年 8 月被山东省文化产业博览交易会授予“优秀匠心山东人”称号。2018 年被文化和旅游部评为烟台剪纸非物质文化遗产国家级传承人。咱烟台的剪纸传承人各有特色，他们用自己的努力传承着这门古老技艺，也正是有了传承人的坚守，烟台剪纸才能在全国标名挂姓，甚至走出国门。我现在最希望的就是能有更多人把烟台剪纸这项非遗技艺继承起来、传承下去，我也尽我的力量，能做什么尽量做。我也记不住参加多少次展览了，反正省里市里组织的活动让我参加我都参加，我就想为剪纸多出点力，我得对得起传承人这个名号。

主要代表作品：

2005 年在齐齐哈尔市首届剪纸大赛中作品“仙鹤仙境”获一等奖。

2005 年在武汉市剪纸大赛中作品“岁岁平安”获金奖。

2006 年在杭州国际艺术节中作品“凤戏牡丹”获金奖。

2006 年在沈阳世界园艺博览会作品“扇面”获银奖。

2006 年在武汉第二届剪纸艺术节作品“五朵金花”获银奖。

2008 年在北京千人命题剪纸大赛中获“十佳称号”。

2008 年在威海东风颂剪纸大赛中作品“平安奥运”获金奖。

2009 年《当代画报》发表我的作品“梦中的纸花花”。

2009 年在大连旅游节剪纸大赛中作品“戏曲人物”获银奖。

2010 年在曲阜旅游商品博览会中作品“百虎图”获银奖。

2010 年在烟台全国第五届工艺博览会作品“百子寿”获金奖。

2012 年在烟台市第七届中国民间工艺品博览会中，作品“龙凤呈祥”获金奖。

2012 年在烟台市第十二届文艺创作奖评选中，作品窗心“龙飞凤舞”

获一等奖。

2012 年在中华文化促进会剪纸艺术委员会组织的剪纸大赛中，作品“五子登科”获银奖。

2013 年在山东省首届民族民俗民间艺术博览会上，作品“一百零八将”获一等奖。

2013 年全国民间工艺品博览会，作品“青白二蛇”获金奖。

2013 年剪纸长卷“龙飞凤舞”获得山东省委、省政府设立的“泰山文艺奖”。

2014 年在烟台市第九届中国民间工艺品博览会上，作品“龙飞凤舞”获金奖。

2017 年作品“龙凤呈祥”荣获山东省民间艺术博览会金奖。

2018 年在纪念改革开放 40 周年剪纸评审中，作品“百子寿”获一等奖。

李强——结缘剪纸 50 载初心不改

一、我做剪纸的缘起

在早些年，咱胶东这个地方剪窗花太普遍了，所以咱这里过去做剪纸的人太多了，基本上每一家都剪，一个村里有 80%的人家都剪，很少有不剪的。不贴窗花年怎么过？一到冬天没事的时候，妇女们就凑一起拉着家常剪窗花，一看你这个样子好，咱俩换一下，你给我一个，我给你一个，就这样交换。过去，剪纸样子的流传方式主要是两种，小的流传就是在村子里流传，大的流传就是姑娘结婚时，从娘家带过来的。我奶奶叫陈凤枝，剪纸剪得特别好，所以说我从小就接触这个剪纸。

我从初中的时候开始学习绘画，在烟台十四中，当时都有专职的美术老师，我们当时刚开始的是15个人一起学，后来坚持下来的有11个人，一直到高中阶段，主要是素描、速写这些基础，再就是水彩、水粉这一些，算是打下了一些美术基础。现在没时间画，有时间还会画一点，差不多都是在做剪纸的间隙。我怎么做起剪纸来的呢，1980年我开始跟季道章老师学国画，那时候中国画兴起一股“寻根热”，我就想起小时候遍地都是窗花的情景了，但是那时闹不明白，到底用在哪，什么内容，就想从这上面吸取营养吧。我就回家找我奶奶，我奶奶当时有三大本剪纸样式的册子，就埋在屋后的地里。等到我去刨的时候，却发现这三本册子早已成了“渣”，我奶奶带我去问邻居她那些老姊妹们，发现手里剩的都不多了。我想起我小时候一过年一过节的时候满窗都是，这才几年过去，就看不见了，那时候我就模糊地意识到，不能让这些东西失传，当时就是这样一个简单的想法，就想把这个东西留下来，毕竟再不挖掘保留下来，这些东西会越来越少。这就是一个缘起。

二、收藏与研究

开始就是赶福山大集，逐渐逐渐往外走，下乡到村里去，最远到莱州。除了胶东，外面的东西我不太要，有人问我，为什么不收外面的。我说，胶东的东西我都收不过来哪有精力去收外面，再一个，因为外地的我没有研究，收了也是皮毛，我不如把所有精力放在胶东上。我一开始下乡收藏的时候是跟收古董的贩子去，叫“拉乡”，这些人可不简单，哪个村有什么他们最知道底细。因为他们天天在村里晃，对于村子的历史、典故、风俗，出过哪些文人、大官，他们都了如指掌。后来下去次数多了知道了我就自己去，我有自己的目的想要什么主题直接就去了。80 年代，最早去的时候，收窗花都不要钱，那时候有些朋友引荐的老人，见你真喜欢就送给你了。现在呢，要么是天价，要么是多少钱也不卖，有的老太太说，那是她为闺女时候剪的，留了一辈子了，想留个念想。可是等到再去人就走了，东西也叫后人们烧了，老多了这样，没人觉得金贵，你能怎么办，直跺脚啊，只能叹息心疼，没办法。因此，这个民俗的小众的东西很多不是钱能衡量的，应该尽早保留下来，因为消失了就再没有了，后人根本看不懂了。也有收获很大的时候，有一次在蓬莱，在一家就收了两千多幅。

我现在还继续每个周末去逛文物市场，逛文物市场也逛了有 20 年了，风雨不误，冬天天冷天亮得晚，去辛庄街遭罪，但是就是喜爱，喜爱就有乐趣，遭罪也愿意，除了烟台本地，也出去，威海、莱阳的文物市场都去。为了这个收集剪纸，我投入了大量资金。好在我早年有一些经济力量。我当时在烟台市最早的一批个体商场步步高商场做管理，初次试水改革大潮，步步高的经营非常成功。当时还兼管着另外两家商场、两家练歌房，一年的收入在 20 世纪 90 年代已达到 20 多万元，当时这就是很可观的收入了。但是工作忙我就没有时间下乡，就很焦虑。一方面知道越早挖掘越有利于保护，另一方面，又很难舍弃高薪的工作。2004 年，终于下定决心，放弃高薪工作，开始了真正无牵无挂的下乡路，藏品也日渐增多。

我从 1985 年开始收集，到现在近 40 年了。最开始我就想弄明白那些剪纸都是干什么的，过年贴的还是端午贴的，是婚俗还是丧俗，是礼花还是供花，是什么戏曲，什么内容，后面就累在这里了。这个东西是真累啊，别人体会不到这个累，不研究它一点不累，喝着茶欣赏一点也不累。就累在研究上，我常跟他们说，你现在听我一句话就把一幅剪纸说明白了，可是这一句话背后我得看多少东西得花很长时间。而且困难在哪呢？没有老师，没有人教你，没有任何资料，一点信息都没有。有一次我就为了一个吊子，特意去招远张星，问了好几个八十几岁的老人，都不知道，所以就得一点点地抠。越研究吧就越觉得剪纸中的奥秘无穷。这感觉有点像考古，就拿朝代来说吧，如何证明这个剪纸属于哪个年代的，就属于考古方面的东西。比如麒麟，明代是卧着的，到了清代之后才站起来。在我手里有包括元代和明代的南音演奏剪纸以及明中期的剪纸。有流传在蓬莱、莱州的关于戚继光练兵的作品，比如“盾牌舞”“小刀舞”。当然也不排除是后人仿的，但年代不会晚于明后期。再就是南音，从历史文献记载，南音在山东到了明中期就没有了。但福山一带流传着南音演奏窗花，这就能充分断定是明早期的东西，甚至可以追溯到元。明代的窗花跟瓷器一样，给人以粗犷的感觉，不细腻。胶东的风格是在清乾隆之后才形成的。

说到胶东地域风格，外人一看只知道说是胶东的，但是胶东各地还不一样，是牟平的？莱山的？还是福山的？这个都不一样。地域风格还能细化，同样是福山地界，古现的还是张格庄的我一看就能分出来，古现和福山城里一带，文人味道比较足，张格庄一带的农耕气息浓，张格庄的有些东西和栖霞几乎相同。为什么会有这个风格，有人也不明白，比方说窗花的尺寸，栖霞是山区，过去房子矮窗子也矮，栖霞的窗花也就22公分左右高，到了福山就是33公分到一尺，差别就在这里。宽度没有超过五公分的，窗子就给定下了，就像百格窗，胶东许多地方都有，但百格窗上贴窗花就莱州最为典型，8公分大小；蓬莱、龙口地方是大格子窗，12到13公分，格子的多少根据窗子大小，格子大小又决定了窗花的大小。再如棂子窗，窗格宽5公分，所以剪纸宽度只有5公分，不可能超过5公分，因为再大就被2公分的梁挡住了。但往威海走，荣城地方有一寸宽的小棂子窗，窗花就3.3公分宽。一看窗花大小，就知道是哪里的了，差别就出来了。棂子窗多少个格呢，是偶数的，要不窗花没法贴，怎么贴怎么偏，因为它不对称。有16格，18、20、22格，再大，有24、26、28格，最小不低于16格。因此到乡下不单单是看窗花，也看民俗，看建筑，看居住环境什么样，为什么会形成这种风格，一个是审美问题，一个是地理方面，居住环境决定的。我有一次拿西北地区的窗花给我奶奶看，我奶奶说："这是什么黑乎乎的，挡亮儿。"我一听就明白了，为什么咱们那个线条要剪那么细，因为剪得粗的话会挡光，家里黑。

说起研究就太多了，比如说剪纸里的歌谣，就只是节日剪纸，每个节都有。正月二十三打春牛，妇女们会用黄表纸剪个大黄牛贴在门上，剪纸上写："正月二十三，老君来撒丹，门上贴春牛，专治小鬼头。"以牛去瘟病，提醒人们早早喂好牛准备春耕。二月二，胶东人这天剪圣虫贴在墙上祭祀雷雨神。三月谷雨节，家家剪雄鸡叼蝎子或剪刀斩蝎子的剪纸贴在窗上，有谣："谷雨三月中，老君下天空，手拿七星剑，单斩蝎子精。"五月五端午节会剪艾虎、吸毒葫芦粘贴门户，谣是："五月里，午端阳，吃粽子，饮雄黄，金鸡贴在俺门上，蝎子蜈蚣全死光。"七月七为七巧节，莱州剪纸艺人唱道："七月里，七月七，剪个牛郎哄织女，先剪憨牛郎，再剪巧织女，搭桥喜鹊剪千万，好叫牛郎会他妻。"十月初一，有送寒衣的风俗，死者亲属用彩纸剪成各种带图案的衣服，套上棉花，在大门外烧，边烧边念道："立了冬，天气寒，棉衣棉裤棉被单，父辈之灵都来领，暖暖和和过冬天。"等等。

这些年，我潜心研究胶东剪纸，陆续写了一些文章。论文《烟台民间剪纸》发表于2007年1月《中华文化画报》，《剪纸与基督教》发表于2007年7月《中华文化画报》，《烟台毓璜顶剪纸研究会毓璜顶剪纸工厂创立的始末》发表于2008年第11期《艺术》，《烟台窗裙的造型艺术研究》发表于2012年第2期《装饰》，《素纸雕镂戏斗鸡——胶东剪纸玩具研究》发表于2020年第6期的《民艺》，《晚清胶东大家闺秀窗花赏析》发表于《中华剪纸》2020年第4期。在国家及省级专业报刊《中华手工》《美术报》《中国书画报》《剪纸报》《中华剪纸》等，发表了《烟台剪纸》《胶东文人剪纸》《胶东窗裙》《胶东园林剪纸》《胶东婚俗中的剪纸文化》等近三十篇剪纸论文和介绍胶东剪纸的文章。剪纸作品自1988年先后获得各种奖项20余次，1988年全国剪纸展获三等奖；2010年全国婚俗剪纸大奖赛，作品《胶东婚俗》获得全国最高奖项“金剪刀”奖；2011年全国年俗剪纸大奖赛，作品《胶东年俗》获一等奖；2012年全国四花剪纸大奖赛，作品《胶东绣花样》获一等奖等。

三、胶东剪纸里的文化

胶东剪纸差异很大，整体来说，北面比南面好，北面富庶一些。最好是蓬莱，然后是招远、龙口、莱州、福山，尤其是蓬莱的大型窗心，戏曲窗心除了蓬莱就是福山；招远是窗裙及染色好，染色最好的在招远，单色的在蓬莱和福山。龙口主要是染色剪纸，丁百万家里贴的跟平民家里贴的不同，因为文化水平高，审美高，起点高，内容不同，要求技艺也高；海阳离福山近的地方跟福山差不多。窗裙的发源地在招远的辛庄，传到龙口和莱州，但到了莱州整个大变，莱州的窗裙小，就是招远窗裙的上半部分，莱州的风格在哪呢，它是贴、绘和剪，招远就是剪和绘；怎样去分辨招远和龙口呢？颜色不一样，龙口以水红色为主色调，到了招远以大红色为主色调，这个不点破根本看不出来，就是看得多了上手多了才能分辨出来，你看个十幅二十幅根本分辨不出来。

剪纸怎么保存？清代的剪纸，染色主要是植物和矿物质染料，植物染料稍微褪一点色，矿物质染料几乎不褪色。进入民国后，德国染料首先进入烟台，张颜山嘛，狮马牌染料。烟台当时是胶东经济文化中心。这种化工染料，民间是先用到染布上，后来用到窗花上。化工染料的毛病就是飞得特快，什么办法也锁不住它，不能见光，年画也一样，塑封也不行，还是飞。最好就是夹在书页中把它压实了，我现在就是夹在文件夹里，用纸隔开，不让它太接触空气。装裱也可以，但是不现实，太多了，装起来也没地方放。我 80 年代初期就做过装裱，后来没有时间做就扔下来了。我收的窗裙最多用七年，一年贴三到五天左右，大年三十贴上之后，一般过了初五以后，最晚到十五六就收起来了，没有用一年的，最少也得用两三年。为什么，一个是穷，一个是做起来费工费力，窗裙大，画起来繁复，染色也太费事。你看这个门签也是，贴上以后，一般过不了初五，初五破五就拿下来，外面的。单色一般没有收的，染色都拿下来，收起来下一年用，这样用的年数多，有时候初二送神就拿下了。吊挂，吊是吊，挂是挂，吊子与挂笺，吊是从佛教过来，乳山、海阳、栖霞、莱阳有的地方叫马鞭子。吊是福山、蓬莱、招远、龙口这些地方的叫法。也是初二送神时候摘下来，过去说女婿不能见岳父家的吊和影子。以前都是手工做，五色的，福山大王家做得多，过去福山古现大王家卖窗花的最多。现在都是单色的，红色的，机制的。影子上的挂笺与门上的挂笺不同，门上是“四季平安福”，家谱上是“家和万事兴”。挂笺是总称，包括门笺、窗笺、佛笺，影子上、佛笺上一般叫神挂、黄挂，就是挂笺，是挂在佛龛上的。窗笺小，尺寸不一样。街门、二门、家门的门签尺寸大小也不一样，越往里走越小，门签过去没有红颜色的，两种，一种是染色的，一种是五色的，头红二绿三黄四水（水红）五蓝（或紫），胶东有的地方有挂六个笺的。过去的供品分三层。除了香炉这一块，香炉分三供五供七供九供。九供是皇家用，七供是达官贵人，平民百姓就是三供、五供。再往里水果一排，三牲一排，最后面是油炸的，摞成宝塔一样。所有的供品上全有供花，影子上面就是挂笺，大一点的有挂八仙的，一般用在财神和宗教上，四个或八个。过年祭祖也好，初五祭财神也好，都用。过去，三十晚上门前还有三大堆，在粪堆上插吊子祈求丰收，包括田间也有插的，有的还点个小灯，现在都没有了。剪纸的应用非常广泛，墙裙、顶棚、筐箩，都会用到剪纸。过去的剪纸在家里都碰头，就多到那个程度。现在呢，都成稀罕东西了。为什么？民俗消失了，所以说先有民俗后有剪纸，剪纸为民俗服务，没有民俗就没有剪纸，不会单独拿出用，单独拿出来是到了20世纪70年代才独立为剪纸，脱离了民俗，主要成为一种装饰。过去咱这里不叫剪纸，叫抠花样儿。

剪纸好不好的评价标准要看它怎么用，现在有个弊端，就是有些人没强起把所有的吉祥纹样都放一起，让不懂剪纸的人觉得你什么都懂，什么样都有，那么你到底要用在哪里，用在婚俗里？用在丧俗里？用在生儿育女里？纹样都不一样。每个节日是窗花也都不重样，二月二、三月三、清明、端午、七月七、仲秋、十月一都不一样，不重样。端午去五毒是关键，家里有儿童的肯定得需要贴。端午的剪纸，蓬莱在全国是保留最完整最全的。端午那天，妇女尤其是小女孩，剪一个小花，2公分多一点，剪五毒加个小艾虎，用线一串，挂在簪子上，这是簪花。老太太簪什么，她挂葫芦，长寿，代表福寿。所有的门洞都贴剪纸，主要是对外的门，门上比窗上多。不是把所有的吉祥符号集中一起就是好，它有不同的用途。结婚用的喜花，迎新娘时，拿猪蹄和鸳鸯肉。鸳鸯肉，过去一刀肉二斤或四斤，猪蹄花，鸳鸯肉花，烛台花，镜花一般是连生贵子。这些喜花从乾隆时候起，胶东中部几个县市基本一样，没怎么变化，基本是稳定的。艺术上说谁好谁不好？内容、风格、表现形式都不一样，胶东人讲究玄机，摆弄技巧，胶东剪纸技巧上基本就是走到极致了。剪工如何评价，套用张永寿先生一句话，就是“线如胡须”，就是说剪的线条要和神仙的胡须一样，绵里藏钢，有一种飘逸感，虽然你是用纸剪的，但剪刀是硬的，体现出来的应该是剪刀的硬力。

过去剪纸和现在剪纸的差异。在尺寸上，过去小样子多，尺寸固定，因为都是为了实用。胶东的传统剪纸里，窗裙和棺材花基本就是最大的一种，窗裙高度 1 米 2，宽度 1 米 6。现在大都是应和展览和评奖，动辄几百米，甚至上千米。

关于剪纸的颜色，过去单色和染色的比例是一比一，三月三和端午是黄色，就是写疏的纸，有法力，是从道教中来，与皇家用的杏黄还不一样；丧俗剪纸用金色、白的、黑的、蓝的，紫的也有，黑色也用做墙围花边、顶棚花、筐箩、祭祖，一是耐脏，二是做衬色，增加对比度。

剪和刻不一样，过去胶东妇女做的窗花全是剪，一般一次只剪两张，最多剪三张，超过四张，就全是粗糙活，因为剪不了那么细，层数多了最后面的那张肯定剪不好。我收的那些民国的剪纸都是订两张，纸还很薄，比现在都薄。刻用在哪里呢，门笺、绣花样和顶棚花，属于是半手工，刻的量大，一刀下去，少则十几张二十张，现在多的能刻一百多张。现在的商业剪纸已经产业化了，流水线作业，对传统剪纸冲击非常大。

四、传承与推广

说到剪纸的现状和前景，咱们国家从 2006 年开始非遗保护，出发点非常好，百年历史三代传承，但是，不是确实是这样。另外，代表性传承人是应该能代表当地的风格，但我们现在有些传承人代表不了地域风格，看不出地域性，和大头娃娃一样，全国一个模样。哪个能获奖，哪个能卖钱，就做哪个，这是个大问题。剪纸的发展要看舆论导向问题，商品化了之后有的就变了味道，传承与做生意要分开，不能只做生意丢了传承。虽然现在剪纸传承人不少，但真正能了解剪纸历史，能恢复老样式的人却寥寥无几。曾有人问我秃尾巴老李剪纸，我说我没看到，拿一幅钱龙问我是不是，我说这个钱龙是一套，八幅，是初五祭财神用，不能拿说出一条龙就能说是秃尾巴老李。我为什么着急研究，因为大多数人只会剪，别的不管，等到这一代人没了，后人更没有知道的了，所以我的精力都放在剪纸研究上。

现在烟台剪纸有三个方向，老一辈的曲青棠老师是代表，早期是刀刻、手绘染色，后来电脑做壁画，非常精美；比我小两岁的于平任凭夫妇，他俩做儿童读物，早期也是纯手工剪，后期以丝网印刷，做得也特别好。我现在做什么，我做烟台传统剪纸文化推广，就是让人们知道烟台剪纸好在哪里，应该怎么去传承，怎么去做，怎么去剪，是这个。首先是理论，剪纸原来是民间的东西，要从民间实用上升到理论，非常难。技巧的东西有了理论之后学起来就容易了，归纳起来后，学的人一两个月就学会了。比如到底怎么剪，第一刀怎么下，从上面剪还是从下面剪，往左剪还是往右剪，打毛剪刀是用剪肚打还是用剪子尖。包括染色、拼色、衬色等，我都全面教给学生。

为了介绍推广胶东剪纸，只要有机会，我就参加一些展演并开设讲座。2009 年 9 月，应上海博物馆邀请，做《天工 · 纸艺》中国剪纸专题讲座；2010 年 7 月，应山东省文化厅邀请，参加上海世博会“山东周”展演活动；2013 年 9 月，应国家旅游局邀请，参加韩国第十六届釜山国际旅游展剪纸表演；2013 年 6 月，获山东省非物质文化遗产十大优秀传承人荣誉称号；2018 年 7 月，应南京大学邀请，做《从传承人到保护和研究者——浅谈非物质文化遗产视角下民间剪纸保护与研究》专题发言；2019 年 7 月，应深圳大学邀请，做《非物质文化遗产下的胶东剪纸》剪纸专题讲座；2019 年 10 月，应韩国友好协会邀请，做为期两周三市十地剪纸表演。

推广胶东剪纸，我曾经的理想是打算建一个网站，建一个馆，出一本书，建一个学校。目前看，实现了一些，2007 年成立了烟台剪纸博物馆，2013 年出版了由国家出版基金支持的《中国剪纸》（山东友谊出版社）一书。但学校没有建成，网站也没有维持下去。我现在最大的理想是做一本《胶东剪纸图录》，因为现在看到一幅剪纸，好多人看不明白，我就是想把剪纸内容讲清楚，图文对照。这个活太大，我手里的剪纸太多，现在只能先一点点地做专题，一个专题一个专题地做吧。

再就是我手里的这些东西，希望能有一个好的归宿。之前像烟台文化馆、李村文物管理所等地方收藏了一批，有大的馆藏这是最好的，能够最完整系统地保留下来，如果去了市场是最糟糕的结局，烟台现在的好东西也早都走了，都到外地了。剩下的这些东西我还想给它们找一个好的归宿，不想把它们推到市场上。

教学这一块儿，我在烟台职业学院、烟台艺校和烟台老年大学都讲剪纸，也经常走进社区、青少年宫公益宣讲剪纸艺术。咱烟台的许文华跟我剪了三年，哪里有问题我就给指出来，人家都说，教会徒弟饿死师傅，但是我不怕丢饭碗。莱州的陈淑香现在主要学习染色窗裙的创作，她们两个现在都是市级传承人。我现在教学的精力主要是在烟台老年大学，但这些学员最少得五十岁以上，退了休才学。有些年轻人有想学的但大多没有时间。年轻人要学剪纸的话，技巧上学就是，最大的坎儿就是文化。其实剪纸技巧很简单，没什么难的，好不好只是熟练程度而已。但真正深入下去，用传统的文化符号去创作新的东西，那才是一道关，需要真正痴迷热爱，才能打通。比如说这个佛手，中国民间文化最多的就是福禄寿，它自己就占了两个，谐音嘛。就我个人而言，还是希望有更多的年轻人加入剪纸中来，我愿意在传承剪纸艺术这条路上，一直走下去。至于剪纸研究，那是我的初心，不会改的。

王松生——家传的手艺我得传下去

我是1943年生人，龙口市东莱街道牛据村人。我接触窗染花的时间也就是十来岁，我爸爸妈妈会奏（做）这个窗染花，俺妈妈是跟俺姥姥学的，俺爸爸会画。俺父母奏的时候我就跟着奏，奏不好但也爱奏，就跟着这么奏。跟着铰啊染啊画的，知识方面不了解，以后慢慢通过学习，才懂得了窗染花的历史。黄县的窗染花起源于清朝道光年间，原先是在云母薄片上绘图着色，就是做个摆件做挂件，装饰环境。当年不是闯关东吗，俺黄县这个地场有好多人去东北做买卖，过年过节的时候回家，就把东北的剪纸也就捎回来了，大家一看这个好，看看咱这里是不也能用上，把它染上色以后看看会怎样，还真好看，逐渐就用东北剪纸代替了云母片。开始画云母片的就是画家或是画匠画，因为他得有这个画画基础，一般老百姓不会画，也并不贴到窗上。等换到宣纸上以后才开始贴窗上，被一般的乡村人接受，不会画的也慢慢学。慢慢地农村妇女也学会了，开始做的时候水平不行，就是个普及型的，就是觉得过年贴上新鲜，有个过年的味儿，要个吉利，内容都是传统的吉祥图案，春节贴上增添喜庆气氛。就和贴门对一样，必须贴，主要是贴金鱼，富贵有余，连年有余，就要这个“余”字。美化环境，有年味儿。还贴圣虫，叫吐钱龙，嘴里扛着钱。

20 世纪 50 年代，“百花齐放，百家争鸣”，窗染花发展得最好，质量也好。龙口窗染花最兴旺的时候是在 60 年代，就是 1966 年以前。集中分布在黄县城周边的菜园泊村、赵家庄村、北关村、牛据村等。我亲身经历过过去卖窗染花，那时候的钱成（顶用），奏这么六棵鱼，卖两毛钱。农闲时候就染，奏这一年，尤其是到了年根就拿去卖点过年的钱。卖一个腊月，过年的钱是出来了。当时的窗染花已经商品化了，有专门的市场和小贩子，当时很普及，一个村子百分之六七十的人家都做这个买卖，咱黄县的窗染花招远、莱州也有，一般就是亲戚朋友捎出去，也有贩子，那个时候咱们的窗染花外销到全国。凡是老家是黄县的人，过年他们都喜欢贴这个窗染花。

黄县窗染花单幅的叫“棵”，一幅就是一棵，一般六棵一组，也有多的，根据窗子的大小，一组就叫“一窗”。窗染花主要以吉祥图案为主，表达上大体有两大类，其一是吉祥类，又有三种，一个是汉字与艺术结合，如单贴个福字寿字也行，但又加上个背景更好看；二就是象征表达，如松树、万年青、桃子、仙鹤，这些都是表示长寿，牡丹表示富贵，葡萄表示多子多福，它是这样，名字的寓意好。三就是谐音，音同字不同，用动植物的名字来表达，如鱼就是“余”。其二是人物类，过去比较多，戏出子里多，《红楼梦》《白蛇传》《西厢记》等，也有的有教育意义，二十四孝也是人物类。所以窗染花不光是一种艺术品，也是宣传品，是教育品，没事的时候就对孩子讲。当初俺妈妈讲“卧冰求鲤”，她不知道典故，就告诉我叫王祥冰鱼，这种教育性也是与窗染花被大众接受和热爱分不开。

俺妈妈的窗染花做的是真好，画面饱满，染色雅致大气，你不觉得那是剪纸，就跟画儿一样。我真正自己奏窗染花是下学以后，我念书不好，初中下学后，在生产队干活，下雨阴天就忙活这个窗染花，年底就背着箱子去卖。当时钱金贵，论分论分地花。那时候在生产队干活，年底决算，一家人一年能挣两百多块就高兴得不行。以后劳动日高了，一家开四五百块钱就是好的。那时候什么都供应，粮油面国家控制，有购物证和各种票。腊月没活干，我就背着窗染花出去卖，到黄县城、乡城、羊岚、新嘉集上去卖。赶集遭老罪了，起五更，天还不亮就起来走，腊月天又冷得不行。那时候都是步行，去诸由观十五里地，都是一步步量去的。单头日赶城里，双头日赶乡下，就为卖这两个钱。全家做窗染花一年能卖 200 多块钱，能顶一年的劳动日。剪纸尽管工夫大，但剪完就行了。窗染花与剪纸不同，先描出来，再剪出来，再染出来。你看过蔚县剪纸，河北蔚县也有这个染色剪纸，也很漂亮，但和咱这个两道门儿，它们那个是剪纸形式，只是把红纸变成白纸。咱这个有点像国画。它们那个染色是渗透，一染一沓子。咱这个工序多，剪画染相结合。

我也喜欢画，从六十年代就开始画，有一点基础，也有家庭基因。我爸爸会画，我和我妹妹、哥哥都会画，俺姐姐不会画。我叔伯弟兄家里有家谱，家谱上记载我老爷爷是画家，你看看俺老爷爷留下来的清供系列，很精美，一看就是文人的作品。我和我妹妹出的一本书画和剪纸作品集，俺妹妹比我画得好。

改革开放以后，八九十年代期间，我也拿到集上去卖，也有人要。我脾气比较平和，能耐得住性子，所以我这个做窗染花一直就没稳下（放下），到现在也是，过年我必须奏一些窗染花，自己贴，也给亲戚朋友街坊邻居送花儿。再后来，主要是咱龙口市政府抓这个事，是咱国家拿着这个重视，咱没想到国家这么重视，咱龙口文化局就收藏了我的一些花儿。

过去这个窗染花的传承方法就是一家一户，一个家庭里，上辈传给下辈，或者亲戚朋友之间取长补短，这样传下来，就和过去的小手工业一样。现在希望有更多的人来传承学习这一块，我前面在龙口一中教得多，我们民间文艺家协会、教育局组织非遗进校园，我在那里教了三年，一直教到今年，今年开始不教了，耳朵开始有点背。我的学生里好的主要是王美玉、赵锦昆，只要是喜欢、愿干就行。

这个是我上课时候用的教给学生的步骤。这个窗染花比剪纸麻烦，剪纸剪完就行了。这个要先描，在宣纸上画出花样，用纸捻把图样固定在一摞六张宣纸上，用剪子、刻刀刻剪出图样轮廓，然后用毛笔涂染，一次上一个颜色，先染淡色，再染深色。最后涂上清漆或石蜡，染花就有了亮光。咱的窗染花为什么好，主要是因为上色好，咱这个有过渡色，有个立体感，所以质量好。现在这个窗染花除了我们几个传承人做，别的没人做。太费事，再就是颜色现在不好弄，过去用品色，价钱便宜，缺点是见了亮光后潲色，所以一般都夹到书里，潲色能轻一些。现在小摊上的颜色不好，网上买的也不如再早时候好，没有变化。现在都用国画色，不如这个透亮但不太潲色。我现在的颜色都是女婿在网上买，但现在的颜色不如过去，它有沉淀。

黄县窗染花的传统样式我手里有蝶恋花、十二生肖、胖娃戏鱼、喜鹊登枝、鸳鸯戏水、丹凤朝阳、麒麟送子、榴开百子、五子登科、人寿年丰等，和其他地方的剪纸题材差不多。现在也有一些新的题材，做什么都得随着时代走，你看这是我这些年创作的，有大拥军系列、红色印记、新时代新龙口、英雄赞、精准扶贫、义务教育、抗击疫情等。

黄县窗染花过去曾经是大行大市，现在住上楼房之后，窗户大，咱这个窗染花小，贴上也不好看，所以现在年轻人不怎么稀罕。就是上了岁数的人有感情，那是2016年办展，有一回，一个九十多岁的老人走到窗染花这里不走了，说他有五十年没看到窗染花了，说着眼泪刷刷地，他就是跟这个窗染花有感情了。现在，政府的政策这么好，我希望有更多的年轻人来做这门手艺，把它发扬光大。

王秀娥——迷剪纸痴心不改

我生于 1949 年，住在莱州市夏邱镇一个偏僻的农村。我生在一个剪纸世家，受姥姥和母亲的熏陶，从小耳濡目染，与剪纸传统艺术结下了不解之缘。

一、我与剪纸

我先和你说说剪纸的事。小时候，家境贫寒，我们兄弟姊妹八个，母亲长年有病，为了补贴家用，母亲给我把剪纸的样子画出来，开始教我剪纸，7岁时我就能剪出一些简单的花样了，如蝴蝶、金鱼、花鸟、窗花、天棚花等等，从此，一双小手没白没黑地剪，由最初的赚钱养家慢慢地迷上了这门手艺。

10岁那年，我上了学堂，每天半日制。13岁就辍学回家干活，虽然年纪小，但干起活来却很卖力，也没有花花肠子，就知道往死里干，为了挣工分嘛，干累了，大家都休息的时候，我就在田间地头儿上找个平坦的地儿当画板，用小石子儿和树枝当画笔，我天天画，静静地画，时间长了，别人就给我起了个外号叫“地球小画匠”。

1966年，我17周岁，由于我干活卖力，也不多说话，人正派，品行又好，大家都很喜欢我，那年我被选中当了妇女小队长。正值宣传毛泽东思想和老三篇，我白天劳动，晚上就带着没有文化的妇女学习。1968年，村里又选我去学习卫生员，外出学习中医一年，回村后任村卫生员。那时候，因为村里没钱买药充实药橱，村医疗室始终没有建起来，没办法我又回到村大队干管理工作。

后来结婚又有了孩子，更是忙得不得了，得多挣工分儿供两个孩子上学，但一有时间，我就忍不住拿起剪刀剪两下子。那时候正赶上改革开放，允许一部分人先富起来，我家就开了个小吃部，收入比挣工分可多了好几倍。

1996年的一天，电视上播放《走进台湾》，介绍台湾剪纸，刹那间，“剪纸”两个字映入我的眼帘，我左思右想，这不正是我梦寐以求的梦想吗？如今，孩子们都大了，也都有各自的工作了，我也没有什么太多牵挂，如果能天天剪纸那该多好！于是，我跟老头子商量，国家对民间剪纸很支持，我想专业搞剪纸，没想到老头子坚决反对。就这样，我俩开始闹矛盾，这时多亏弟弟来我家，我哭着和弟弟说了这个事儿，弟弟也劝我，但我就是坚持要剪，弟弟说："你属牛，老牛啊！就是一根筋。"看着我哭得那么伤心，决心那么坚定，弟弟又心疼起来，从中说合，最后，大家达成一致，支持我剪纸。

在弟弟的支持下，我带着喜悦的心情剪了起来。刚开始，我剪的都是跟母亲学的花样，后来我觉得这样不行，没有创新，没有创新就没有出路。老辈子时候，家家户户贴窗花图个喜庆，现在的喜庆吉祥物花样百出，几乎没有贴窗花的了，继续剪那些花鸟鱼虫已经没人欣赏了，怎么办？不干了？我又太喜欢剪纸了，舍不得放下剪刀。我想了很多。在许多商店和高速路休息区里，多数售卖的剪纸是用刀刻的，刀刻的作品木讷且没有灵性，没有手工作品的灵秀与纯真，那样做也能卖钱，我也这样做吗？我思前想后，还是坚持手工剪，而且要创新，想剪出好作品必须要创新，只有这样才能实现自身的价值。

经过摸索，我想出了一个法子。在作品创作上，我尝试运用阴阳搭配的办法，反复尝试，结果都是阴剪就不够清晰，都是阳剪又不够稳重，二分阴八分阳又太暗，三分阴七分阳还是不精神，阴阳各占五分就有点意思了，最终六四分就很漂亮了。看来，任何事情不要死搬教条，老一辈的东西要继承好传承好，在此基础上，再能发挥现代的想象力，勇于创新，剪纸艺术就更有生命力了。

说起搞创作，我是真吃了不少苦头儿，忘记吃饭是经常的事儿，饿极了就啃口干馒头，渴了就喝碗白开水，剪起纸来就顾不得做菜了，吃口咸菜或者蘸点酱油就算一顿儿。邻居们见我痴迷到这个程度，都心疼，这家送来了包子，那家送来了饺子。有时候，半夜睡着睡着，突然来了灵感，一个骨碌爬起来又继续剪，迷迷糊糊地经常扎破手。

创作过程中，问题一个接一个，自己创作的作品没处下手，怎么办?经过一边剪一边琢磨，我把画出来的作品做出标记，按照标记剪，剪起来就顺利多了，这种剪法又尝试成功了。我觉得，创新就是生命的源泉。只有不断地挖掘，去粗取精，去笨生巧，推陈出新，才有竞争的实力，才能与时俱进，才能使古老的剪纸艺术焕发青春。

经过一次次实践，自己创作的作品很快就能剪出来，想剪什么样，画上标记，拿起来就剪，特别是新社会的好政策、党和政府的关怀支持，我更有了创作的干劲和信心，创作激情高涨，其中，有《抗日飞虎队》《三个“代表”深入人心》《抗洪抢险》等作品。2002 年 5 月 30 日，我的剪纸在莱州市首届剪纸大赛中获一等奖，这是我从小到大第一次看到自己的作品获奖，信心十足，从此一发不可收拾，陆续创作了《富贵吉祥图》《喜迎十八大》《爱我中华》《非典白衣天使》等讴歌时代的作品。多幅作品入编第二届华夏风韵剪纸艺术展刊物、入编烟台剪纸十名家刊物、入编青岛中国剪纸胶州湾杯中国剪纸艺术家大展作品集、入编中华人民共和国杰出书画艺术名家大典；2002 年在胶州湾杯中国剪纸艺术大展中荣获金奖；2006 年作品编入青岛出版社《社会主义荣辱观教育通俗读本》套装。

2006 年，我被评为烟台市书画院高级画师，烟台剪纸市级传承人。逐渐的，我喜欢上剪大幅作品，剪难剪的作品。作为非物质文化遗产传承人，就要把剪纸艺术发扬光大，要勇敢地走出去，在大风大浪中摔打，才能跟上时代的大潮。

我是佛门俗家弟子，2001 年皈依佛门，法号明莲。为宣传佛教，弘扬佛法，我开始以剪佛教剪纸系列和道家护法为主。人物有行、立、坐、卧四势，古、怪、秀、雅四种，基本都是我自己想出的样子，我如饥似渴，不停地创作，不停地想，不停地悟，剪的新图案如同新事物，越来越丰富，风格越来越细腻清秀。花样密集的装饰手段，使单纯爽快的外形更加饱满丰富，形成了自己独特的剪纸艺术风格。多年来，自身已创作了千余幅作品。其中，有潜心创作的《千手观音》（1米）、《八十七尊神仙图》（8.6米）、《佛光普照》（30米）、《大悲咒》（40米）、《五百罗汉全图》（300米）等许多巨幅作品，看到的人都叹为观止。

为创作巨幅作品《五百罗汉全图》，我的脚步遍布大江南北的名寺，积累了大量的艺术素材，但寺庙中的罗汉只能远观，不能近距离接触。2004年起，我便徒步在烟台周边的深山中开始寻找废弃的佛像，但始终无果。在莱州人民医院照顾母亲那年，听说千佛阁有罗汉像，我就赶快去找。当时天快黑了，景区也要关门了，我迫不及待地买了门票进入千佛阁，值班人员说快下班了不让进，我好说歹说才进去。一进入千佛阁，门里面挡着菱形的栅栏，门虚掩着，我轻轻地推开门，寻到了梦寐以求的、可以近距离触碰的这尊古罗汉像。我万分激动，虔诚地用衣袖拂了拂佛像上的尘土，用手指细细地感受着艺术的精髓。天色已黑，我不得不回，当我再回首向罗汉像叩拜时，那长寿眉罗汉也正冲着我笑呢，我恋恋不舍地往回走，灵感如泉水涌动，诸位罗汉一一展现在我的面前，笑容满面，好像要和我说什么，听不清，看不清，只能在我脑海中一一浮现。后来，我经常梦见和诸罗汉有说有笑，虽然看不清，但能感受到他们笑容可掬的神情，我决心用剪纸的形式将他们一一呈现。经过四处找寻，我买来罗汉的画像资料，因为图案太小又是拓印的，虽经过电脑放大复印，但有的地方还是模糊，比如座位、衣边、法器等等，不清楚的地方就翻阅佛书，反复琢磨、反复悟，一边悟一边修图。

五百个罗汉，这是项大工程，当时正好有了孙子，看好孙子也是大事儿，但既然决心已下，只要累不死，我就要去实现，这是我给自己定的目标。一刀一刀剪的漫长过程对我来说真是一种享受，经常在沉睡时，突然机灵一下，灵感出现，一骨碌爬起来，继续剪，手指经常被剪刀扎破，血顺着手指滴在佛像上，我却顾不了那么多，依旧不停地剪。就这样长时间的劳累，废寝忘食，黑白颠倒，我累得有点受不了，每当这时脑海里又浮现出罗汉的身影，再累也要咬牙坚持下去。有时候累得两眼冒金星，头重脚轻，抱着孩子都不敢走路，孩子们心疼我，把剪刀偷偷藏起来，我急得不吃不喝和他们对抗："累死累活剪了整整三年，已经剪了四百多，决不能放弃！我已经和北京的一位专家约定好，他负责找专家评估，再给我装裱起来，准备参加奥运会，不能耽误了大事啊。"孩子们被我说服，我又开始没白没黑地剪起来。2008 年，《五百罗汉全图》完美呈现，长达约 300 米，他们个个形态各异，栩栩如生，仿佛站在云端，飘飘欲仙，这幅剪纸得到了许多艺术家的高度赞扬和好评，被多家报纸杂志和电视台采访报道，2008 年在 CCTV2 台播出《五百罗汉全图》；2010 年荣获共和国杰出剪纸艺术名家和最高荣誉成就奖。2011 年，被评为省级非物质文化遗产传承人。

二、我自己装裱剪纸

我再和你说说我装裱剪纸的事儿。2006 年，烟台电视台为我做专辑采访，那时候作品还没经过装裱，我就把自己家的房子和弟弟家的房子都腾了出来，大大小小的作品铺满了整整十间屋子。听说烟台电视台来采访一个普通老百姓，这可是百年不遇的消息，一时间村里的老老小小围满了院子。

那时候的佛教类作品已经有 200 多种，各式各样的剪纸铺满了整间屋子，看到这么宏伟的场面，大家都惊呆了，不断地赞叹赞美，一双双惊讶的眼睛看着我，看着电视台的记者向我走来，当时，我激动得脑子一片空白，紧张得不知道说啥，这么多年的苦累、执着，从何说起呢？电视台杨主任一边微笑，一边在我耳边小声鼓励，慢慢地，我开始前言不搭后语地讲述起来。一天的采访结束了，我感觉那么漫长，好像过了好几年。杨主任说："阿姨，您是太紧张了，但是非常朴实，您是我第一次遇到的奇人。"听到这话，我说不出的高兴，眼泪在眼眶中直打转，这么多年，我自创、自绘、自剪，这些作品都是一滴滴泪、一滴滴血凝聚出来的，得到大家如此美誉，值了。

记者走了后，天也快黑了，满屋的剪纸，可得赶紧收拾叠放起来。这时，突然一阵风吹来，剪纸作品四散分离，我蒙了，这可是我的心！我的血！我的命啊！我赶紧把一幅幅作品小心翼翼地收起，好多作品还是被风吹得支离破碎，心疼得我好几天不吃不喝，夜深人静的时候，我睡不着，反复在想：作品都是因为没有装裱起来才不好展示不好保存的。将来要走出去参展，必须要装裱，不参展，我就成了井底之蛙，经过一番思想斗争，我下定决心自己学习装裱，作品是自己一点点剪出来的，没有谁比自己还了解这些作品的了，自己装裱能更得心应手一些。

有了想法，就立马付诸行动。我想起一位师兄懂这行，于是登门拜师，师兄问我多大了，我说 62 岁，他说都这么大年纪了，腿脚也不太方便，还是不要学了，我说没事的，我能行，我要学，我也能学好。在我的一再坚持下，师兄被我的诚意打动，开始向我传授装裱技术。

我买了绫子和纸开始动手裱，一开始先装裱小作品，我学得很快，几天后我就裱了好多作品，有一次不小心托板歪了，掉下来正好砸到脚背上，整个脚背砸得发青红肿起来，我疼得不敢走路，就找根拐杖，一边拄着拐，一边咬牙学装裱，由于糨糊不干的原因，有的作品互相黏在一起，前后损失了 80 多幅作品，我心疼坏了。看来糨糊装裱的办法行不通，必须买装裱机，可是资金又困难，怎么办？只能先卖掉部分作品了。决心已下，我拿着作品跑遍了莱州、烟台大大小小的装裱店，师傅们忙着装裱，我就在旁边看，一边看一边学，慢慢地我学会了整个装裱过程，基本上掌握了装裱技巧。

装裱设备准备到位，说干就干。我先用小熨斗开始裱小作品练手，越裱越顺手，看着自己的技术过关了，我就开始琢磨装裱《五百罗汉全图》，先带着200个罗汉，去莱州找书刻院院长，请他帮我算算，因为罗汉大小不一，需要平均间隔16公分裱一个，算到最后要装裱300多米。回家后，我就用棍子卷着罗汉，一边裱一边卷，又开始没白没黑地干起来。因为第一次用熨斗裱画，又没人帮忙，好几次不小心，滚烫的熨斗印在胳膊上，烫起好几个核桃般大的水泡，钻心的疼，只能咬着牙坚持。有时候，装裱得太投入，把吃饭的事儿也忘了，因为这个，老头子没少跟我发火，案子上的作品给我摔了一地，吼道："你说你剪纸时，成天不知道吃饭，累的发烧得了肺炎，多亏及时抢救没出大事，现在你装裱又上瘾了，又不吃不喝，你还要不要命了？"我自知理亏，一句话没敢回，知道老头子是心疼我，我万一反驳，就怕他再也不让我装裱作品了。第二天趁老头子不在家，我又偷偷地装裱起来，装裱五百个罗汉，可得仔细看着点儿，就怕出错，看了一遍又一遍，佛像和文字必须得对上号才行，一直裱到400多个的时候，又乱了，愁得我躺在床上左思右想，怎么样才能不出错呢？是不是我太着急？太着急把这五百个罗汉装裱完成，所以才弄错？还是那句老话：心急吃不了热豆腐，看来必须在十分清醒的情况下才能装裱。我一骨碌爬起来直奔装裱屋，打开灯一卷接着一卷地捋，到第四卷时实在拿不动了，腰也钻心地疼，第二天，幸好有两位学佛的大姐一起帮我抬着，终于把五百罗汉卷了起来。为了装裱五百罗汉全图，我腰椎间盘全移位，最后躺在了手术台上，决定动手术，大夫说我的右腿已经肌肉萎缩了，再不动手术就坏死了。推进手术室的那一刻，我还在想：动完手术，我还能剪纸吗？如果不能剪了可怎么办？在麻醉过程中，我又问主治医生，除了手术就没有别的办法了吗？大夫说，可以先打封闭试一下，看看能不能行，我一听，打封闭就不用动手术了，二话不说，坚持要求打封闭，这样，我就不用住院，我又可以拿起我最心爱的剪刀了。很庆幸，也许是老天照顾，我的腰没再犯病。

回想起来呀，剪纸就是我的生命源泉，对剪纸的痴迷已经到了无以表达的程度。烟台书刻艺术家协会荆主席曾这样评价说：王秀娥老师剪纸有三不剪：别人剪过的不剪；没有正气和创新意义的不剪；没有传统文化品位的不剪。我很庆幸，我的一生有剪纸陪伴。

《五百罗汉全图》因为构图繁复，画面鲜活，细腻精美程度怕是用笔也难以描绘，更何况一把笨拙的剪刀，剪出那些美轮美奂的画面，凡是见到作品的人，除了惊叹还会感恩，感恩能与这奇思妙想的图案相遇。有些美好也许存在时间，只是没有眼睛能看得见，有些美好也许只存在于另外一个维度空间，难得有敏感的神经能与它对接。

记得在烟台福山蚧垆寺举办剪纸展览时，我带了巨幅作品《大悲咒》《八十七尊神仙图》《十二花神》等。有人看到《大悲咒》，一边流泪，一边激动地问我，“你是不是人？”我听了心头一骤，只听他们小声议论道：真不是人，简直是神，是菩萨。我笑笑说：“我哪是神啊，我就是个凡人，我也不信神，不剪神，我剪的是古老文化，你们看我这张脸不也是很普通的吗？”“剪得那么活灵活现，天生一双巧手。”又有人说。我又笑笑说：“我不是天生的，要感恩我的母亲给了我一双巧手，她老人家教我做人，教我剪纸的技巧，所以才能剪出今天的作品，剪出如此端庄、雅致、栩栩如生的人物来。我是学佛的，要是大家都能去掉心中的杂念，精心来学，人人都能剪出这样的作品，没有什么秘密。只有一个静字，不信你们试试，我不只是来展览的，我还带的剪刀，谁想学，我就教你们，你们亲眼看看有神没有，试一下不就知道了？”

在蛤垆寺展览的一个月，每天教他们剪纸。在此期间，很荣幸参与敬请新加坡佛教协会一行。敬请活动现场，我将心爱的剪纸作品《四大天王》供养给新加坡佛教总会主席、新加坡佛学院院长、光明山普觉禅寺方丈广声大法师，他亲手接过我的作品，并与我合影留念。我又将自己珍藏的《三世佛祖》捐赠给蛤垆寺悟实方丈，既弘扬了佛法，又传承了中国剪纸艺术，得到了佛教界和众多艺术家的认可和好评。

三、我忘不了帮助我的那些人

可爱的邻居。我那些好邻居她们和我大都年龄相仿，关系很好，冬季无事，经常来学习剪纸，平日里她们到我家串门，帮我生炉子，打扫院落。我剪纸顾不上做饭，她们每每改善生活，我的冷馒头就咸菜就变成热腾腾的包子、可口的饺子，就这样年复一年。春节是农闲的时候，我就给邻居们剪窗花，黏在窗户上、门框上，红红的剪纸象征着红红火火的日子；村里有结婚的，我就给他们剪喜字儿，既和睦了邻里，又发挥我的爱好特长，多好的事儿啊，看着邻居们这么喜欢，我也乐得合不拢嘴儿。现在这些邻居渐渐有的过世，有的到城里养老看孙子，想起这些我心里不是滋味。

秋收临近时，儿媳电话中高兴地说：电视台要为我做采访，明天就到，妈妈您赶紧准备一下，我很高兴，但看着无缝插脚的四周我傻了。说实话，我除了剪纸就是剪纸，没时间洗衣做饭整理家务，每次老头子下班回家，看着凌乱的房间总是叹气，日积月累的火气终于迸发：这日子没法过了！这像个家?！离婚！我沉默，心想你又不敢打我，我这辈子就这要实现剪纸梦想，我就剪！他狠盯着我，看我一直不说话，一边吼着，又蹦着高去做饭了。

第二天一早，幸好我这帮好邻居赶来帮着叠被子，扫院子，摆放剪纸作品。烟台电视台杨主任一行赶到，看着满屋满院的剪纸，他们惊愕了。杨主任觉察出老头子眼中的怨气，笑着说：“大叔啊，您知道阿姨剪了这么多好作品吗，没想到吧？”“好吗？我不觉得美，我也不爱看。”老头子不屑地说道。“大叔啊，您真会说笑，阿姨创作出这么多栩栩如生的作品，为弘扬中国传统文化尽了一分心，这是为民造福啊。要是没有您的照顾，阿姨哪有时间剪纸，哪能持之以恒这么多年？这所有的成绩有您的一半，大叔您有多伟大知道不，您付出了太多了。”老头子一怔，他就经不得夸，一下戴了这么高的帽子，捧上天了！他顿时由怒转喜，一边嘿嘿地笑着，一边拿起剪纸作品，多年的厌烦变为主动，异常兴奋的唾沫星子纷飞地介绍起来：哎，杨主任，你看这幅作品大不大，40 多米呢，不容易啊，没白没黑的，俺老婆子足足剪了三个月，这幅，剪的多漂亮，就跟真的一样，对不对？还有这幅……真心感谢杨主任，短短几句，俺俩从此和好了。

陈柏州院长。我剪了那么多作品，我想让人们看到，我想知道自己什么水平。但封闭的农村信息闭塞，苦无出路的我就像没头苍蝇一样。偶然报纸上看到青岛市举办书画剪纸大赛，我带着作品就跑去了，找到陈柏州院长。他认真地看了我的作品，然后问我哪个艺术院校毕业的，学什么专业的。我？我说我是农民啊，面朝黄土背朝天，说到上学也就上了两年小学。

他很震惊，但他不从门缝里看人，对我很尊重。在青岛期间，跟他学了很多，也对我今后的创作有很大的启发。他对我说：一个普通的农村妇女能做到这步万分不易啊，你大有前途，一定要坚持不要放弃，把民间剪纸文化传承下去。

我的泪水夺眶而出。这么多年来，没人真正理解我，我有多么委屈。一个最底层的农村妇女，凭着一腔热血，用粗糙的双手剪出千万幅作品，可以说是废寝忘食。这是我第一次得到认可，并且是一位德艺双馨专家的表扬，之前所有的付出都是那么值当！

此次比赛，我的作品荣获金奖，并聘我为胶州书画院画师，青岛中国剪纸艺术观艺术研究员和剪纸家。并邀请我参与社会主义荣辱观教育通俗读本套装图的编写剪制。我真是从心底感谢陈院长对我的理解和认可，希望他身体健康，万事顺意！

宋振兴院长。《五百罗汉全图》是我一生中最大的作品，是我心血凝结出来的。我剪完了，必须要把它裱出来。我该怎么裱？间隔多远？从哪下手？这一系列问题困扰着我，我啥都不懂啊，无奈打电话给莱州书画院宋振兴院长。宋院长说："你别急，别急，我马上打电话，我找人，找最好的装裱专家帮助你，《五百罗汉全图》是旷世巨作啊，这个事包在我身上了！"

住了几天，他高兴地说："你来吧，带着《五百罗汉全图》！"我赶忙去莱州书画院，宋院长等人已等候多时，一共五个人，一个个非常文雅，气宇非凡，一看就是颇有艺术造诣的专家。大家建言献策，七手八脚帮我摆放罗汉，量尺寸，计数字，最后结论《五百罗汉全图》装裱后共计300米长。

大家整整忙了一上午，大家空着肚子呢，我想请他们吃饭，可是摸摸兜，忘了带钱，十分尴尬，最后还是他们请我吃的饭。时过境迁我几次联系宋院长无果。我能成为非遗传承人，真的十分感谢他。

电视台丁主任。莱州电视台联系我，针对我的巨幅作品《五百罗汉全图》采访我。我欣然应允。第二天电视台主持人来到我家，我准备的水果，沏的茶水。我说感谢你们啊，来采访我一个农民，我没文化，也不知道说啥。主持人说道：阿姨您别这么说，我们这次来就是想采访您剪制《五百罗汉全图》的事情，您不容易啊，这是咱们莱州人的骄傲。我们想把您的事迹报到中央电视台。让全国人民都欣赏一下咱们的艺术好么？

我又惊又喜，不知道说啥话，时间紧张，她连忙电话沟通司机，到我家装上《五百罗汉全图》，带着我们去大展厅，然后急忙摆放，开始采访。

并安排司机把我们送回家。住了一段时间，中央电视台真就播放了《五百罗汉全图》的新闻。

一个农民竟然上了中央电视台，这是做梦都不可能的事。我内心的感激无以言表。我只记得她姓丁，丁主任到我家一口热水没喝，连顿饭都没吃。我心里难受，更多的是感激，这就是党培养出来的好干部。

我有今天的一点点成就，离不开许许多多帮助我的人，特别是我的家人，我自认为我是一个弱者，是一个无能的人，但在他们眼里，我是社会主义新农村出类拔萃的女性，是一位坚韧不拔，心怀弘扬民族传统文化理想并为之锲而不舍努力奋斗的最强者！

感谢俺老头子，因为剪纸，数年来我虽在家但不顾家，多亏他里里外外的忙活，感谢他的迁就与忍让。还有我的好儿媳，对我事业最理解的就是她，每当我情绪低落，每当我委屈伤心，她都耐心开导劝解我，剪纸经常需要打印、复印、填表、写资料。这些烦琐的大事小情都是她去做，并从无怨悔。每次剪纸参展我的女儿给我送水送饭，车接车送，还有我的儿子，为了搜集《五百罗汉全图》素材，几乎跑遍了北京市所有书店。

为弘扬民间剪纸艺术，把剪纸艺术传承给下一代，创作之余，我进校园、走社区，手把手向孩子们传授剪纸技艺，孩子们很是欢喜。空闲的时候，我就邀请邻居们到家里来，摆上花生、瓜子、茶水，教她们剪各式各样的蝴蝶、窗花，大家围坐一起，相互激励、比赛，有说有笑地，小小的剪刀剪出了乡亲们对美好生活的向往，四里八村的爱好者，都纷纷赶来，温馨的农家小院儿更加热闹起来。

在儿子家过冬期间，有一次看到小区里一群小学生在嬉闹玩耍，我现场手把手地教她们折红纸，剪蝴蝶。孩子们稚嫩的脸上挂满了好奇，学得可认真了，慢慢地，各式各样的小窗花、福字儿、小蝴蝶、小花朵在孩子们灵巧的小手中变化了出来，孩子们乐得手舞足蹈。民间艺术就得从娃娃抓起，我托物业工作人员与小区旁边的幼儿园达成了协议，走进幼儿园给孩子们现场展示剪纸技艺，宝贝们目瞪口呆，也不哭也不闹了，看着一张张红纸瞬间变成小花，小蝴蝶，开心得不得了，说长大后，也要跟奶奶学剪纸呢，看着孩子们这么喜欢，我心里也乐开了花。

文化传承很重要，就像好的家教一样，在无形中影响孩子，有文化有品性的家教，能教育出一代出色的子女，更是家族兴旺发达的根本，文化教育和传承就像一块瑰丽的宝石，像大河流水一样，不断传承下去。

民间剪纸作为一种独特的文化现象已经牢固地根植于百姓的生活中，剪纸离不开人们智慧的创造。我每日在忙忙碌碌、开开心心的描描剪剪中，从未察觉到自己的“老”，但它确实悄悄地来了，我会把这个大自然的规律化为一个非物质文化遗产传承人的坚持和动力，快乐安静地去实现自己的梦想，为弘扬中国民间剪纸艺术贡献自己的力量！

朱曼华——剪纸是我生活的全部

一、家族传承

我1946年出生，烟台市世回尧镇朱家庄村人。我从小跟老姥姥住在烟台的法院街，就是现在的文化路，16岁才回自己家。我6岁起跟随老姥姥李嫣红、姥姥王淑贤、母亲张巧兰学习剪纸，就是剪小猫，剪小狗，剪喜字，剪鱼，剪喇叭花，剪身边所熟悉的一切小动物和花草。我清楚地记得自己剪的第一幅作品是模仿了妈妈的“喜鹊闹梅”，两只小喜鹊站在梅花枝头嬉戏玩耍，那时没想到自己将会与剪纸结缘，而且伴随了我70多年。

我从小就喜欢美的东西，所有美的东西，好看的东西我都喜欢，我八九岁就收藏邮票、烟标什么的，但是后来都没有留下来，非常可惜。我小时候放学回来就剪纸，有时候快到上学时间了还剪，有时候去赶黄务集卖，也送给同学和邻居。我20岁的时候，就经常办墙报，我还会画漫画。我与我爱人结婚，也是因为我爱人胡长云与我有着相同的爱好。那时我们年轻，没有现在年轻人这么多好玩的东西，我们就一起剪纸，相互学习探讨。

2019年我成为烟台剪纸项目的省级非遗代表性传承人。作为胶东民间剪纸的代表性传承人，我有责任有义务培养新一代剪纸新秀，我现在主要从事剪纸艺术的创作、宣传和教学，经常参加义卖活动，还在烟台设有多个剪纸艺术馆，最多的时候有13个馆，供大家免费体验学习，被烟台市政府评为非物质文化遗产传承基地，并在暑假举办“跟我学剪纸活动”，吸引众多的孩子和家长前来体验学习。几十年来教过的学生不计其数，曾在烟台大学、山东商务职业学院、烟台文经学院等大、中、小学校免费教学生剪纸。我培养了许多学生，不少学生已经在海外发展。我的第一个徒弟王英梅跟我学艺多年，学成后跟着哥哥去韩国，现在已是韩国小有名气的剪纸艺术家；另外一个学生叫陶军，现在在法国做剪纸生意。还有两位弟子刘彩虹和邵江华，也是我最得意的门生，她们把所学到的剪纸技艺广为传承，为剪纸文化传承培养做贡献。能让更多的孩子体验剪纸乐趣，这也是我最大的心愿！

这些年来，不光我与剪纸艺术结下了一生的情缘，还把剪纸技艺传承给我的子女、孙子、孙女、外甥，全家十口人都做剪纸，经常在各种公益活动表演剪纸，并传授剪纸技艺，得到社会的好评和认可。我能取得现在的成绩和家里人的支持是分不开的，可以说我的事业也成了全家人的事业，我们一家人从小学习剪纸，大家齐心协力，互相帮助，为剪纸艺术的传播尽了最大努力。我的两个儿子、一个女儿都是从6岁开始跟我学习剪纸，现在都剪得不错，他们的作品多次在全国和省、市大赛中获奖，孙子、孙女、外甥也都是从小学习剪纸，多次在大赛中获奖。中国古老的剪纸技巧就这样在我家里继承着，交流着，剪纸在我家里成为共同的爱好，共同的追求。

二、我的创作

剪纸就是我唯一的工作，70多年了我没有做过别的。每天早晨四五点钟就开始剪，一直剪到深夜，这就是我的生活。为了创作一幅好的作品，有时我连续这样工作几个月，经常半夜来了灵感，就兴奋地起来继续剪，有时一晚上起来几次，我想如果不马上剪下来，怕自己就忘掉，以后可能就没有机会出现了。

我在做饭时也舍不得放下手中的剪纸，有一次竟然把剪纸弄到了锅里，结果，一锅白米粥变成了一锅红米粥。每次去参加国内或国外的展览，我总是很兴奋，一连几天睡不好，急着把作品剪出来装裱好。有一次，我由于过度劳累病倒了，在医院输液，我吩咐老伴儿把剪纸和纸拿来，输完液就在医院里剪，拿起剪刀似乎忘掉了浑身的病痛，立刻来了精神，我觉得离开剪纸似乎一切都没有了意义。除了外出参加展览，我所有的时间都在剪纸，每年都要剪掉1000多张的纸，完成一万多幅作品，从6岁到70多岁，剪纸成了我生命与生活的见证。

剪纸，是中国古老的民间艺术，千百年来，剪纸与人们的生活息息相关，过年、结婚、生子，凡是喜事总要贴出各种各样的剪纸以示庆贺，家家户户的棂子窗、玻璃窗上，贴满了节日的窗花，寄托了人们对生活的美好向往和祝愿。在过去的剪纸岁月中，我秉承传统艺术精髓，大胆进行艺术创新，形成了自己独特的艺术风格，我追求作品的简洁、真实和内涵，剪动物和鸟类就活灵活现，剪花草要有美感和丰富内涵，作品不管大小构思要巧妙。艺术来源于生活，我为了创作剪纸，经常花钱到动物园里去观察动物，或者买画进行观察，家里放满了各种动物的玩具和鸟类标本。我抓住一切机会观察、体会，从中触发灵感，我用三个月时间创作的“百虎图”，100个老虎形态各异，老虎的凶猛跃然纸上，百只老虎不能重样，剪的是老虎的“猛”动作和形态。创作“百猫图”时则是刻意表现猫的不同神态，猫的调皮、灵活和温柔，剪出来后真是活灵活现，一幅剪纸仿佛一只小猫在你面前。为了把著名画家徐悲鸿收藏的唐代画家吴道子的《八十七神仙卷》变成剪纸作品，我整整创作了5个月，几易其稿，最后在忠于原作的基础上，结合剪纸的特点，大胆地对作品进行改动和装饰，87个人物飘飘欲仙，徐悲鸿的夫人廖静文对我的再创作极其满意，将我的这一作品收藏到了徐悲鸿纪念馆展出。我创作的毛泽东和周恩来等伟人像，更是达到了形神兼备的境界，俄罗斯驻华大使拉左夫看到我剪的毛泽东像非常高兴，将伟人像予以收藏。

在70年的剪纸生涯中，我创作剪纸作品近10万余幅，作品被多个国家博物馆收藏，以“家和万事兴”为题材的巨幅剪纸作品，用大理石永久雕刻在北京新长城八达岭烽火台上，这幅作品中的牡丹是中国的国花，象征着富贵，凤凰是吉祥鸟，凤凰不落无宝之地。家由大家和小家组成，大家是我们的国家，小家是每个人的家庭，作品喜庆祥和，祝福祖国繁荣昌盛，家大业大，每个家庭都《家和万事兴》。我还曾经创作过一幅长4.2米、宽0.39米的狭长形《二十四节气》巨幅剪纸。从2018年初，就开始构思创作这幅包含中国民间文化艺术的作品，每当创作灵感一到，我就开始寻找素材，勾图设计，画图打底等，仅仅这个过程，就几乎耗费了近一年时间，剪纸这一行里面有句话叫“七分创作三分剪”，是说优秀的剪纸艺术家，不但要有灵巧的剪纸技艺，还要有上乘的创作功夫，最终，这幅《二十四节气》巨幅剪纸图耗时两年完工，这幅狭长的剪纸作品里，有老老少少、男男女女各色人物形象，240 多个飞禽走兽，还有日月山川、亭台楼榭、月缺月圆，是一幅生动的春夏秋冬和世界百态图。

我的作品还有四大名著、孔子与七十二贤、百图十二生肖等十万余幅，多次在欧美东南亚等 20 多个国家巡回展，10 余个国家及中央省市电视台主流媒体专题报道，被国外媒体喻为“中华神剪”和“东方神剪”，作品被国内外多家美术馆博物馆收藏。

三、文化交流

我的剪纸成为我对外交流的媒介，这些年来，我参加的活动和取得的成绩如下：

1999 年澳门回归，我的《中华九龙腾飞，喜迎澳门回归》被澳门政府收藏。2000 年，在中国民间剪纸研究会举办的“世纪回顾展”上获一等奖。2008 年，为奥运创作 2008 朵喜鹊登梅“报春图”，现场被法国驻华大使馆收藏。2010 年应邀参加上海世博会澳大利亚馆开幕式，澳大利亚馆每天循环播放我全家四代剪纸专题片，并把我的剪纸与简介列入《2010 年上海世博会澳大利亚国家馆参观目录》中。2011 年为建党 90 周年创作大型剪纸《胶东红》，被中共中央党史办收藏。2014 年泰国公主诗琳通专程到非遗基地我的剪纸艺术馆学剪纸。2014 年参加中法建交 50 周年庆典，2015 年应邀到新加坡参加剪纸艺术展，其中一幅剪纸当场以新币 6 万 5 千元（折人民币 30 万元）成交。2016 年中国台湾电视台邀请我拍摄《3D 美丽中国》，后更名为《璀璨薪火》3D 电影。2017 年联合国成立七十周年，参加出版“环球大典”《我，凡·高，毕加索》巨著启动仪式。2018 年 3 月 23 日，《中国诗词大会》第三季开播，在第一期的节目中，我和儿子胡文作为烟台剪纸技艺传承人，参加了出题环节的节目录制，用传统剪纸技法剪出了不同汉字和图案，将中国古诗词与中国传统剪纸文化的巧妙结合，充分体现了中国传统剪纸文化的博大精深和剪纸艺术的技艺。2019 年我及女婿温绍林应邀到英国伦敦参加第十五届华商大会，在现场表演剪纸技艺，欧亚集团董事长王杰、英国中文教育伍善雄会长等购买了剪纸，并订约 2020 年 4 月邀请我到英国为期半年教剪纸课，同年到英国牛津大学进行艺术交流。2019 年 12 月我同孙子胡凯顺、女婿温绍林到马来西亚参加《欢乐春节——好客山东》剪纸展览，并到马来西亚 3 个学校教剪纸课。为纪念中美建交 37 周年，我的剪纸作品出版美国邮册《美丽中国》等十几种邮册。2021 年，受邀参加“2021 年中国艺术家 CCTV 藏宝天下金榜电影”晚会。我们这个剪纸世家在国内外大型活动和大赛中，有千余幅剪纸获大奖，并荣获英国皇家勋章和世界艺术大师勋章、欧亚艺术领军人物、德艺双馨剪纸世家、非遗国礼特供艺术家等 50 余项荣誉称号。中央军委副主席迟浩田、澳大利亚总督昆廷布莱斯、泰国公主诗琳通、联合国前秘书长潘基文等上千名社会名流收藏我的作品并题词，联合国儿童基金会主席多次邀请我参加联合国春晚，上台表演剪纸技艺。北京大学、中国人民大学等特邀我教剪纸课。我还到美国纽约理工大学、哈佛大学，英国牛津大学，法国国际院校等艺术交流。

我用剪刀剪出了自己的人生，剪出了自己多彩的艺术追求和道路。我和我的作品名气越来越大，已经应邀到日本、韩国、美国、澳大利亚、新加坡、英国和马来西亚等十多个国家办过剪纸作品展。我自己的作品能够在国外产生影响，中国民间的艺术能够在海外生根，我感到是那样的自豪和骄傲，剪纸已经成为中国与国际交流的纽带。这两年不断有人请我出国定居，都被我拒绝了。美国洛杉矶华裔艺术家协会秘书长张家磊经常给我打电话，邀请我到美国定居，只要我去不仅可以提供住房，还给建一个艺术馆，生活条件比现在要强好多倍，但是我告诉他说："我生在中国，长在中国，这里才是我的根，才是剪纸艺术的根。"

我的生活不能没有剪纸。对于我来说，剪纸就是我的追求，我的梦想，我生活的全部。剪纸不仅仅是因为它是一种美，一种艺术，更主要的是它能带给人们美好的祝愿，能从简单中溢出无尽的内涵，能借它来表达我心灵的声音，表达我作为中国艺术家对祖国的一分情感，对朋友家人的感谢，用自己的手通过一把小剪刀，剪出神州的美卷，通过剪纸体现出中国和谐的大家园，提升一张纸的价值，无声地表达美好的祝愿，并把它带给每一个欣赏它的人。现在国家富强了，老百姓就会有了精神文化消费的需要，我觉得剪纸今后会被更多的人认可和需求，但伴随着现代化的发展，民间剪纸和其他民间文化一样，也受到了越来越大的冲击，处于濒危状态，加强对剪纸艺术的保护，已经刻不容缓，我会不断地为中国民间剪纸艺术的发展作出贡献，并一代一代传承下去，让中国的传统文化迈出国门，飞向世界！

孙靖——很幸运遇上剪纸

我叫孙靖，1946年7月出生于仙境蓬莱，是蓬莱文化馆副研究馆员，现在是中华民族文化促进会剪纸艺术委员会会员、中国民协剪纸艺术委员会会员、山东民间艺术家协会会员。我的父母都是医生，我从小受过良好的教育，从小对美就有自己的独特见解。七八岁时就捡母亲用剩下的纸片剪窗花，被邻居们称作“心灵手巧”的小姑娘。我与剪纸的渊源最早就是在姥姥和母亲的熏陶与感染下促成的。姥姥和母亲是出了名的巧手，布到她俩手里就变成漂亮的衣服，纸到她俩手里就变成了多样的窗花。记得很小的时候，就看见姥姥盘坐在炕上，一把剪刀将片片红纸剪出各式各样的花样，形态逼真清晰，那时，心中除了对姥姥的崇拜，就是纳闷这把剪刀怎么会有这么大的魔力。母亲清闲的时候，也会拿起剪刀剪一些好看的窗花。除了受姥姥和母亲的影响，父亲对我的剪纸创作也起到了至关重要的作用。我的父亲平日喜欢画国画，国画里面山水、花鸟、人物的线条给了我很多艺术上的启发，如线条的运用、构图的设计以及对美的认识等等。直到现在，我的剪纸作品中还是浸润着一股清新雅致略带古朴的风韵。

我原来是搞舞台艺术的。1958 年我加入蓬莱县吕剧团，一直从事吕剧演出工作。七十年代，调入蓬莱县文化馆，任辅导室主任，负责群众文化辅导工作。大家都知道我手巧，在从事文艺辅导的同时，文化馆馆长又将剪纸技艺工作交给了我，我便开始挨个村走，将蓬莱县剪纸高手都登记在册并集中她们一起创作。高手在民间，在下乡的过程中，我发现原来蓬莱的剪纸这么美，原来蓬莱有这么多会剪纸的人。在挖掘全县剪纸人才的同时，我也在跟“高手”们学习。七十年代，国际经贸洽谈会在蓬莱召开，蓬莱剪纸作为蓬莱地域文化的一个展示项目，在经贸大会上受到海内外人士的热捧，一摞摞反映蓬莱民俗文化的剪纸被外国友人收藏。我第一次深刻感受到剪纸作为中国传统文化的魅力。小时候母亲留给我的“剪刀”那一刻被我重新拾起，并坚持了半生。

任何一个地方的剪纸艺术都有着明显而独特的地域性。既然接手了这份工作，我觉得还需要对剪纸有全面的了解，我就看了一些书，知道蓬莱的剪纸艺术有着非常悠久的发展历史。早在汉、唐时代，民间妇女就有使用金银箔和彩帛剪成方胜、花鸟贴上鬓角为饰的风尚。经过发展，在节日中，用色纸剪成各种花草、动物或人物故事，作为装饰，贴在窗户上的叫“窗花”，贴在门楣上的叫“门签”，也作为礼品装饰或刺绣花样用。我觉得，与其他地方剪纸不同的是，蓬莱剪纸的最大特点是精致、细腻、美观大方。蓬莱剪纸以装饰意义为主，附带了一些比喻象征功能，具有自己独立的艺术风格。从春节和新婚洞房的窗花剪纸到服饰刺绣底样剪纸，用的场合特别多。作为蓬莱剪纸技艺的代表艺人，我希望通过自己的双手将蓬莱剪纸艺术特色发扬光大，从此我走上了对蓬莱剪纸的搜集、整理和研究之路，一发而不可收。

一开始我只是拿别人的样子剪，慢慢地我开始自己创作。我告诉自己要有创新，创造出自己独有的剪纸风格。就是这样一种在艺术上要求创新的信念，促使我在剪纸艺术上始终常剪常新。我在沿用了老一辈“先难后易、先主后次、先里后外”的基础上，通过多年的经验和积累创新出了“先剪圆”手法，然后固定住纸张，再根据构图需要进行细剪。如果是大幅作品就要卷起来，这样才能更好地完成作品，不至于将最先剪的未成型作品弄坏。我一直坚信“磨刀不误砍柴工”，只有做好了前期的准备才能够更好地完成后期的制作。

在传统中创新，不能只满足手法上的创新，艺术上的创新更为重要。这方面，我始终感谢我的父亲。我在剪纸艺术上的不断创新主要是从父亲画的国画中寻找到灵感的。艺术都是相通的，那些黑白对比、人物花鸟的线条都给了我无尽的启发。在我的作品中，创作人物面部时，我将以往的阴剪变成了阳剪，也就是由以前的线线相断变成了现在的线线相连，这样一来，人物面部表情就更加丰满、清秀，而且，以前的剪纸作品很少可以看到人物的手指，这样就会让欣赏者感觉到有一些美中不足，别扭的感觉。经过自己大胆的尝试，用线条的柔顺感顺利地把人物的手指手腕刻画得惟妙惟肖。

生活的种种都是我创作的灵感，有一年夏天，老公带着我们全家去海边游泳，我看着大海里游泳的人儿，脑海里出现了一幅剪纸的画面，回到家，我立即画出了海边一个英姿飒爽的少年手托一尾大鱼的画面，老公看后给我改成了一位飘飘欲仙的少女手托一只仙龟的画面，我当时很不高兴，埋怨他改得不好，但他耐心地跟我说：“你错了，少女飘逸的长发更能凸显大海的刚毅，鱼换成龟，不俗中更显深意。”我被他说服了，最终这幅名为《和谐自然》剪纸作品得到了业界的好评。随着自己剪纸技艺的不断提升，我的剪纸作品也越来越受到社会和同仁们的认可。经过几十年的创作研究，我也逐渐形成了自己独特的艺术风格，创作的作品多次在国家、省、市组织的展览中获奖，并在刊物上发表。可能是因为我对文化上有更多自己的要求，所以我的剪纸与别的姐妹们的作品相比，在题材选择上更加新颖独到，比如我会剪别人不太关注的《戚继光》《湘君湘夫人》《李清照》等这些历史题材的剪纸。尤其是退休后，我把大部分精力都用到了剪纸的研究和创作上，当然，我也因此得到了应得的荣誉和尊重。剪纸作品《抗倭英雄戚继光》四幅、《妈祖赐珠》《庆回归迎未来》《四海归心》等作品分别获国家级一、二、三等奖，并在报刊上发表。2006 年，《和谐自然》获杭州首届国际剪纸艺术节银奖。2008 年 4 月，《奥运交响》获国家级银奖。我撰写的论文《浅谈蓬莱民间剪纸》一文于 1992 年参加全国在亚洲地区的研讨会。90 年代初写的《蓬莱民间剪纸发展史》一文在《蓬莱县志》中有记载。

蓬莱剪纸用料简单，只用剪刀和普通的纸张就可完成。剪刀分为大、中、小三种，可根据个人手的大小来选择。另外，由于蓬莱剪纸寓意多是喜庆的内容，所以，在纸张的选择上用大红纸较多，另有粉、紫、绿、蓝、黄、黑等颜色。红色、粉色象征着热烈喜庆。绿色象征着新生、健康、希望；黄色象征着光明、尊贵。有时剪纸也会用刻刀来配合完成。剪纸这些简单的用具跟用料使得它有很强的群众基础。人人可以学习，人人都可以创作，只要把握住剪纸艺术的要点就可以剪出自己喜欢的作品。几十年来，我一直坚持号召热爱艺术的人加入剪纸的行列中来，我想让更多的人了解剪纸艺术，爱好剪纸艺术，发扬剪纸艺术。九十年代初，我开始跟学校联系，带着剪纸技艺走进校园，让孩子们深入接触剪纸。2008 年 9

月，一个培养下一代剪纸人的培训班在蓬莱开班。“从娃娃抓起”可以让蓬莱剪纸有更为广泛的群众基础，也可以让蓬莱的剪纸文化技艺代代传承下去。就这样，我和几个老姐妹组织在一起，开始了对下一代的传承之路。由于贡献突出，我经常被蓬莱易三小学、蓬莱师范附小、赵格庄小学等单位聘请教授剪纸技艺和经验，得到师生的一致好评。孩子们的《八仙剪纸》作品，荣获了蓬莱及烟台市一等奖。近年来，我还自发组织剪纸爱好者到基层社区开展剪纸技艺展示、教学活动，每次去社区活动，几乎场场爆满，看到群众对剪纸艺术的热爱我打心底里高兴，我愿意带领大家一起用自己手中的剪刀剪出五彩缤纷的人生。

其实，我还有一个大胆的想法，想组织成立一个蓬莱剪纸协会，把剪纸技术好的姐妹们召集在一起，有任务大家做，有难处大家解决。一来可以提高作品完成的速度，还可以在一起切磋技艺，取长补短，让蓬莱剪纸的技艺更加完善，更加具有市场竞争力，并且还可以把一些好的作品收藏在里面，另外也可以为蓬莱旅游做一点贡献。协会成立后，可以经常把大家组织起来出去走一走、看一看、学一学，开阔眼界，让蓬莱剪纸文化在全国各地具有更大的影响。但由于组织协会遇到了人员不足等一系列问题，为此，我认为将剪纸技艺形成文字资料才是最好的传承方式。我决定自己出一本关于剪纸技艺的书还是最近的想法，它既能把老辈的技巧记录下来又可以把许多经典、优美、获奖的剪纸作品收集在里面。这样就留给了后辈学习补充的资料。我会为之努力的。

李瑞欣——这辈子做剪纸最知足

一、父母对我的影响

我是招远市玲珑镇台上村人，婆家是玲珑镇欧家夼村。我母亲是玲珑镇小民庄村人，现在这个村名改成睦邻庄，离台上村有十四五里路。我母亲的手艺是在她那个村学的，跟俺姥娘学的，你们那叫姥姥，我们这男的叫姥爷，女的叫姥娘。姥娘我见过，但没想着（不记得）姥姥怎么剪纸，因为那时候很小，只是听俺母亲说过。

过去女的没有大名，上家谱一般没名，比如说李氏、王氏、张氏等，但要和右边那个男的姓相对应。但我母亲有名字，叫秦淑英。我姥娘就没有大名，在家谱上就叫“秦路氏”。就是我姥爷姓秦，姥娘家姓路，我姥娘嫁给我姥爷就叫“秦路氏”。

秦路氏是从她母亲“路温氏”处得到剪纸亲传，路温氏就是俺姥娘的妈妈，这大概得到清中期了。我为什么能知道这些事情呢，我母亲的舅妈常到我家住，她有个闺女，嫁到台上村去了，她经常去她闺女家。俺妈妈和她舅妈关系挺好的，去了她就爱到俺家来，有时候还在俺家住些日子，我就爱和她说说话。俺母亲也告诉我一些事情，过去的一些和剪纸有关的事情就是这么样知道的。我姥娘是从她婆母那学的剪纸，她婆母叫路李氏，俺母亲那时告诉我。

过去村里人来往不像现在这样密切，但是都知道村子里谁谁剪花剪得好，谁谁家窗花多。铰得好的铰得赖的都有，剪得好一点的在村子里不少，我母亲在村里可以说是剪纸最好的。俺母亲脑瓜聪明啊，老社会她没念过书，不识字，但她脑瓜好使唤，聪明。俺母亲她没有不会的，很全面，什么都会做。我小的时候她说，老三啊，等你大了以后，这些套数我得全教给你。她会剪裁衣服，一般人会缝衣服，但不能剪裁衣服。我们台上村我小时候是200多户，好多老娘们割布拿着上俺家去，跟俺妈说你不给俺做个袄啊，俺妈妈就说好啊，你先放这吧，等我上山回来吧。谁想做个袄什么的拿着布去，她就能给你剪裁出来，然后拿回家再自己缝起来。什么样的衣服她全能做出来，大人小孩的衣服她都会。我说我人生最大的遗憾就是没跟俺母亲学着缝绸子的衣服，还有织机织布。

我母亲她没有不会的，就这剪纸吧，她只要看见你家窗上有这个新样子，她就问人要，村里人都知道她剪花手艺好，就会说“你快拿去吧，你等剪剪给俺个就行了”。俺母亲跟我说这样比咱自己生样子快，生样子咱还要画，这个样子拿来家咱嗤出来（熏样）就能用。你看着样子不咋地，这花剪得不像吧，咱改改再剪出来就行了，连画都不用画。不管什么样子，好的还是不好的，她一剪出来就非常好看。我母亲单色、染花都会。除了剪纸以外她还会画画，先拿铅笔画出来，那几年铅笔也够贵了，再拿毛笔用黑墨勾勾它，然后上色。她也会做面花，我这些都跟俺妈妈学过。

俺母亲的剪纸不卖。以前过年窗上不贴红花（窗花）叫白瞎啊，那窗上光弄上大白纸叫白瞎，不吉利不好看。母亲剪这个窗花不卖，都送给别人了，不卖一分钱，但红纸是要的人自己买的，那时候纸便宜。村里有想着让俺妈给剪窗花还不好意思的人，就说俺母亲：“大嫂子，给你张红纸，你看着等剪的时候给俺带个窗花吧。”所以她剪的窗花从来没卖过，完全是人情，村里合适（关系好的人）的人太多了。从小俺母亲就说：“助人为乐，害人是祸。”“你坑了人家，这辈子老天爷爷找不着你，下辈子老天爷爷能找着你，吃亏是福。”俺母亲老这么说，她也不信佛教。我就想俺老母亲她也不识字，她怎么知道这助人为乐的话？她说你要帮穷人啊，这人穷志不穷，别瞧不起人家，咱穷的时候还不如人家来，这人穷的时候啊，你就要帮人家一把。俺母亲一直就是这么教育我的。

俺父亲的手也很巧。俺父亲和俺母亲差不太多，手很巧什么都会干。咱过去穿的那个大毛窝靴他都会做，毡子做的，要用皮子打起套子来，全拿着白线把它一针一针缝起来，针脚和缝衣机跑得一样匀。我老父亲没有不会的，还会织毛衣、织手套、织袜子、织大围脖子。俺老父亲会在窗上织带子，俺家还有一幅没剪开的新的，也不知道放哪去了。还会编筐子、编篓子、编草帽子，用胡秫皮编，顶上尖尖的，下雨也戴，上山干活要太晒了也能戴，防雨防晒。我跟你说过俺父亲过年的时候要凿过门钱和大吊子。我父亲对剪纸喜欢，不光支持我剪纸，俺母亲那时候剪纸他也支持。过去的老爷们对女人剪纸一般都是不支持也不反对，因为你晚上剪纸得熬油（费油），又耽误睡觉，再一个得花钱买纸，家口大了你得有针线活要干，没时间弄剪纸，但俺父亲支持。用剪刀开吊子（剪纸挂签）需要有耐心，一不小心，就前功尽弃。将开好的吊子一支一支挂在条棍上或芝麻秸上。打浆贴对子，多是男人的事。用纸凿打纸也是男人的事，俺当地民俗，说女人打的纸钱在阴间不好用。因为三十晚上接神、大年五更过年、初三送神都要烧香烧纸，三十下午到祖坟送吊子也要烧纸，所以要打很多纸才够用。

过去说夫妻相，俺父亲和俺母亲性格基本相似。我觉得我的性格随俺父亲了，要急一点。我如果想着干什么，我不睡觉也要把它干出来，只要我觉得我能行，我就非叫它行。我母亲性格要稍微慢腾一点。我父亲养花养得也特别好。我不大的时候，俺家院子门朝西开，俺没有西厢房，在东厢房的照壁前，俺父亲种了一棵大芍药，这么高，花这么大（手势）。到现在这花种一直保留下来了。我嫁到这了，他就抠棵给我，这棵现在不太爱开花了，但年年都有新根出来。我搬西堤去的时候，我劈一半种到了院子，去年我家又搬东堤了，我又劈一半弄东堤来了。现在这老家、东堤、西堤都有这棵芍药。我父亲家里那棵是没有了，俺父亲没有（去世）这么多年了，叫俺弟弟收拾掉了。

俺父亲心很细，他能用山上采来的野月季花嫁接月季花，一棵月季花能开出好几样颜色的花。我父亲在院子里摆弄的月季花这么高，一大棵一大棵的。俗话说“人随王法草随风”，我就是这么个家庭，我为什么说我没有不喜欢的，真花、假花（剪纸）我都喜欢，俺父亲爱养花，俺母亲爱铰花，我都喜欢，我都随他们了。

我小的时候，是我母亲剪纸正好的时候，为什么，以前家里穷，孩子多针线活也多，就过年剪点窗上贴的用，大破样子（老样子）有的是，但没有时间剪。赶俺母亲生我的那年，我不是说我父亲打出好洞子（矿洞）来了，这往下家里生活条件就见强了，过年也都有时间了，这要伴都到俺家去学剪纸。我觉得从这个阶段起一直到我1966年结婚，就是她剪纸最多最好的时候。以后她老了就不大行了，但还能剪些粗点的样子，88岁的时候她还能帮我剪。1997年香港回归，招远有个画家跟我说你办个展览吧，我就在招远第二百货公司办了个展览，办展览以后知道的人多了，要剪纸的人就更多了，俺母亲就说："你剪不下来啊，颈椎不好腰也不好，我和你两个一块剪吧，你把粗的、打毛少的给我。"她帮我剪的不少。剪纸俺母亲是指导我不少，从小一直到晚年。

二、偷着学剪纸

小的时候，过年了，我母亲就往窗上贴窗花，贴的时候我就在跟前看，自己心里非常喜欢这些东西。到了正月我母亲她就嗤样子，现在这时候都叫熏样子，那时候都叫嗤样子。我什么时候开始学的呢，大概是6虚岁吧。俺母亲上山走了或下地干活去了，我就找块纸，就在端饭用的木盘子上先放上那纸，再把剪好的样子放在这纸上，然后用炊帚把它洒上水，这个样子和纸都有水了，再用擦脸的干布铺上面把它按平了，这样一是没水珠了，二是它也平整了，最后拿煤油灯或蜡烛燎它，这是做嗤样子的办法。过去为了节省，熏样嫌点油点蜡太浪费，就在上山拾草拔菜的时候，采集些含松油多的松胶做松明子，点燃后油烟很重，熏花样效果也挺好。刚开始我呢不太会，这一弄把样子剪的细线条弄断了，俺母亲回来就说："我这个花样子好像谁给我动来。"我也不敢告诉她。

以后心里还是老想着怎么学剪纸。没有纸怎么办？过年贴对子，对子上面写字的地方是黑的，那没写字的地方我就扯下来，因为是红色的纸嘛。有了纸这就剪，开始剪得粗粗大大的，也不敢让俺母亲看见。但她知道，知道她那小剪子让人家给动了，因为这小剪子太灵巧了太精细了，一人使唤一个准道（习惯），她那样用我这样用，她再用的时候就不得劲了。她说我这小剪子也叫人给用了，我心里害怕也不敢告诉。俺姐姐比我大三岁，俺母亲就说“你给我碰花来没有？”俺姐姐说“俺没有”。这剪子每次我用了以后，她都说不好了，等她再使唤一段时间就又好了，又是她那个准道。

以后我剪得看看也差不多了，才敢把我剪的放她那个花样册子上。俺母亲一看就说“这个花不是我剪的，谁剪的？”“俺不知道”“不对，你姐姐说她没碰过，你姐也不行，她干不出来，你碰来没？”我只好说是我剪的。俺妈妈说“你个小兔崽子，我说我那小剪子坏了，你怎么不告诉我，怎么不承认”，“怕你说俺”。到最后俺母亲说：“不过你剪得还行，你再别拿我这把小剪子了，这个剪子也可以，你学手就拿这个剪，给你这个小的。”这个小的剪子是她用过的不太好用了，拿这个学手艺就行。这以后我就大胆了，剪纸不再担惊受怕了。俺妈妈说你干吧，我不怕你能学会了，你二姐是不学，也学不会。俺姐姐开始学的时候不刻花，她染花染得好。俺妈妈说一个人一个手艺，姊妹俩可以结合起来，她染的给我些，我刻得红花也给她些，这样一结合，这个窗上红花、染花就都有了。

三、跟大奶奶学染花

到后来我也学着染花。我们邻居就有个会染花的，我叫她大奶奶，也是台上村的，她染窗花染得好。俺母亲染窗花染得少，染“床边子”染得多，黑纸剪出来用白纸把它托起来以后再往上染色。我在家的那时候她染得就少了，因为家里的活太多了。这红花是单色的，她拿剪子剪出来就了事了，这个染花得放下桌子在炕上正儿八经地弄。那个红花剪纸你剪一会放下去忙别的活了，等忙完了再拾起来剪还可以，这个染花就不行，它需要地方摆放乱七八糟的东西（染料等），收拾起来麻烦不利索。俺母亲说："我从小进这李家门就没有正儿八经地坐下染过花"，因为活太多了安不下心来。再一个俺母亲说，这染花叫它有个就行了，和红花搭配一下有个就行了，我觉得她的意思是窗花还是以红花为主好看。

刚才说邻居大奶奶染花染得好，她没有闺女，不会生孩子，她那老伴脾气老好了，她的脾气不太好。她老伴和俺爹爹合适，大奶奶和俺妈妈合适。俺家姊妹们太多了，冬天这被子有时候盖不过来，俺妈妈就叫我去她家。晚上过去她就教我染花，我说："大奶奶我一点也不爱染，你教俺姐姐呗。"她说："我不爱教你姐姐，我喜欢你，你学吧。"我回家去给俺妈妈说，俺妈妈说："染花你得学学，染花有用，晚上灯一照可漂亮了。"但染花白天太阳一照，看看像大补丁一样，不透亮不好看。所以说我就是这样跟大奶奶学会了染花。我从十一二岁就到大奶奶家睡觉，那时候染花学得都差不多了。在她家的时间不太长，1958 年我 14 岁了，上学了，上学就在学校睡觉，那一阶段把剪纸都扔下了。

俺大奶奶姓温，温家村人，大奶奶死的时候是七十来岁。她的染花我这有她两件好的作品，我都裱起来了，为什么裱起来了，我说这个东西不能再让它失传了。再有一些零碎的，是她从她的剪纸册子里给我的，在北墙上也挂着一幅，也是她的，还给我一个窗心，这个窗心有个典故啊，叫"龙生虎养雕搭棚"。染窗花画的要求比较高，她画得好，勾线勾得很细。笔用的是毛笔，俺姐姐染花的时候笔这么一大把，一种颜色用一支笔，不能乱用，不然颜色就不好看了。染花是用白纸一次剪出四五张样子，再一张一张地画，先勾线后上色。

四、姊妹里就我学会了剪纸

俺姊妹们四个，我是老三，我还有一个哥哥两个弟弟，兄弟姐妹们一共七个。从大往下排我是老四，从小往上数我还是老四，姊妹里就我学会了剪纸。

我从小就这么跟着学啊看啊，学的时候，我觉得自己挺下功夫的，这心里边总是看见样子我就想把它剪出来。过去他们都这么说，说你6岁能干什么，我自己也寻思，好像是不对劲似的，你说你5岁6岁的能剪花啊，我说俺就是6岁学的。俺妈妈说“你太小了，俺那时候那么大才刚裹脚”。俺妈妈6虚岁在家炕上脚就缠起来了，裹脚的那一两年疼得不能干活，她打上能做营生的时候都8岁了。

我十五六岁的时候就剪得最好了，一气能顶到四五十岁。20岁到40岁是最好的时间，就我剪的那小图一个一个的，昨天我让你看来，那些小柜子里全是，全是那时候剪的。这个阶段手好使唤，眼也好。我结婚以后，晚上在家里坐在炕上剪纸，把这小油灯稳在小凳上，光线能赶上现在这电灯亮，我剪纸打这个毛（锯齿细纹），就是一边说话一边打毛，打出来的毛绝对匀匀正正。那时候手、眼都好使唤，随便就剪出来了。现在不行了，现在打这些毛都得一下一下地剪，能数过来了。这我自己不服不行，老了就是老了，这脑子也不灵活了。我自己寻思，现在这手干出来的活和年轻时候比差哪去了，那是两码事，剪得始终没有那时候流当（顺畅）了。有人会说话，说俺看上去像五十来岁，我说恁说我四十来岁也不行，我拿不出四十来岁的劲了。

五、剪纸的时候心里就像开花一样

剪纸的时候我心里非常地高兴，非常快乐。把这剪出来的花揭开铺在白纸上看看，心里就跟开花一样，没法用语言表达。因为年龄大了，现在我完全没有必要干这些了，但我一点不停，还干，我只要摆弄这些东西，心情就特别好。“文革”的时候，人家说窗花是牛鬼蛇神了，咱就不敢随便剪纸了，那时候红纸也少，我想用那些人家不要的塑料皮剪出来的东西就不是窗花了。塑料皮一次只能剪一行（层），铰好一个，叫水里一蘸，一下就贴到窗玻璃上了，迎着光看着通红通红的，觉着真好，心里就跟开花一样。

那时候上山干活的时候，把花样子稳书里和剪子一块放袋子里提上，干活休息的时间，坐在地边这就剪花。那时候没有钱啊，一个工分拿个三分五分钱，一个劳力一天挣三毛两毛钱的，过去的纸是便宜，但便宜也得花钱哪。过年宁肯少吃斤肉，我也得去买几张红纸，有空就剪。这个没有办法，就是心里喜欢，看见这个东西就想剪，剪出来心里就高兴。

现在他们见我就说你哪像七十岁的人，我知道他们是会说话（说好听的话），但我自己觉得我这心不老，能剪纸心里总是高兴。常有人来看我的剪纸、要我的剪纸、买我的剪纸、喜欢我的剪纸，我没有不高兴的。

六、我出名了

第一次获奖。1958 年，俺老父亲当书记，那时候“大跃进”开大会嘛，好的（先进的）戴大红花，不好的（后进的）戴大白花。俺老父亲打花可漂亮了，这纸好多层就这么叠，叠了以后就一下剪上瓣，中间弄上纸，让麻绳一勒，勒紧了花就挓挲起来了，然后让我去剪上叶子。

在学校我也扎花，勒那个大红花。学生中你第一表现最好的，就给你个大点的花，第二就给你个小一点的，这叫扎花。这以后买纸来就送学校，说叫李瑞欣剪剪勒大花。学校得写黑板报，表扬栏、批评栏都有，有老师就说你画上个花吧，我不光画上个花边我还剪个小鸟贴起来。拿着这标语纸叠起来了，画上个鸟再画上个柳树叶，剪好放开以后，这两个鸟对着头连起来。他们说我真有办法，剪的比画的还好看。他们说你还会剪什么？我说我还会剪窗花。就这样在学校一直到完小毕业（完小指的是初中），学校只要做黑板报都是我的事情。

俺小孙女6虚岁，我送她上幼儿园，老师们刚建了个文化宫墙报，那墙俏白俏白的（很洁白），老师往上剪个小房子贴上，再把小孩的照片都贴上，这都是祖国的花朵嘛。我看这个老师粘一遍不直溜拿下来，再粘一遍不直溜又拿下来了，我说我和你俩一块吧。因为我这是要纸耍了好多年了，我都觉得我一拉就拉直了。过去割纸没有裁纸刀，小的拿手撕，长的用线，你把纸一叠，拿线一拉，就拉过来了，拉得非常直。她说你真有办法，我说我都弄一辈子纸了。

她们说老奶奶你能不能给俺剪个花啊，我说能啊，我给你们剪个向日葵吧，你给我准备几张纸，我晚上回去给你们剪。一个班小学生有40来个，我一晚上剪得这么大向日葵40来个。回来老师说："真好啊，你怎么寻思的。"我说孩子就是祖国的花朵，向阳花不就正好。这小孩照片要放在花里面，就要抠成窟窿，她应该抠的小一点，把这小孩的头露出来就行，结果她抠大了。她说老奶奶俺弄坏了怎么办呢，我说你们再找块红纸绿纸给我，我有办法。给它弄了两层，红的里面再整上绿的，我说这次抠就不用你了，我等给你带剪子来，别着急，她说俺星期一得检查，我说没事都能给你完成。最后这上面教育局下来到幼儿园检查工作，一检查说："这谁干的？谁干得这么好啊"老师告诉说是书记家属干的。就这样，公社的中心幼儿园也来找我了，也叫我也帮他们做，我也给干了。

80年代那时候我还不行，90年代以后，就是俺小孙女上幼儿园以后，知道我剪纸的人越来越多了。他们都来找我要剪纸嘛，当时我把一个大凤凰窗心送给谁我想不着了，我也不知道他叫什么名，没想到他给我把这个窗花送到省上参加展览了，结果得了个银奖，给了我个证书。这次获奖不是1994年就是1995年，这个奖是第一个官方给我的奖，对我影响很大。

从这个奖以后，政府也重视这些民间文化了，镇里有个文化站，站长就找我，他说把你的东西拿来展览吧，我说好啊。展览就给我出了一本书（不是单独的一本书），这书我家里保存的也有。1997 年迎接香港回归，我刻了一大批主题鲜明、题材新颖的作品，招远金都百货公司专门为我举办了剪纸作品展览。

山曼老师找过俺。当年的文化站站长现在还在，还没退休，五十来岁，他这么一张罗一宣传，以后山曼老师（已故著名民俗学家，曾在《民俗研究》1996 年第 3 期介绍李瑞欣剪纸）也就知道我了。山曼来了就找站长，说招远有没有能剪“荷花生人”窗心的艺人，他来问我有没有这个老样子能不能剪，我说能剪，结果他就把山曼老师领俺家去了。山曼老师他说叫荷花生人，我叫牡丹仙子，我说这个窗心过去是牛鬼蛇神让俺改了，把小人的头都改掉了，改成鱼头虾头什么的了。他说你能不能想想什么样，恢复原样。我说要想和原先一模一样我不敢说，但我都能弄上个人头，他说这就行了。他问俺得几天能剪出来，我算了算一共是 8 块，我说我四天就能给你弄出来。山曼老师前后来了三次。

从这开始我这名气就出去了，武汉、齐齐哈尔等地方的剪纸展览我都获过奖。这样一来我就得一有空就剪，早晨三点多钟起来剪是常有的事。像“百蝶图”“百龙图”“十二生肖”“二十四孝图”都不是一下子完成的，就得一点一点弄，零碎零碎地积累。

上电视了。到 1998 年，中央一台万家灯火栏目到我家拍电视住了四天，把俺母亲也叫去了。我这家庭不是有个四代剪纸之家的称号吗，这个四代剪纸之家是市妇联给我的称号，所以说中央台就要拍个电视。拍了以后俺母亲就说：“行了啊，我跟着你都上中央一台了，我这个手艺是失传不了了，可以传下去了。”小剪子也交给我了，把她这幅卷起来的剪纸画也给我了，俺母亲说她原来还寻思着这幅剪纸拿不出来了，为什么？过去是牛鬼蛇神不敢拿，现在你看看不光说这不是牛鬼蛇神了，中央一台都上家来拍电视，这是好东西啊。把她那些老东西、老样子都给我了。那年她都 80 多岁了，她很高兴，“我这一辈子也就这样了，都上中央一台了，挺好的。”在没上中央台以前，招远电视台、烟台电视台都过来采访过我，山东台也去了好几次。当时家里也没有录像机什么的，也没有要个光盘咱自己留着。

到清华大学办展览。这是 2011 年的事情，清华大学在俺村建了个大学生指导站，俺儿去清华办事，我一个北京的朋友让我一块去耍耍，我就跟去了。这个人和俺亲家是一个村的，他在清华工作，俺母亲也去了，这都是招远的人，在一起挺亲近的，一说就说起了我的剪纸，结果他回招远就来看我这个房子（剪纸展馆），一看他就看好了。他说明年是清华大学百年校庆你愿不愿意去办展览，我心里当然愿意了。我是四月十几号去搭的展览，五月一号回来的，在那住了二十多天。展览期间见的人多了，全国各地的名家和我拍照，给我签字的人太多了，还有外国的，澳大利亚一个大学的人要请我去他们那办展览。办这个展览我心情非常激动，这是我第一次进大学，你得这么寻思，我觉得咱一个农村妇女，不用说去清华大学，就是去恁那（鲁东大学）俺都够自豪了。

去鲁东大学讲课。曾经有烟台画院、山东工艺美院的学生专门来请俺去讲课，我没去，为什么没去啊？我说话太土了，不好听，在人家城里人跟前不好意思啊，人家也听不懂俺说的啥，要是俺也会说普通话就好了。

前两年鲁东大学艺术学院又请俺去讲课，这次俺就去了，这是俺第一次到大学讲课，心情非常激动，挺自豪的。不管说得好赖，最起码咱农村的老娘们能进大学了，心里想起来我就觉得挺自豪的。后来鲁东大学的学生也经常来我这个剪纸展馆参观学习，现在这个地方也是鲁东大学民艺研究中心的剪纸传习站。我非常高兴。

教学生的时候，我希望学生都能剪的和我一样。俺一起剪纸的朋友不少，他们都说我，咱这个手艺不能都传给别人，我说不怕，咱的东西都出书了，人家到书上就复印下来了，我不怕全国人都会，我不挂（担心）这个剪纸能卖多少钱，我挂这个手艺能不能传下去。去年在我们文化局办剪纸班办了三个月，学剪纸的人都说俺，你这么样真心真意教俺，俺等学会了不怕俺把你的手艺顶了，我说我不怕，我就怕教不会恁。

出书。1997 年在北京工作的娘家侄子结婚，俺给他剪了几个非常漂亮的大喜字。后来，侄子打电话说，参加婚礼的人纷纷向他打听讨要。侄子说："姑你剪了那么多的剪纸，干脆出本书算了。"我当时没吱声，但是为自己的剪纸出本书的念头却没断过，我想让自己的后代知道和看到咱招远的这个老窗花是个什么样式，咱农村老娘们的剪纸也能出书。

2003 年老公有个朋友因公要去国外，给外国朋友捎点什么呢？冥思苦想之后，那个朋友来求俺的剪纸了。俺琢磨着剪别的老外未必懂，剪京剧脸谱说不定人家能喜欢，再说京剧那是国粹，能代表中国啊。我几乎三天三夜没合眼，剪了京剧脸谱等几十幅剪纸给朋友捎着。那个朋友回来后对我说："嫂子你剪的京剧人物脸谱可受外国人欢迎了，快把你的剪纸作品出本书吧，给自己留点东西。"他这么一说俺的心又动了，老伴也同意了，儿子们也凑钱支持。这样我就翻箱倒柜把自己这几十年来剪过的、保存下来的剪纸样子都找出来，重新剪出来，剪好后裱好，请人给每幅剪纸都拍了照片。又忙着找人作序，给每幅剪纸配上题诗，小儿子还为俺设计了剪纸印章。就这么忙忙活活近一年，2004 年 7 月，《李瑞欣民间剪纸作品集》终于出版了。当时俺孙女兰兰说："出版这本书，全家最高兴的就是俺奶奶了。"

俺很自豪，这下可以让后代们知道咱老太婆的剪纸也是好东西，也能出书啊！高兴之余，也觉得美中不足，每幅剪纸下面的题诗没有外语翻译，外国人很喜欢咱的剪纸啊，捎到外国去，有外文翻译的话，他们也能懂咱这中国老百姓的玩意了。就像这个窗心，一看就知道整体是一个大荷花。这些是荷花瓣，这里面有很多小典故。这是“鱼精”，这是“鸟精”，这是“蝴蝶精”，这是个“荷花精”，过年家里把这个大窗心贴窗上以后，都感觉非常吉庆，因为这就好像家里有了“精气”和“灵气”。

我想出书的目的，当时也没想太多，我就这么寻思着，我是一个农村妇女，我觉着我这个剪纸还是挺不错的，怎么能让大家都知道我会剪纸呢？所以我就想出这么一本书，让大家都能看到我的剪纸。

建小剪纸博物馆。我的老窗花一部分是家里老辈传下来的，一部分是别人送的。比如俺把剪纸送给人家，人家会说俺奶奶家有些破窗花你要不要，我很高兴要啊，不管好赖咱都要，为什么呢？咱能用的老样子当然好了，不能用的它也是过去的老东西，看着亲切。我开始专门收集剪纸主要是这三五年的事情，现在没有老窗子了，窗花没有用了。这两年我收集的东西越来越多了，不光是窗花，各种过去民俗的老东西我都要，我就稀罕这些东西。

当初我想的是什么，俺村五天一集，赶集都在这个地方，我这房子当个商品房，等我老了卖个剪纸什么的。我就下决心把这个房子弄成老房子放我的剪纸。我出去旅游，看有些景点有个不大的小房，弄个小老窗贴上个剪纸，我就想起了过去老房子的生活。那年我去威海参加剪纸展览开会，他们那儿石岛赤山有个民俗馆，里边有个假人，是个媳妇穿着过去的裙子衣裳，还有小人拉磨，还有绣花鞋、小锄、小镰、小镐头什么的。我就寻思了，俺家村里比这个好多了。我自己心里就有数了，我也不说。

原来的老式窗小，现在展馆这个窗大，实际这就是个假窗，不是按真正老式窗大小做的，所以现在这个窗上贴的剪纸都是我根据老样子复制放大了，老窗花太小了没法贴这个大窗上。整理这房子花了好几个月的时间，我这房子整理好了，就叫招远市文化局知道了，人家就报到了烟台群众艺术馆。我去烟台开会，群艺馆的领导在会上就表扬说，招远李瑞欣搞了个剪纸民俗博物馆。这样大家都知道了。我心里有数，我随俺老父亲的性格，我不做出来我不说，但我想做的事情一定要做成。我如果没有这个小破房，我这些老东西往哪摆？放家放着有什么用，我这么一弄大家都知道我有什么了。这些老东西并不是值钱的好东西，但现在到我手里了，我就不能叫它再散失出去了。如果现在你想操持这些老东西，你上哪儿操持？没有了。

该做的我都做了，知足。

许文华——苦练技艺剪上生花

我叫许文华，1954 年 10 月出生，是文登人。我从小是随我姥姥学的剪纸，打下了坚实的基础。小时候我常住在我姥姥家，在我心中，我姥姥算得上是村里的一位巧手。她虽然不识字但能剪会绣，每到春节前，姥姥就会剪很多具有喜庆寓意的剪纸花拿到集市上去卖，以补贴家用。村里有准备结婚的人家都找她剪制办喜事的剪花，如福字、囍字、龙凤、鸳鸯等。我就是在姥姥的潜移默化下慢慢学会了剪各种花样。但那时候就是剪些简单的，比如说六一儿童节，经常剪个向日葵贴墙报什么的。到了联中，我就会插鞋垫、钩花、绣花，凡是女红我都会。还会刻杏核、桃核，刻个小篓、小猴什么的，这时候就会剪“福字不断头”、蝙蝠、蝴蝶等了。过年过节也剪，春节剪了贴粮囤上，二月二剪龙皮，五月端午剪鸡啄五毒。但是后来我家发生了一件事情，我有两个表妹，一个比我大两岁，一个比我小两岁，她俩也爱剪纸，那时候家里没有多余的剪刀，她两人在夺剪刀时把其中一个的眼睛弄伤了，从此后俺家里就谁都不许剪纸了。没办法，我有时就偷着到同学家剪。

1986 年，我 33 岁，来到了烟台，在街道商店干了一阵子之后，又到印刷厂工作，那时候朱曼华老师常来印刷厂买纸，就认识了朱老师。烟台有一年举办 APEC 博览会，1997 年吧，在博览会上，我看到了朱曼华老师的剪纸，喜欢得不行。我就想起了我小时候剪过的那些剪纸，我心里就想，我也爱剪这个东西，人家能剪我为什么就不能？于是回来就下力剪、下力练，剪起来也越来越溜到。

我专门做剪纸应该是从 2000 年起，当时区妇联有个叫常洁的领导不知道听谁说的我会剪纸，她找到我叫我参加一个家庭剪纸展览，后来又给我联系到祥和文化市场，让我免费使用摊位。就这么的我的剪纸慢慢就开始干起来了。后来参加了全国各种比赛，跟同行们学到了很多知识，开阔了眼界，大家互相交流，互相切磋技艺。

说起这么些年来，帮助过我的人很多，我首先得感谢王言昌老师。二〇〇二年十月一的时候，我在烟台新华书店参加剪纸展览，山东省剪纸协会的副会长、威海艺术馆的王言昌老师正好来书店，看到我的剪纸后，就要了我的电话。过了些日子，王老师给我来电话，说叫我去黑龙江太阳岛参加展览，我那次去带的“荷花鱼缸”还得了个奖。这是我第一次到外地出去参展，真是见了世面，展会上剪纸很多，我才知道原来有这么些剪纸，都这么好看，越看越喜欢。2004 年又去温州，2005 年去了武汉，2008 年去北京，王言昌老师有什么活动都会叫上我，真是开眼了。慢慢地，我就向人家剪的好的学，努力把剪纸剪好。

由于我剪的手艺还行，所以当时有些老师剪不及的活儿就叫我帮忙剪，像李强老师、郭万祥老师等，他们也给我提出许多建议，尤其是李强老师，他教给我说线条要直要硬还要圆滑，他就告诉我怎样剪，我都记着，心里也很感激。这样的慢慢地越剪越精细。要说帮助过我的人很多，还有曲青棠、韩月湖、王淑丽、李瑞欣、王秀娥、顾朋泉等，他们都帮助过我，老百姓说话："不服高人不对"，我就向他们学习。没有这些人的帮助，我的剪纸走不到今天这个地步，我从心底里感激他们。文化馆也叫我剪过不少窗心。我剪过一百个十二生肖，就是每个生肖剪一百个，第一次看到百鸡图，哎呀把我俊的。济南有个徐健老师，2012 年的时候，她有一阵子就住在我这里，她会画画，她画我剪，俺俩交换，她给我画了百马、百牛、百蛇等。徐健老师那些年在大明湖卖剪纸，有些就是我剪的。我是 1989 年开始干百虎图的，100 个兔子我一个月干完的，那真是没白天没黑夜地干。

2011 年，我被评为山东省"齐鲁文化之星"，后来我就在幸福镇、开元社区居委会等一些地方进行公益剪纸表演和教学活动，社区有个杨主任对我帮助也挺大。

我最艰难的就是自己不会画，所以只能剪已有的图案。凡是看到漂亮的图案我就剪，你看这是朋友从外地寄来明信片上的图案，我把它改一下剪成了葫芦娃娃。

我的剪纸技术是怎么一点点练成的，没有别的，就是小时候的底子好，再就是下力。我剪给你看下，在剪纸的过程中，握剪刀的手要落实。

捏纸片的手要掌握好分寸。首先用剪刀的尖在红纸上戳出一个细小的缺口，然后继续延伸成一条线。我用的工具是比手掌还小一号的剪刀，换不同位置的时候只需微微张合，眼睛一直跟着剪刀走，要有很自如的感觉。要说剪纸最难剪的是打毛和剪圆。没有好剪刀就没有好剪纸，我眼前这些剪刀就有五六个型号，根据需要，剪什么用什么型号的剪刀，剪外圆就用最大的剪刀。我手里这把最小的不到10厘米长，用了多少年了。剪刀都是我自己磨，我从23岁起就在文登葛家机械厂干车床，所以我会磨剪刀。干上剪纸之后，我就自己研究剪刀，磨剪刀，你看这块坡石都磨断了。我一年差不多得磨两百多把剪刀，我自己用，朋友也有要的，我出去上课学员们用的剪刀都是我自己磨，你像现在福泰老年大学他们用的那些剪刀都是我自己磨。有的剪纸同行跟我学磨剪刀，我也教给他们。

我的剪纸主要是剪生肖，因为人家要的很多，社会需求量大。再就是剪窗心，窗心主要用于收藏。我还剪了不少伟人像，烟台古玩城有一个老人收藏了不少“文革”时期的老照片，他就给我让我去复制，我剪了60幅伟人像，被烟台美术馆作为馆藏收藏，张硕馆长还带了去南京展览。我剪的作品分送得很多，谁来看见好，人家要，就给人家。我觉得人家喜欢就好，也没拿着自己的剪纸多金贵，人家喜欢的我就无偿送。

烟台剪纸那些老样子真漂亮，地域性的作品，我觉得不能说就是谁的谁的，都是老祖先留下来的。在剪纸的这几十年中，我主要是临摹老样子多，但是临摹我觉得也是一种再创作，而且我会把一些我觉得还不美的地方改一下，或是根据需要添添减减，再就是利用我的剪工把它剪得更好看，我一直在用心创作每一件作品。从专门剪纸之后，我就更加留心观察生活，慢慢地也学着画一些简单的图案。因为对自然环境、生活环境和老百姓日常生活的细节观察得非常仔细，对各种技艺的运用也更加熟练。一些常用的剪样像蝴蝶、小鸟什么的都能脱样剪出来。

我现在除了根据需求剪一些作品外，主要致力于剪纸教学。说到教学生，我在剪纸上做得最多的事情就是教学生，我教过多少学生我也不知道，我大约到30个地方教过剪纸，有的是长期，有的是短期，还有的是搞活动。时间最长的是在龙海小学，以前叫新胜小学。2011年，龙海小学叫我给他们的特长班上课，每周一次课，直到现在，都上了10年了。开始的几年，都是我自己带纸、带剪刀和花样，年底我还自费给孩子们发奖，自己把作品塑封好给他们发奖，一般一个课余爱好班有20多个孩子。这个学校的教学一直坚持到现在，龙海小学有一个走廊全是我的作品。这么多年，跟学校都有了感情，学校需要什么作品我也帮着做，后来学生们的剪纸经常在他们学校办展览。

除了龙海小学，常年教的还有幸福老年大学。另外，还有珠玑小学、军民小学、鲁峰小学、芝罘岛小学、清泉寨小学等，还在烟台大学给大学生教了一年。在大庙教过下岗工人，在文化馆教过放假的孩子。我现在天天也忙着在各个学校上课，只有礼拜三没有课。

我觉得现在剪纸的传承是一个很严峻的问题，随着社会发展，很多年轻人不会选择专门从事这一职业，有的只是出于好奇，学一段时间就放弃了，我也不断向年轻人宣传这门古老的艺术。现在有几个年轻人专门跟我学剪纸，我就带着她们几个学生一起进行剪纸教学传播非遗，有马黎、王万芳、周杏杏等。我自己家里，我儿子、外甥女、外甥媳妇和她女儿都会剪，她小女儿三四岁就会剪。

来烟台后，剪纸给我带来了收益，我现在主要就是靠剪纸自立，再加上我每月一千多的退休工资。2012年我被评为市级非文化遗产代表性传承人，我觉得真知足，我是这么想的，我一个草木之人，还能得奖，还能出国，还能进大学校园，和一些剪纸高手交往，你说我这是多幸运，可以说，是剪纸给我带来了精神和生活上的改变，我想我就多教学生、多做公益回报社会。除了剪纸教学，得空我就在社区做公益，2020 年还参加了烟台雷锋阳光爱心服务队这个义工团队，一直在从事义工活动。

现在算起来，我剪纸也剪了 50 多年了，剪出了上万张的人物、动物、花鸟、静物，包括百张十二生肖、《百幅主席肖像》《百幅苹果长卷》《二十四孝图》《十二金钗》《八仙过海》《水浒一百单八将》《烟台十八景》等。人家都说我的作品以惟妙惟肖胜，大有气魄，小有精致，尤其是打毛细密。这些年剪了多少真是数不过来，也获了好多奖，还出国好几次，把剪纸带出国门，让剪纸这门技艺走向世界，我感到非常荣光。

下面这些可以作为我作品中的代表。

2002 年，《八仙过海》获得烟台市“金剪贺新年”金奖。同年参加黑龙江剪纸艺术节并获得中国剪纸德艺双馨奖。

2004 年，参加温州第七届中国剪纸博览会《熊猫图》获得银奖。并收入《中国剪纸艺术博览》一书。

2005 年，《金沙滩》获得中国（武汉）剪纸艺术节举办的全国剪纸作品大赛铜奖。

2005 年，《龙腾虎跃》获得我爱我家杯优秀奖。

2005 年，参加山东省第十四届书刻剪艺大赛获得铜奖。

2006 年，参加浙江省全国剪纸大赛获得优秀奖；荣获烟台市十大金剪刀奖。

2007 年，《鱼缸花盆》获得首届中阳剪纸艺术节佳作奖。

2007 年，参加第二届国际武汉剪纸艺术博览会，《水果飘香》获得优秀奖。

2008 年，《十二生肖》获得第六届黑龙江剪纸艺术节全国剪纸作品大赛铜奖，并被鸡西市博览馆收藏。

2008 年，《烟台八景》获得烟台市剪纸大赛一等奖。

2008 年，参加情系农家共创文明“东风颂”杯中国剪纸大赛，获银奖。

2008 年，《泰山风光》获得济南市首届剪纸艺术大赛一等奖。

2012 年，《二十四孝图》获得教场坪能源杯铜奖。

2012 年，被评为山东省齐鲁文化之星。

2014 年，中韩纸艺展示交流会，《十二生肖》被韩国组委会收藏。

2014 年，《中韩友谊》获首届中韩（威海）剪纸艺术博览会优秀奖。

2013 年，《百龙图》获得山东省首届（红星）民族民俗民间艺术品博览会金奖。

2015 年，《十二生肖》获得庆祝新中国 66 周年暨纪念抗日战争胜利 70 周年金奖。

2017 年，《荷花生人》获得第三十二届“民间工艺传承与创作新作品邀请展”获得匠心独运一等奖。

2018 年 8 月，中华剪纸香港展《十二生肖》被评为最佳作品奖。

衣培娟——一把剪刀剪出岁月凯歌

一、我的剪纸经历

我叫衣培娟，山东省栖霞市人。我出生于剪纸世家，姥姥会剪纸，妈妈也会剪纸，小时候我经常看到一张张红纸像变魔术似的，从妈妈和姥姥的手中变成精致有趣的图案。耳濡目染，也学着大人的样子，拿起剪刀有模有样地剪起来，7 岁那年，第一次拿剪刀，刚开始剪的时候，我只能粗糙地剪一些简单的图案，经过不断练习，到 10 岁就能独立剪出不错的作品了。

高中毕业后，我被选派到栖霞县（现栖霞市）小庄乡回兵崖中学教书，教学之余，我便抽出时间教一些学生剪纸，许多学生后来也都成了剪纸高手。1976 年，小庄乡成立文化站，需要一名文化干部，我被选中了。1987 年任小庄乡文化站站长，这期间也始终把剪纸放在心上，通过走访，我发现小庄乡的剪纸爱好者非常多，但是这些人平时只能在家里剪纸，缺少一个相互学习交流的平台。于是我突发灵感，向乡政府领导提出成立一个剪纸协会的想法，把全乡的剪纸爱好者聚集在一起。就这样，全县第一个乡剪纸协会——小庄乡剪纸协会正式成立，我担任秘书长，会员达 150 余名。同年，值庆祝新中国成立 38 周年之际，我组织开展小庄乡剪纸比赛，参赛 300 余人，参赛作品 850 余幅，受到栖霞县委宣传部领导重视，组织作品在全市展览，在社会上引起强烈反响，小庄乡的文化活动也搞得红红火火，1988 年 8 月，《烟台日报》以《火热的心肠——记小庄乡文化站长衣培娟》为题做了报道。

1991 年，因在小庄乡文化站工作突出，我被调往栖霞市文化局担任文化科长，我发现当时的书画比较被人们接受，剪纸却并不被认可，有的人还认为剪纸登不上大雅之堂。从那时候起我就暗下决心，一定要让剪纸这门技艺在栖霞传承下去，发扬光大。

2004 年，我从栖霞市文化局纪检组长、图书馆馆长岗位退居二线后，专注精力研究和发展传承剪纸艺术。在我的奔走呼吁下，2005 年，栖霞市剪纸协会成立，栖霞成为烟台市第一个成立剪纸协会的县市区。我当选主席，一直干了 13 年协会主席，发展市级会员 260 余人，全国级会员 12 人。

自此，栖霞的剪纸事业走上了正轨。

我带领会员参加各级剪纸活动，每年栖霞市苹果艺术节都组织举办剪纸展览。2006年栖霞市第四届苹果艺术节，参与组织千人广场剪纸剪演。2007年为迎接中国举办奥运会，烟台市文化局、烟台市胶东文化研究会、《烟台晚报》组织举办“‘棱方园’杯巧手迎奥运”烟台民间工艺作品大赛，组织栖霞市剪纸协会16人16幅作品参赛，协会荣获烟台市唯一一个优秀组织奖，我个人的作品《二龙戏珠》荣获优秀奖。

2008年我又牵头组织协会会员，为栖霞市委市政府剪制宣传栖霞剪纸册3000余套、苹果元素剪纸作品5万余幅。领导协会围绕栖霞苹果开发苹果特色剪纸，宣传推介情况被栖霞市政协文史资料委员会收录编辑在《栖霞市政协文史资料》第十二辑里；2017年，栖霞市剪纸协会被山东省妇联授予山东省巾帼居家创业就业脱贫行动“大姐工坊”。

二、创作之路

我在创作时思考最多的，就是如何把栖霞独特的地域文化特色融合到剪纸中，让剪纸更具地域性和时代性。栖霞是驰名中外的苹果之都，我就觉得应该把苹果元素结合到剪纸中，因此创作了很多以苹果为主题的作品。2008年举办奥运会时，我设计创作的“苹果福娃”，实现了栖霞苹果与奥运吉祥物的完美结合，在“巧手迎奥运”烟台民间手工艺作品大赛网上投票中，“苹果福娃”获得了网友们的高度认可。我设计制作的“艺术苹果”剪纸贴字，把福字、花鸟鱼虫等图案，嵌套在苹果剪纸之中，精巧美观。并且把从栽植苹果树到采摘再到苹果丰收、销售的过程都创作成系列作品，苹果不再单单是苹果，而是作为艺术礼品被人们所接受。这样的剪纸不仅可以观赏，还能帮助果农实现经济效益。苹果的寓意是平平安安，在苹果元素的基础上融入传统的“红双喜”“全家福”等艺术字，剪纸也就更有意义了。

剪纸是一项传统技艺，在当下的大环境里，要让传统技艺更有活力，必须做好创新，必须与时代结合。我的《十二生肖福》，乍一看，好像只是普通的福字，但细看下来就能发现是由祥云和十只蝙蝠构成的，大福字上镶嵌着各带小福字的十二生肖。而细看外形又可以发现，这是一对情人额头相抵，寓意幸福美满。原本简单的福字，经过这样的创新创作，艺术价值就得到了很大的提升，也让更多人感受到剪纸独特的魅力。

为了让自己的剪纸跟得上时代的节拍，被更多现代人接受，我还学会了绘画和上网。只要一有时间，我就进行绘画，然后制作成剪纸底样。或者上网用 QQ 和微信跟全国各地的剪纸艺人交流学习，取长补短，共同提高。我还开设了专门的剪纸教学抖音号，传授剪纸技艺，受到了大家的一致称赞与好评。

这些年我一点也没闲着，一直在创作，以下作品中可以看到我的创作轨迹。1996 年《动物聚子》在中国旅游剪纸优秀作品展中荣获银奖并收藏出版发行；1999 年版《栖霞市志》（1985—1999）收录我个人剪纸作品；2005 年《盆菊》在“2005 年中国剪纸艺术节”中荣获铜奖并收藏出版发行；2006 年《中国民间艺术通鉴》收录了我四幅剪纸作品和个人技艺风格解析；2007 年《喜鹊登梅》在第二届国际剪纸艺术博览会剪纸大赛中荣获铜奖并收藏出版发行；2008 年 10 月 16 日受邀参加山东省文化厅举办的山东省非物质文化遗产剪纸展演；2009 年《欢度国庆》在山东省“庆祝新中国成立 60 周年”书画摄影剪纸展览中荣获银奖并收藏；2009 年—2012 年连续四年应邀参加烟台市非物质文化遗产日做剪纸表演。2013 年 9 月应省新闻出版局邀请参加首届中国（武汉）期刊交易博览会现场剪纸剪演；同年应烟台市文广新局邀请参加烟台市第三届文化艺术节现场剪纸剪演。2010 年《苹果飘香》在“星光杯”全国艺术名家书画剪纸大赛中荣获金奖并收藏；《凤凰戏牡丹》在第五届中国民间工艺品博览会荣获银奖并收藏；《热烈欢庆中国上海世博盛会》在中国迎上海世博会书画剪纸展览中，历经十几个国家巡展后在博览会展出，荣获银奖并收藏出版发行，被授予“共和国杰出剪纸艺术名家”荣誉称号；2011 年《喜庆》在中国第六届民间工艺品博览会荣获金奖并收藏，同年被北京夕阳红文化发展中心评为“全国最具影响力艺术创作之星”；2012 年《岁岁平安》获祖国颂全国书画摄影诗歌大赛金奖并收藏，同年《红梅迎春》获中国第七届民间工艺品博览会金奖并收藏；2013 年《锦绣前程》获第八届中国民间艺术博览会金奖并收藏；《扇面》获中国威海国际人居节全国剪纸大赛金奖并收藏；《婚俗变奏曲》获全国夕阳红剪纸大赛金奖并收藏；《十二生肖福》荣获山东省民间文艺家协会金奖并收藏；2014 年《岁岁平安》在中国人口与计划生育委举办的剪纸大赛中荣获优秀奖并收藏；2013 年、2014 年三次应烟台万科集团邀请展演剪纸，并举办个人剪纸展。2015 年 1 月，参加由省政府、文化厅、台办组织的“喜洋洋 迎新春 山东省非物质文化遗产进台湾”文化交流团访问台湾省，我代表山东省剪纸，在 101 大楼现场剪纸展演，被台湾当地媒体大篇幅报道，2015 年 1 月 28 日《旺报》A14《鲁非遗登台传承两岸文化之根》台湾东森电视台跟踪直播。2015 年 2 月《今晨 6 点》对此做了专题报道《栖霞剪纸台湾受青睐》；10 月应邀到韩国参加中韩剪纸文化艺术交流；作品《葡萄熟了》在黑龙江省“三江杯”剪纸艺术精品展中荣获金奖；2016 年 5 月应山东手工艺协会邀请，参加上海世界非遗城、中国非遗总部开幕式现场剪纸展演，并签约入驻非遗城；2016 年由文化部主办的全国美术博物馆优秀青年策展人扶持项目“大美民间窗花剪纸艺术展”胶东窗花作品 2000 余幅，全部由个人复制剪制，作品 2017 年在全国 17 个城市巡回展览，2018 年以来在国外展览 6 个国家；2016 年 9 月参加文化部非物质遗产司、上海文化广播影视管理局主办的中国传统工艺

（剪纸）大赛，创作的《中国梦》在参赛的3000余幅作品中脱颖而出，在最终入围的58幅作品中荣获银剪子奖。获奖的58名选手参加第四届中国非物质文化遗产博览会、中国传统手工艺（剪纸）大赛，现场给剪题限时脱稿创作，我入围15名优秀选手、获优秀奖，作品《凤凰戏牡丹》获优秀奖。作品《中国梦》于2017年被山东省政府、泰山文艺奖评选委员会评为第十届山东省泰山文艺奖“民间艺术类”三等奖（烟台唯一获奖作品），2019年被评为第十五届烟台文艺创作奖民间艺术类二等奖；2017年《事事顺心意 财源滚滚来》在山东省民间文艺家协会举办的剪纸展览中荣获优秀奖；《苹果红了》在中国民间文艺家协会、山东省民间文艺家协会、烟台市文联举办的中国民间博览会上荣获优秀奖；2018年1月应烟台美术馆邀请参加“大美民间——胶东民间窗花剪纸展”，到吉林延边州美术馆为30名学生教授剪纸技艺，并与当地剪纸艺术家座谈，宣传胶东剪纸文化；5月，随“大美民间——胶东民间窗花剪纸展”赴南京，为南京小西湖小学60余名学生教授剪纸。6月，应新疆维吾尔自治区文化馆邀请，代表山东省参加中国风乡土情——农民画剪纸艺术交流展，携带20幅作品参展，并现场脱稿剪演，期间到乌鲁木齐第5小学、水磨沟区田园社区、银河社区传授剪纸技艺，当地媒体进行了大量报道；2018年《迈向新时代》在中国民间博览会上荣获优秀奖；《富贵平安》在中国剪纸协会、荣成市委宣传部举办的全国剪纸大赛中荣获最佳作品奖；《多子多福》由中华促进会剪纸艺术委员会、香港中华传统艺术会在香港、澳门举办的剪纸巡展中荣获“最佳作品奖”；2019年7月，由重庆市民间文艺家协会和长江师范学院在全国范围内遴选出技艺精湛、德艺双馨、知名度高的20位优秀剪纸艺术家组成中国剪纸高级创研班，我是山东省唯一一位被遴选的艺术家。创作了90厘米×7米长卷五幅《福》《禄》《寿》《喜》《财》，个人创作的剪纸衍生品有彩扇、手提袋、方桌布、床旗、玉米福，作品《中国龙》《平安》《富贵平安》《三多图》《福》《窗花》等11幅被收藏，每天为70余名学生上剪纸课，传授胶东剪纸技艺；《福满堂》入选由中国民间工艺博览会组委会举办的“庆祝新中国成立70周年 全国民间工艺精品展”参展作品；2020年1月，创作抗疫作品《战疫神》《抗击疫情 平安中国》人物组图、《战疫必胜》《和平》《向白衣天使致敬》《支援武汉战疫情》等剪纸作品20余幅，4月，作品《战疫神》在《中国剪纸精品集抗击疫情》出版发行。同年6月6日，该作品还在山东省文化馆、省非遗保护中心举办《2020非遗人在行动获奖作品展——礼乐云》获优秀奖。作品《支援武汉战疫情》2020年3月在《党员干部之友》刊发。11月，《十二生肖福》在2020首届山东省精品旅游文创发展大赛中荣获齐鲁文创技能类二等奖、齐鲁文创工匠奖，并出版发行，被烟台市委宣传部、文联评为烟台市文艺创作奖；2021年1月《苹果生长系列拼色剪纸》由山东省文化和旅游厅举办的2020山东非遗+旅游文创大赛，荣获非遗创意衍生设计类三等奖。

三、热心传承剪纸技艺

随着年龄的增长，我对剪纸的热爱也与日俱增。我不仅希望自己爱剪纸，也希望更多的人喜欢这门古老的技艺。我是栖霞第一个将剪纸技艺带进校园的剪纸人，希望能将这门技艺毫无保留地传授给小学生、中学生和大学生。这些年，烟台大学、济南大学泉城学院、北京清华附小、新疆51小学、鲁东大学国际教育学院等，还有一些老年大学、军休所我也去传授过剪纸技艺。2010年—2015年为栖霞市军休所老干部义务传授剪纸技艺；2017年被栖霞市老年大学聘为剪纸教师，至今为老年大学剪纸班30余学员上剪纸课。有一件事让我印象深刻，一位71岁患有帕金森症的老人，最开始学剪纸的时候，剪刀都拿不稳，剪圆符号时始终找不准。我一点一点地耐心指导，后来这位老人经过三年的努力练习，在栖霞市一次剪纸比赛中获得了三等奖。他们称我为保健医生。这次经历，让我看到了大家对剪纸的热爱，也坚定了传承剪纸技艺的信念。在栖霞，只要是剪纸艺术的爱好者找到我，我总是耐心指导，用心传授。多年来，已先后培训剪纸爱好者2000多人，其中有18人在国际和全国获奖。2017年7月28日的《烟台晚报》报道了我的剪纸技艺传承情况，题目为《她把剪纸绝活传承给1600多个孩子》。传承方面，我也在不断创新。我教剪纸课，从不单讲剪纸技艺，而是把剪纸和中国传统文化结合起来，课堂上，学员要学习古诗词、成语，还要做游戏，充分激发学员们的积极性和互动性。

2010年我被栖霞市实验小学聘请为剪纸校外辅导老师，每周五下午义务为学生上剪纸课；2011年8月应栖霞市教体局邀请，义务为全市200余名美术教师暑假培训班上剪纸课；2013年义务到栖霞市翠屏小学传授剪纸技艺；2014年义务到栖霞市翠屏中学传授剪纸技艺并被聘请为剪纸校外辅导员；2017年9月起到走进牟氏庄园管理处、奇石馆等旅游景区开展研学活动，传授中国传统剪纸技艺，共讲课220余场，计4700余人。2014年应烟台大学邀请义务为大学生传授剪纸技艺；应烟台爱华国学馆邀请义务传授剪纸技艺，同年应山东省栖霞市桃村中学邀请义务传授剪纸技艺；2015年5月应济南大学泉城学院邀请，为110余名大学生传授剪纸技艺，并将80余幅剪纸作品带到了大学，举办个人剪纸展览；2015年4月12日和2017年5月20日，应烟台大学邀请，两次为60余名大学生传授剪纸技艺；2016年12月，到北京清华附小教学生剪纸一周，每天为学生讲授传统文化剪纸，把胶东剪纸技艺传承给北京500多名学生；2017年5月，应济南大学泉城学院邀请传授剪纸技艺，120余名师生参加学习，还举办了为期15天、76幅剪纸作品个人展览，6000多名大学师生通过学习体验剪纸技艺，观看剪纸展览，进一步了解栖霞剪纸民间艺术；2019年10月30

日应烟台市教育局邀请为烟台市美术教师专业培训班 90 余名教师上剪纸课。

2013 年 9 月 28 日，由中国威海国际人居节组委会秘书处办公室、山东省剪纸艺术研究会主办的第七届中国威海人居节“老虎山杯”全国民俗剪纸艺术大赛，我的作品《扇子面》荣获金奖，我指导的八年级学生王颖的作品《百花齐放、百鸟争鸣》获优秀奖，学生牟容江作品《十二生肖》、刘云靖作品《好好学习》、刘悦作品《骏马》获三等奖。

2018 年 5 月 29 日—6 月 29 日，我指导小剪纸学员参加由中国妇联、妇女儿童博物馆举办的第四届全国少年儿童剪纸大赛，我指导的实验小学四年级学生林修竹作品《绿色食品真好吃》获三等奖，实验小学五年级学生林佳新作品《妈妈教我剪窗花》、实验中学六年级学生王盈欣作品《放飞梦想》均获优秀奖。

2018 年 10 月 15 日—22 日，我指导的剪纸学员参加由中华文化促进会剪纸艺术委员会、中共荣成市委宣传部举办的“盛泉杯”大美荣成全国剪纸艺术展，学生牟燕燕作品《新时代》、姚怡彤作品《松鹤延年》、林修竹作品《绿色食品放心吃》获优秀奖，我的作品《富贵平安》获最佳作品奖。

我觉得剪纸是一项民间艺术，它不应是一个人的专利，而是全社会共同的财富。要让其发扬光大，需要一代一代的剪纸人不断地创新。

四、走出国门，走向世界

我多次出国交流，将传统的烟台剪纸带出了国门，吸引很多外国友人也慕名前来学习剪纸技艺。2015 年 10 月，应大韩民国社团法人首尔文化艺术交流协会邀请，参加中华文化促进会剪纸艺术委员会组织的剪纸艺术交流团，一行 90 余人赴韩国首尔进行中韩剪纸交流，首尔文化艺术交流协会理事长颁发中韩艺术交流证书。

2016 年 5 月，应烟台芝罘区委邀请，在烟台芝罘区文化创意园区、中韩文化创意园，为韩国前来参观考察的 100 余名专家、领导、学者表演剪纸。2018 年 3 月，应烟台渤海轮渡集团公司邀请，在《中华泰山号》游轮上为游客传授剪纸技艺，并到日本福冈市、佐世堡市现场展演剪纸。

2019 年 10 月，应鲁东大学国际交流学院邀请，为 60 余名留学生上剪纸课，将中国传统文化剪纸传授给各国学生。2017 年—2018 年，连续两年，有 8 位澳大利亚友人，不远万里慕名来到栖霞市跟我学习剪纸，这在当时也引起了不小的轰动。

现在，我还将剪纸传承给了女儿和小外甥，女儿的剪纸作品在国家和省、市级比赛中多次获奖并被出版、收藏。小外甥的剪纸作品也多次在全国及省市剪纸大赛中获奖。我觉得他们也在延续着我的艺术生命。我取得这些成绩离不开家人的帮助，我尤其感谢我的老伴，这些年无论我到哪里搞展览、参加活动，都是他陪着我。没有他的大力支持和辅助，我也走不到这一步。

我现在尽管已经退休了，但相比之前反倒更忙了。交流、学习、辅导，每一天都忙得不亦乐乎。剪纸这么有魅力，怎么能不好好传承下去？剪纸这项技艺，是祖辈们传承了上千年才传到了我们手中，是整个中华民族手工艺匠人们智慧的结晶，我们要更加珍惜和爱护这项技艺，不能让它在我们这一辈手中失传。我会尽我所能，将这门古老的技艺传承下去，让更多的人来关注这项非物质文化遗产，让中国的优秀传统文化更好地传播出去。我们栖霞剪纸有很好的传统，我感谢剪纸带给我的一切，从萌生成立剪纸协会的想法开始，我就打定了发扬传承剪纸这条路，我将一如既往在这条路上走下去。

韩月湖——与剪纸结缘一辈子

我叫韩月湖，生于1955年农历正月初二，是烟台市福山区清洋街道办事处东北关村居民委员会居民。我想，我在正月初二那天出生在一个剪纸世家，大概就是着急出来看看过大年贴的剪纸吧，这也可能是巧合，但是，就是这个巧合，把我和剪纸艺术紧紧地联系在了一起，使我和剪纸结下了不解之缘。我七八岁时候就目睹了奶奶、姥姥和母亲的剪纸，在她们手把手指点和传授下，我在十岁时候就能剪简单的剪纸作品了。就这样，我与剪纸艺术结下了缘分，产生了浓厚的兴趣，对剪纸学习总是乐此不疲，五十多年来我对剪纸学习锲而不舍，成了必修课，天天与剪纸为伴，与剪刀为伍。

要说我的剪纸传承过程，必须说说我家上辈人的剪纸传承。

奶奶。我奶奶有两个名字，一个是婚前名字叫陈淑花，婚后名字叫韩陈氏，她出身大户人家，是家中最小的闺女，女红堪称一绝，剪纸从来不用剪样，她剪人物是先把五官剪好，再安排身体位置，坐、卧、立、走、跑、跳，每个姿势都恰到好处，剪人物栩栩如生。她说，剪男人要浓眉大眼，虎背熊腰，脖子要短四肢要粗壮，剪女人要眉清目秀，身体小巧玲珑，脖子要高，肩膀要窄。奶奶留下的八仙剪纸、和合二仙剪纸和生活人物剪纸也确实如此。奶奶剪娃娃剪纸时还讲到，小孩头部和脸要大，鼻子眼睛要小而紧凑，身体要胖乎乎的，奶奶剪的生肖娃娃、抱鱼娃娃、葫芦娃娃确实有以上特点。奶奶这些娃娃剪纸人人看了人人爱，在我们这里堪称一绝。

姥姥于素秋（刘于氏），姥姥家是村里富裕户，姥姥是个剪纸高手，不但会单色剪纸还会染色剪纸，她的染色剪纸是纯植物天然染料，着色古朴典雅，勾绘到位，开脸可与工笔画媲美，姥姥传下来的染色剪纸八仙过海、白蛇传、四季生人、福禄寿喜等作品，曾经被中国美术馆选中要收藏，因为到了特殊年代被搁浅了。姥姥用过的天然植物染料是桑葚、红花、土大黄、血竭、玫瑰花、红土、紫草、白芷、家桃花、粉豆花、白粉、鱼鳔和蛋清等等。这些材料都要经过特殊方法加工才能使用，如红花用白酒浸泡后就是橘红色，白酒越多色泽就越淡，加上白芷和鱼鳔做的胶水，渲染后的作品永久不褪色。姥姥对绣样剪纸也非常精通，绣品也是出类拔萃，她用的剪纸剪刀，都用精致的绣花荷包装着，街坊四邻和十里八乡的亲戚朋友都来向姥姥索要剪纸熏样和剪纸绣样，她还教了许多剪纸和做绣品的徒弟，姥姥可谓是一个真正的剪纸传承人了。

母亲刘维芝（1913—1998），她是一个非常了不起的女强人，一生养育了五男四女九个孩子，她一生酷爱剪纸艺术，从来没有因家务活耽误了剪纸，在我的记忆中母亲基本上天天剪纸，从来没有间断过。就是有一年春天母亲因为吃山野菜中毒，全身浮肿，脸浮肿得眼睛都睁不开了，因为浮肿，母亲的手都没有办法拿剪刀了，在县住院治疗了几天才好，也就是这几天母亲没有能够剪纸。母亲的剪纸得到了我姥姥和奶奶的真传绝技，加上母亲又是一个机灵人，心灵手巧，还会写字和画画。她的剪纸水平在当地是没有人能比的。早在1950—1965年间，她的剪纸作品就被县文化馆选送到全国和省市参加展览，并且每次都能获奖。母亲的剪纸作品有几大特点：一是构图饱满而巧妙，物象连接变化无穷，线线相连，拿起一幅作品仔细看看，基本上没有断头的线条，特别具有烟台剪纸的特点。二是剪工精细，线条细如发丝，转折润滑无剪刀痕迹。压毛细长均匀，排列整齐，对作品起到了点睛的作用。三是寓意深厚，她每一幅作品都有常用的吉祥符号，而且都能讲出符号出处和寓意，使人观后就知道是什么意思，把民间剪纸美好和吉祥寓意表达得淋漓尽致。四是用文字表达的剪纸作品较多。旧时剪纸艺人都是家庭妇女，她们识字很少，因为母亲识字，剪纸作品常常带有文字，如她把梅花、荷花、菊花、竹子花篮剪纸上面加上了春、夏、秋、冬，花篮里面加上了四季平安的文字，给剪纸作品增加了美感。母亲有一套婚俗剪纸是八幅，上面写着：金玉满堂、五子登科。下面写着：喜气洋洋，上床下床，先生儿子，后生姑娘。母亲带文字的剪纸非常受欢迎，她的“恭喜发财”春节剪纸，一上市就被哄抢一空，成了当时的香饽饽。五是母亲剪纸成套的作品特别多，她说剪纸要成套才有味道。她用四种花卉可以代表春夏秋冬四季，她剪花篮基本上是四至六幅一套，花卉和葫芦是十二幅一套，代表十二个月。花瓶也是十二幅一套，代表平安十二月。还有成套剪纸，如神话故事、戏曲故事、生肖等等。母亲最有意思的成套剪纸是老鼠嫁女和老鼠娶亲，一套一百幅。六是母亲还擅长染色剪纸，她的八仙染色剪纸古朴典雅，脸部是用白粉打上底色，再用淡红色染上红脸腮，怎么看都漂亮。母亲留下了许多染色剪纸，有八仙、西游记、白蛇传、穆桂英挂帅和各种花卉等，这些染色剪纸成了烟台非常珍贵的染色剪纸资料。七是母亲对剪纸传承无私奉献，母亲在（福山）城里（西北）关外是个剪纸名人。许多邻居和剪纸爱好者都向母亲索要剪样，她总是来者不拒，使来者需求达到满足。应该说在好多年里福山城区许多剪纸原创都是出自母亲之手，她应该是名副其实的剪纸传承人。

岳母王维芝（1933—2015）。我定亲后第一个春节到岳母家，见到窗户上贴着许多窗花，剪工精细，题材和寓意非常好，一看就是出自剪纸高手之作，我一问得知是岳母自己创作。以后我常常和岳母交流剪纸，岳母还介绍了她村的几个剪纸艺人和我一起交流过剪纸。我岳父是个老铁匠，岳母用的剪刀是他精工锻打，剪刀表面光滑，刃口锋利，非常好用。岳母用的剪刀非常少见，后来传给了我保存至今。岳母剪纸讲究精工细作，因她工具顺手，剪纸作品总是线条流畅，压毛细腻。她留下的剪纸我和许多人做过比较，没有几个人能剪出她剪的细线条，真是神来之作。因为岳母作品线条太细腻不好保存，许多人也因为剪起来剪刀不好用，加工也费力，流传不多。她就留下了几十幅成品作品和百余张剪样传给了我。

从我学习剪纸后，在前辈人辅导和言传身教中，我发现剪纸要出精品，必须是剪刀和纸张加手法配合得当才能出精品，缺一不可。剪刀是剪纸艺人的宝贝，她们得到一把称心如意的剪刀，都是爱不释手，仔细使用，妥善保管。她们爱护剪刀像爱护眼睛一样，剪刀都用绣花荷包装着保存。我记忆最清楚的是，我十四岁那年冬月，母亲找潘师傅在我家磨剪刀，他拿着惊闺（招揽顾客的响器）在大街小巷一打，街坊邻居听到后都找潘师傅来磨剪刀了。潘师傅磨剪刀手艺高超，特别是剪纸剪刀磨得非常好用，剪纸艺人试一试不太好用时，潘师傅都是再次修磨，从来不厌烦，保证让顾客满意。他春冬两季到城区磨剪刀，总是在我家磨剪刀，他来后母亲就告诉街坊邻居来磨剪刀，常常在我家能磨好几天剪刀。邻居们还经常给潘师傅送饭吃。我看着潘师傅磨剪刀，就很想学学。有一次母亲磨了三把剪刀，我剪纸的时候，母亲不让我用刚刚磨好的剪刀，我就背着她偷偷地用，不小心把剪刀跌落在地上，因为我家是青砖地面，把剪刀尖跌弯了，剪刃也跌了一个牙，剪刀就没法使了，母亲知道后大发雷霆，好一顿训斥我，还第一次打了我几巴掌。在我记忆中这是母亲对我最大的教训，到现在我还记忆犹新。后来我想一定要自己学着磨剪刀，于是我就拿家里不能剪纸的大号剪刀学着磨，我学着潘师傅的方法，经过试验终于把剪刀外口和里口磨好了。后来潘师傅来我家磨剪刀我就仔细看，不懂就问，开始潘师傅还蒙在鼓里，其实我是在学他的手艺。两年后我十六岁了，只要是剪纸剪刀不锋利，剪尖不合口，剪刃有牙，我都能修磨得当。母亲发现我会磨剪刀了非常高兴，她的剪纸伙伴们也知道我能磨剪刀了，但是修磨剪刀最绝妙的手艺是换连接轴，我两年时间里也没有学明白。母亲的剪纸伙伴们试了我磨的剪刀很好用，她们也叫我磨剪刀。后来潘师傅又来我家磨剪刀时，他发现磨剪刀的人少了，换连接轴的人多了，当潘师傅知道是我给人家磨了剪刀后，潘师傅不但没有怪我，还叫我磨磨剪刀给他看看，我磨了把剪刀，按着递剪刀的老规矩，我把剪刀把儿递了给他，叫他看看，他接过剪刀说我还挺懂得老规矩。潘师傅用棉絮试了试剪刀很好用，他说你常常看我磨剪刀，我的手艺被你偷去了。母亲过来说，这个老生儿有一年多时间，常常自己瞎悟道磨剪刀，后来学着师傅方法，还真能把剪刀磨快了。那次，潘师傅还念叨了一套磨剪刀歌谣给我听，他说："剪刀要磨好，外口磨上一百下（下——次），里口就磨三四下，剪刀磨了一百下，不如小锤一打吧，打外里面快，打里修咬牙。最难开刃抢剪尖，剪刀严钱（连接轴）铆得好，一把顶三把。"我听了潘师傅歌谣后，知道自己对剪刀修磨只是知道了点表皮东西，真正技术根本没有掌握。

1971年农历腊月二十三日，也就是我16岁那年，我被村里安排在村办理发店工作。一开始，师傅叫我用报废剪刀练习理发，那时店里都是几个女师傅，都不会磨剪刀，店里有许多报废剪刀，我拿了一把回家磨了磨，剪刀还挺好用，师傅试了试也感到好用了，就叫我把报废剪刀都修磨一下，看看有多少还可以用，我磨好了十几把剪刀。当时店里所有理发工具都要到芝罘区国营理发社修理部去修理，人家主要修理国营理发店的工具，不愿意给我们店修理，送过去基本上都要几天后才能修好，又因为当时理发工具有了电推剪和电吹风，我们店还用手动推剪，工具修理很麻烦也成了难题。半年后店里又增加了人员，店长和师傅们看我表现不错。店长就请示村领导推荐我到芝罘区学习理发烫发和修理工具。在芝罘区学习期间，我也没有停止对剪纸创作和收集，在芝罘区还结识了几个剪纸朋友。我学习出徒后回到店里就成了福山最早会修理理发工具的人，在当时确实是了不起的手艺。后来潘师傅想跟我学学磨理发推剪，条件是他教给我换剪刀连接轴和抢剪刀尖。就这样我俩开始交换手艺，潘师傅为人厚道，把磨剪纸剪刀手艺全部教给了我，我把磨理发推剪手艺教给了他，后来我和潘师傅交往得非常亲密。我还帮他买过油磨石，他到乡下去磨剪刀还常常帮助我收集一些剪纸剪样。就是潘师傅教给了我磨剪刀手艺，我为数不清的剪纸艺人磨过剪刀，也得到了她们赠送的许多剪纸熏样。近十几年来，为了剪纸教学和传授剪纸艺术，慢慢地我修磨的剪纸剪刀也出了名，每年都要修磨千余把提供给需求者，连北京、济南、青岛等地方的剪纸高手都来求购我的剪刀，我的学生在国外剪纸教学，每年我都要为她提供几十把剪刀。我磨剪刀的手艺传到了国外，这也算是老手艺走出国门吧。

我爱好剪纸艺术50余年，从来没有想过剪纸艺术能让我登上了大学讲堂，使我成了大学老师和硕士研究生辅导员。2011 年 7 月，烟台市民间文艺家协会在龙口市召开理事会议，我和鲁东大学民艺研究中心司书景教授住在一个房间，司老师带了本有关剪纸的书。我看了一遍，发现此书章节中有些和民间剪纸不太相符，还有寓意也不正确，应用场合也不对，作品排列也有问题。我感到此书不接地气，应该是在办公室里编写而成，我认为写民间剪纸就要到民间艺人那里好好做田野调查。我和司老师交流了许多关于那本书的内容，司老师对我提出的几个观点、理由和依据表示非常赞同。第二天是龙口市东莱文化街开市庆典。参加会议人员都参观了市场。司老师购买到一套八幅人物剪纸，每幅是一个人物故事，司老师和我看了看是什么内容，但是，他只知道五幅人物准确故事内容，把其他三幅理解错了，他把《半把剪刀》戏曲故事理解成了是在剪纸，我把三幅剪纸内容介绍给他听了。司老师又问我剪纸花了 60 元值不值，我回答这种品相剪纸 30 元我都不要，我有比这样好的成套剪纸几百套，并告诉他我收藏了大约 6 万幅清末至民国时期剪纸和剪纸熏样，他感到非常惊奇，我俩在一起交谈了几个小时关于胶东剪纸的事情。司老师感到我知道剪纸方面的东西很多，还知道了我家是剪纸世家，会议结束时司老师把我的联系方式记了下来，他告诉我回学校后，要领着其他老师到福山好好拜访我，看看我的剪纸。

回到福山后，我认为司老师是大学教授，对我的剪纸就是抬举罢了，没有把司老师要来福山的事挂在心上。一天我突然接到司老师电话，说他要来福山看看我，我们约定好了时间。这天，司老师领着鲁东大学五位教授来到福山，司老师简单介绍了几位老师具体情况后，就开门见山要我收藏的剪纸给民艺研究中心主任曲绍平和另一个老师看，司老师和王晓东老师拿着复印好的民国版《福山县志稿》内容对我进行了提问，因为我爱好福山历史文化，他俩提问的问题我都能说个明白，后来，曲老师开始问剪纸方面的问题，我对福山剪纸可谓是了如指掌，曲老师问完了剪纸大面上问题后，又开始问我收藏的剪纸内容，而且还是一幅一幅选择来问，我都一一做了回答。几位教授说我是福山剪纸百科全书和活字典，曲老师写了几个提纲给我，告诉我准备什么类型剪纸和实物，等通知我到学校去试试课。

2011 年 9 月，曲老师叫我到鲁东大学艺术学院去试课，我只有初中文化，没有进过大学门，也没有见到教授怎么上课，没有办法就赶鸭子上架吧。上课前曲老师对同学们做了我简单介绍，同学们鼓掌欢迎我来上课，这鼓掌欢迎可把我整蒙了，确实很紧张。幸好是曲老师问我一个问题我回答一个问题，我讲的是福山土话，还是曲老师帮我转成普通话，当我讲到烟台剪纸背后的故事和习俗方面的应用时，看到同学们听着还津津有味，我就不紧张了，大胆地给同学们讲我所掌握的剪纸知识。课间休息时同学们意犹未尽地向我提了许多她们不懂的问题，还拿着我收藏的剪纸问这问那，结果把原来一上午的课程又延续到了下午继续讲。最后同学们说，我讲课的内容是书本里学不到的东西，穿插故事非常精彩，剪纸题材和资料非常丰富，都很希望多听听我的课。曲老师评价说，我知道许多人所不知道的剪纸背后事情，剪纸知识很全面，剪纸手法熟练，教学时学生非常容易上手，学校能聘请到我为学生上剪纸课是件很难得的事。后来艺术学院给我发了聘书，曲老师给我做了剪纸教学提纲，要求我用电脑做课件来授课，当时我根本不会用电脑，什么叫课件我也不明白。以后，我就开始学电脑，从学习拼音打字，到处理照片转换和制作课件，整整忙活了两个月，终于能用现代化工具为学生们授课。在鲁东大学教学的宣传和影响下，我先后又为山东商务职业学院、清华美院、北京理工大学等高校教授剪纸课。为芝罘区、莱山区、福山区几所小学和幼儿园常年教授剪纸课，福山区教育局为我颁发剪纸辅导员聘书。这几个小学，后来被烟台市和福山区教育局评选为剪纸观摩和特色教育先进单位，许多学校小学生剪纸作品在献爱心义卖活动中成了主要作品，剪纸销售总是名列前茅。每年我还为芝罘区文化馆、莱山区文化馆、福山区文化馆、开发区图书馆和社区剪纸教学多人多次，每年的学员能达到五六百人。而且学员们剪纸的专用剪刀都是我为她们修磨的。几年来，我先后为鲁东大学、清华美院、北京理工大学硕士研究生辅导胶东剪纸方面的毕业论文多人次，根据我提供的剪纸内容和一手剪纸史料，学生们撰写出的论文都通过了论文答辩，顺利毕业。一个北京学生论文答辩后，她和教授还组织了一个团队来福山考察我的剪纸收藏，并聘请我到北京高校授课。每年寒暑假我都为山东大学、烟台大学、鲁东大学、青岛大学等高校学生提供帮助，让他们顺利完成调查报告。为了剪纸教学需要，我在山东商务职业学院设有工作室一处，在福山河滨路小学设有非遗老物件展示室一处，在福山非遗保护中心有非遗老物件展示室一处。我还编写了《福山剪纸》（内部教材），使剪纸艺术得到了更好传播。

在十多年的剪纸教学中，我有许多学生和徒弟取得了优异成绩，鲁东大学外国语学院有个硕士研究生要到法国支教，出国考核时必须掌握一项民间艺术技能用来教学，她从艺术学院那里得知我在学校教剪纸非常好，她就找到我要求学习剪纸和剪纸教学，我从简单剪纸作品到复杂作品开始教她，因为时间很短，教她时那真可谓是手把手来教，我还把她带到教学现场体验教学过程。一个多月时间里，她掌握了剪纸技法和教学程序，我为她准备了剪纸教具，配备了剪刀。她顺利到了法国支教。一年后她被法国孔子学院留在那里继续教学，而且是以剪纸教学为主，她还把我的剪纸和她创作的剪纸在法国办了展览，从她发来展览视频看，展览非常壮观，装裱精美，展室宏大，作品受到法国友人好评。

福山有个格迈纳尔中学每年都要安排老师到新西兰的学校进行友好交

流，一开始有两个老师跟我学剪纸，后来新西兰方面要求凡是到新西兰交流的老师都要去传授剪纸，就这样我连续几年为这个学校十几个老师传授剪纸。为她们配备了教具和剪刀，使她们在新西兰能顺利教学，老师们回来后对我讲，新西兰学生非常喜欢中国剪纸，创作剪纸有丰富的想象力，当地老师也纷纷组织学习剪纸，她们当地教育机构还专题组织中国教师就剪纸在新西兰教学进行了研讨会。

我有个徒弟，从十岁就开始跟着我学剪纸，直学到她在山东工艺美术学院二年级时，她用剪纸设计动漫画，被日本一家动漫公司选中，毕业后到了动漫公司工作，她工作一年后，又叫她两个妹妹来我这里学习剪纸，学了约一年后，她把两个妹妹也带到了日本，当了她的助手。还有个青海学生，研究生毕业后在青海教学，她把剪纸课在当地开展得有声有色，她把青海剪纸和烟台剪纸结合，在当地形成了新的剪纸艺术，被市里评为优秀教师，其作品获优秀文艺创作奖，后来她被调任当地教育局当了分管美术教育的干部。我每年都在寒暑假里为中国烟台国际 SOS 儿童村免费义务教授剪纸，给儿童村捐赠了剪纸作品和剪刀 26 把，受到儿童村领导和孩子们的欢迎，被福山电视台专题宣传和非遗保护中心表彰。经过我传授的学生和徒弟，她们在全国和省级剪纸大赛中纷纷获奖。也在各行各业中都能很好地发挥剪纸一技之长。也是她们帮我把剪纸艺术得到了更好的传承，也推动了剪纸这门古老艺术走出了国门。

再说说我的收藏故事。五十多年来我收藏了六万五千多幅民间剪纸，这些剪纸都是清末、民国和新中国成立初期的老剪纸。有剪纸成品、剪纸熏样、剪纸绣样和剪纸画样。还有剪纸衍生品三千余件，老剪刀一百余把和其他剪纸工具一宗。我收藏剪纸有以下几种渠道：一是我奶奶、姥姥、母亲和岳母，她们上辈人传承给我的。二是母亲和她剪纸伙伴们创作留下的。三是通过交换收藏来的。四是我多年来所收藏的剪纸。

20岁前我家里就收藏了约两万余幅剪纸，都是母亲和她的剪纸伙伴还有我的剪纸作品。1975年农历七月初六到七月初九日，大雨连下四五天，夹河多处堤坝决口，村里多处住宅进水，有四五百户七八百间房屋倒塌。当时我家就住在内夹河西岸第一排房子，出门几十步就到了水边。初八晚上，我和母亲睡下了，大约半夜一点左右，村里的民兵打锣敲铁盆，挨家挨户叫门并告诉发河水了，都到西面山上躲洪水。母亲把我从东厢房叫醒，我起来一下炕，水都盖过了膝盖，母亲和我把家里七月七做的几个巧果拿上，把门锁上，就摸黑往外走，河水呼呼地直流。我和母亲一脚高一脚低到了西边山上，村民们都来到西山脚下。公社干部告诉村民大水一天二日退不了，有高处的亲戚朋友快去躲一躲。我们家去了上夼村大姐家住了三天，夹河水才慢慢退了。等我和母亲回来一看，家中三间东厢房，就是我住那屋和院墙门楼都倒塌了。我住那屋内墙上挂着四十多框剪纸加上我一万多张剪样和母亲的许多剪纸，及家里一切东西全被房上塌下来的砖瓦石块和淤泥压在了下面，很万幸母亲住的北屋里约五千张剪样放在大衣柜顶上才保护了下来，但是放在小衣柜里几千张熏样和剪纸也淹坏了，大水过后在房子墙上留下四五尺高的水印。从这次损失过后，母亲就像得了病一样，整天闷闷不乐，一是看看洪水把家里淹得一塌糊涂，二是母亲非常心痛损失的那些剪纸和剪样。为了让母亲开心，也因为我自己非常喜欢剪纸，于是我就又开始了大量收藏剪纸和熏样，包括与剪纸有关的物件。在福山区，只要知道有剪纸艺人的村，我都想方设法去看看，这是我开始收藏剪纸的起点。几十年时间里我收藏了几万幅剪纸和熏样，说起来听着是很简单之事，但是我收藏剪纸的经历，真可谓历尽了千辛万苦。

福山兜余镇卫家疃村有个徐大娘，家有许多剪纸和熏样，我先后去过多次，徐大娘有四个闺女，她是大户人家后代，能讲许多剪纸背后的故事和剪纸寓意。我每次去她都给我讲这些剪纸故事和寓意，还能讲剪纸常用吉祥符号是什么。但是，她的剪纸和剪样，我用东西换她不换，用钱买她不卖。总是讲自己没有喜欢够，后来我给了她几套戏曲剪纸，她看了看问我是谁剪的，我告诉她是我剪的，她说剪纸样子好，剪得也好，就是有点不相信是我剪的，她拿出剪刀和纸叫我剪给她看看，我没有用样子剪了幅团花给她看了看，她一看说我剪得非常好，手头挺机灵。我说，她的剪子不快了，要不我剪得还能好些。她说，现在没有人能磨好剪花剪刀了。我告诉她，下次我给她把我磨的剪刀，叫她用用看看怎么样。后来，我又到她家去，还带着修磨剪刀的工具，我先把剪刀给她试试看看好不好用，她试了试说非常好用，她问我在哪里磨的，我告诉她是我磨的，她说我真了不起，我告诉她我带的磨石，今天就能给她磨磨剪刀，徐大娘拿出三把剪刀来，我给她磨好了，她全部试了试都非常好用，这次我打动了她，她送给我一些剪纸。我又一次到她家，她告诉我她有几个邻居，剪刀不快了要花钱找我磨磨，我说，只要是剪纸剪刀都给磨，不要钱，就是得给我几张剪纸，邻居们知道后，剪刀还没有磨，就送来了许多剪纸给我，第二天我就给她们磨了好几把剪刀。我先后去过徐大娘家十几次，慢慢地徐大娘家成了我收藏剪纸的据点。1988 年冬天我到徐大娘家，一看她身体突然垮了，基本上不能坐着，她大闺女嫁在本村，在徐大娘家里侍候她，因为徐大娘身体不好，我买了两斤糕点给她，也没有谈论剪纸之事，就到徐大娘邻居家里去了。正月里我再来到徐大娘家门口一看，出了一身冷汗，她家没有贴门对，这是福山习俗，家有亲人过世，三年内春节不贴门对。我到了徐大娘大闺女家后，看到了祭祀着徐大娘的牌位，我把带去的春节礼物供奉在她牌位前面，磕了头上了香。她大闺女把一个样册子（过去夹剪纸的老账本）给了我，里面是许多剪纸和熏样，还有我给徐大娘的那把剪刀，徐大娘用绣品荷包装着，还有她用的一把剪刀用黄色绸布包在一起也给了我。徐大娘大闺女告诉我，徐大娘临终前对她大闺女说，县城里那个韩老弟，人不错挺勤快，会剪纸剪得也好。他来了多少趟，我没有把剪纸稀罕够，也没有多给他一些，现在我不行了，务必把这些剪纸和剪刀给他。就这样，我在徐大娘和她村里共收藏了三千余张剪纸和熏样。这些剪纸非常有福山东南部剪纸的代表性风格，主要是花卉和瓜果蔬菜作品，是现在难得一见的剪纸好资料。

民国时期，我奶奶和我母亲创作了六套老鼠故事剪纸，一套是一个故事，一套有一百只老鼠。她俩是无底样设计来创作，每一幅都是经过反复几次加工和提炼，最后筛选出了形象逼真，形态各异，活泼可爱的一幅为脚本，她俩用了几年时间才把六套老鼠故事剪纸定稿完成。分别是老鼠嫁女、老鼠娶亲、老鼠过寿、老鼠救人、老鼠告猫和老鼠闹京。奶奶过世后，由于种种原因母亲把老鼠救人剪纸损失了一部分，后来母亲根据回忆要把损失的五十多幅老鼠剪纸配成套，因为母亲年事已高记忆衰退，她一直没有能创作出她记忆中和原作那么逼真和好看的老鼠剪纸，我把那五套老鼠剪纸和后来创作的样式也做了比较，看着也不如以前创作的到位，母亲就把此事放弃了，但是也成了她一块心病。后来我辗转在福山城区西关村一个孙姓老人那里找到了老鼠救人剪纸的剪样。1998年农历五月，老人的女儿赵老师把剪样给我复印好了，母亲看到失去几十年的剪纸原样又找回来了，喜出望外。我用了两个月时间把老鼠救人剪纸复制好，母亲看着她创作的老鼠系列故事剪纸全部配成套后，高兴地经常拿出来看看，看出来她确实心满意足了，可惜的是就在当年农历七月份我母亲就过世了。现在，我家传下来的老鼠系列故事剪纸，老鼠嫁女、老鼠娶亲和老鼠过寿剪纸先后被鲁东大学艺术学院、南京艺术学院、青海大学、广西鼠文化博物馆、烟台市非遗保护中心等部门收藏。在目前我所见到的剪纸史料和书刊中，只有我家老鼠嫁女被出版过。不是剪纸内容和艺术风格不好，而是，由于宣传和推广及种种原因不到位，才没有达到发扬光大的效果。

2008年以前，一般人不知道我喜欢剪纸和收藏剪纸，更没有人知道我会剪纸，只有剪纸的人知道和认识我。6月份我的剪纸作品被选为奥运会展品，那时福山区电视台给我做了宣传，许多人才知道了我会剪纸，以后我获得许多国家和省级剪纸大奖，慢慢地有了点小名气。2010年福山被命名为中国大樱桃之乡，张格庄镇被命名为中国大樱桃第一镇，2011年张格庄镇建了一个大樱桃博物馆，2012年举办中国大樱桃采摘节，在大樱桃博物馆举办了书画和剪纸展览。因为1978年张格庄镇被福山区命名为民间艺术之乡，我想展览时剪纸作品肯定不少。展览那天我去看了看，书画作品很好也非常丰富，可是剪纸没有几幅，都是传统作品还没有装裱，也没有与大樱桃题材相关的作品，我感到剪纸展览不成功。回来后，我创作了与福山大樱桃之乡相关剪纸作品和福山书法之乡、福山鲁菜之乡的剪纸作品，我找到当时的张格庄镇党委书记张宁，张书记是全国三八红旗手和全国先进党委书记，她为人和善，办事痛快，说起话来总是笑眯眯的，我把剪纸给她看了看，张书记非常惊讶，她没有想到我一个男子汉能创作出那么好的剪纸作品，题材和寓意都符合宣传需要。张书记立马叫宣传委员带着我先到大樱桃博物馆剪纸展室去看展室。张书记我问，五个月能不能剪好作品，我说镇里要是有车辆帮忙到市里去装裱，我从设计到制作作品没有问题，张书记拍板说镇里宣传办可以全力以赴给你提供方便。我就开始加班加点创作作品，大约三个多月时间剪纸作品基本完成了，后来又参与制作了一批宣传画册需要用的剪纸，最后布置了两个展室剪纸作品共38框。大樱桃采摘节和大樱桃博物馆开幕时，镇里把我像座上宾一样用车拉到现场。那天张书记非常高兴，她在展室里指着剪纸作品为市里和区里领导介绍了我的剪纸作品，领导赞扬说，大樱桃在世博会上获奖才几天时间，你们剪纸就创作出来了，真是及时。张书记把我拉到领导跟前介绍了我创作剪纸的情况，领导们对我给予了很高评价，有个领导还说感谢我为家乡做了贡献。领导们还在我的纪念册上签名留念。以后大樱桃博物馆有省市领导来看看，都到剪纸展室看看，还有省级领导点名要看我的剪纸作品。

我为张格庄镇大樱桃宣传做了这点事情，张书记没有忘了我，2011年7月23日，中央电视台“乡约”栏目要为张书记做中国大樱桃第一镇党委书记专访，我被张书记推举为乡贤能人录制了节目，节目一开始还有我的特写镜头，最庆幸的是，我为著名节目主持人肖东坡老师制作的肖像剪纸被中央电视台艺术馆收藏了。是张书记把我这个草根人推上了中央电视台。2012年9月，中国民间工艺博览会首次在烟台市国际博览中心举办，我得到组委会邀请函，我非常渴望参加这个展览，可是一个国际标准展位得几千元费用，我得知张格庄镇在博览会上预定了展位，无奈我挂电话预约张书记说展位之事，张书记说，我时间少，有事就在电话里讲就行了，原来我想让镇里给我一点点展位我能去就行，结果张书记说已经帮我订好了展位，并告诉我镇里有车和人员，从布展到食宿到撤展，全程为我帮忙。就这样我顺利参加了博览会，在博览会上镇里获得特色农产品展位奖，我的百年老剪纸获得博览会金奖，被《中国艺术报》专题报道，还被山东电视台和烟台电视台采访报道。这次获得的奖项也是福山区有史以来民间艺术的最高奖，这次获奖还是应该感谢张书记的鼎力相助。

我多年的剪纸取得了一些成绩，先后被烟台电视台“凡而不凡”和“烟台故事”专题栏目做过专题报道，成为山东剪纸研究会理事、山东民俗学会会员、福山区民间文艺家协会副主席，先后获烟台市文联、福山区文联的奖金奖励多次，多次为烟台电视台和福山电视台解说剪纸与民俗节目，被中央电视台、山东电视台、烟台电视台和《中国艺术报》等媒体宣传报道过多次，出访过韩国、日本等国传艺和讲学。为韩国、日本、英国、俄罗斯、泰国、吉尔吉斯斯坦等外国友人做过多次剪纸艺术表演。2014 年被命名为烟台市剪纸代表性传承人。个人业绩被收录在 2019 年《福山区志》名人传略中。

陈淑香——潜心画剪美窗裙

我叫陈淑香，是莱州的剪纸代表性传承人，你知道我们莱州的剪纸在历史上就很有名。我小时候也是受家庭的影响，从小就喜欢这个剪纸。2006 年夏天，一个偶然的机会让外界知道了我会剪纸。

我当时在教幼儿园，我想咱幼儿园有什么特色能让大家喜欢，让家长把自己的孩子送过来，让小朋友喜欢我们的幼儿园，我就觉得得让孩子们有动手能力，其中一个特色就是剪纸，因为其他的幼儿园老师他不会剪纸，他也不敢在自己的幼儿园教剪纸，因为毕竟孩子手中拿的是剪刀啊。

但是我的幼儿园干了10来年，从来没有出现过安全责任事故，小朋友从来没有因剪刀剪到手或者剪到自己。一是我特别注意照看，另一个其实也真不用担心，小朋友剪纸剪得特别流畅，我教的都是脱稿剪纸，让他们随意去剪，每一张剪纸作品都不一样。当时我们镇上的政工书记就问我说，你幼儿园的小朋友真的会剪纸？说他们想去看一下，我当时有点紧张，因为害怕，害怕什么呢，上级领导来了之后会不会给咱幼儿园挑什么毛病啊。然后来了好多机关干部，结果小朋友们很淡定，他们感觉就是有人来看他们剪纸，都很高兴，而且有的小朋友剪好之后，跟那些干部说你喜欢我剪的小蝴蝶不？领导看小朋友剪纸剪得这么流畅很高兴。当时教室的墙上贴着许多剪纸作品，有我的作品，也有孩子的作品，就给人感觉特别有特色。镇上领导走了之后，隔了三天电视台给我打电话，说要过来采访我，第一次看到镜头我都不会说话，我感觉我平时挺会说话的，但真正看到电视台的那个镜头，我语无伦次了，特别紧张，这是第一次被媒体采访的那种经历。这个采访第二天晚上就在莱州新闻播出了，镇上的那个宣传委员就给我打电话说，陈老师你那个新闻几点钟几点钟要播出，赶快告诉你的亲戚朋友们看。我当时就给手机里所有的号码发了信息，让人家收看，就激动到那个程度。

从那以后人家就知道我会剪纸了，我们莱州有什么活动也都推荐我去参加，出去得多了，见了世面，就对自己要求也高了，然后慢慢就是莱州又建起了那个市民之家，领导给我在那里安排了一个展区。2008年，应烟台旅游局邀请，我参与设计《烟台风景名胜剪纸》礼品画册，感触很大，便萌发了将莱州剪纸向旅游文化产业发展的梦想，从此踏上了一条坎坷的创业之路。我毅然辞掉了在外人看来很好的教师职业，全身心地投入到剪纸中。这个过程中，我越来越感受到剪纸带给我的震撼。2014年7月，我投资15万元，建起了200多平方米的民间剪纸艺术传承基地，收藏整理了明代到近代民间纯手工剪纸三万余件，包括玩具剪纸、木版印剪纸、岁时节令剪纸、喜庆剪纸、寿礼剪纸、人物剪纸、花卉文字剪纸、戏曲文化剪纸、青铜器剪纸、文房清供剪纸及多种具有莱州地域文化特色的民间剪纸和熏样，我希望把它发展成为集收藏、研究、培训、开发、设计、生产为一体的专业剪纸机构，系统地展示莱州古老的剪纸文化。我的房间全部是用传统那种老花纸糊的墙，包括那个顶棚也是花纸糊的，而且还保留了两个原汁原味的100多年前的老窗子，一个是百格窗，一个是棂子窗，都装饰上不同的剪纸窗花，更能体现咱作为专业的剪纸人那种氛围。好多人就是因为咱做了这个工作室之后呢慕名而来，莱州的媒体也做了宣传。

2015年五一节期间，潘鲁生主席来到我的工作室，当时很多人，有他的学生，还有工艺美院的老师和英国科学院院士罗伯特·雷顿先生。头一天他们对莱州好多传承人做了一个考察。第二天，罗伯特·雷顿先生和工艺美院的一个民艺研究所的所长叫田源的又过来，给我做了一个专访，就是我给他讲莱州剪纸，包括他也看了我好多收藏的作品，以及我剪纸的整个过程。当时他就问我，他说你是通过什么方式去传播民间剪纸艺术，我说我是通过学校，因为我当时在莱州实验中学每周要上两节剪纸课，我说如果你有时间的话，欢迎你去听课。他很高兴。第二天就到学校去听课，那一天，莱州宣传部门的领导、莱州文化馆的领导也都在那边旁听。因为是临时安排，提前没有时间备课，又怕外宾听不懂，所以当时我就讲了一些比较容易上手的剪纸作品。课后，我拿了一把剪刀和一张红纸就问外宾，我说你想不想尝试一下。他说想，他很感兴趣，然后我就教给他剪那个团花，怎么折叠怎么去剪，然后他学得特别特别的用心，当他把这个作品剪好之后打开的那一刻，那个70岁的老人激动了兴奋了，真的，他特别激动，他说那是他一生当中做的最有意义、最开心的、最难忘的一件事。虽然我听不懂外语，是那个田源老师给翻译的，但我也很激动，也感受到那种，咱们说老小孩老小孩，我从他的那个神态里就感觉到他因为喜悦，才有的那种孩子般纯真的笑容，同时对我们莱州民间剪纸艺术的赏识。当时我就给他说，我说你方便写自己的名字吗？我可以把你的名字设计成中外文化融合在一起的那种剪纸。然后，他就把他的名字用英语写了出来。我说现在做不出来了，因为他要走嘛，我说可以做好之后寄给他，然后我也是剪了好几天，把我们的莱州元素也设计在其中，当时我们莱州有一个微信公众号叫花开莱州，它有一个标志，我就用了“花开莱州”那个标志，整个剪纸体现的是中国传统文化，以四季花，春天的牡丹，夏天的荷花，秋天的菊花，冬天的梅花，由四季花卉把“花开莱州”这个标志以及外宾的名字镶嵌在一起，我给他装裱好了之后寄过去，然后他回信了，也是非常感动，后来他把这个作品带回国了，挂在他的办公室里头。这件事我的感受是什么呢，就是我们老祖宗留下来的这个传统文化，不仅仅是愉悦我们自己的生活，同时呢，民族的也是世界的，在这里得到了一个诠释。

你问我怎么拜的李强老师为师，这都是一种缘分，我是怎么认识李强老师的呢，那是 1989 年的时候，最初是在《烟台日报》上看到对他的那个宣传，有一篇文章叫《结缘剪纸 20 年》，特别受感动，就像找到知音的那种感觉，然后我就找到他的一个手机号，那时候那个手机还是这么小的那种，波导牌手机，只能打电话发信息。我就给他发了个信息，说我想去拜访他，他说可以。我去的时候呢，就大包小包拿了好多我的剪纸过去，当时拿的我感觉是我最高水平的作品，实际上所谓的最高水平是什么呢，都是模仿别人的作品，没有自己的。然后他看了我的作品之后说，你们莱州剪纸有自己的特色，他说：第一，你这些作品不是你的原创；第二，你不代表你们莱州，这不是你们莱州传统剪纸的风格，你纯粹是从书上或者网上找了别人的样子去剪了。他说你想在这个领域中有所成就的话，你就去挖掘你们莱州的剪纸。在他的这种点拨下，我回来之后，就开始利用各种方式寻找莱州传统剪纸，从这开始，我在别人跟前也是这样说，我说我在李强老师的指导下走上了一条“不归路”，这条“不归路”是干什么呢？就是去收藏莱州剪纸、一些与剪纸有关的传说和一些老物件，比如说我现在收藏的那个纸笸箩，就是用纸浆打的那个纸笸箩，还有那种用炕席做胎子然后裱糊，各种花样的，各种造型的，收了很多。我为什么收藏这些呢，因为，它上面有图案，彩绘的那个图案，我可以跟着它学习民间的那种绘画的方法技法，同时呢上面还有剪纸啊，它还有不同造型，好多东西都适合我去学习，所以说，虽然投了一点资花了一点钱，但是我感觉特别有收获。

就这样在李强老师的指导下，一点一点去收藏莱州的传统文化，我们莱州有个草编传承人郑老师，他有个朋友搞收藏，手里有一点剪纸，郑老师就给我介绍他这个朋友，过去之后，我一看人家手里好多剪纸都特别好，就是像李强老师说的，我们莱州剪纸有一部分是文人创造的，就是文房清供类的。看到这个剪纸之后我特别激动，我眼睛都直了，人家那个收藏的朋友说，你这么喜欢，可以拿着这个作品去复印。人家连数都没数直接让我拿走了。印完之后呢，我就看他这个好多作品是残缺的，不成套了，比如说传统的剪纸，迎和莱州百格窗的那个布局，很多成套的剪纸是100幅一套，他有的就不够了，不够了我就来家里找规律，看看缺哪一块，应该咋加上。比如说是人家收藏的只有80幅，那剩下的20幅应该怎么把它按照那个风格给创造出来。就说这个百子图吧，咱教过幼儿园，熟悉那孩子的一些神态，小孩玩的那种眼神那个动作自古到今都是一样，只是穿的服饰和头型不一样。小娃娃这娃娃脸，按这个比例来说，画娃娃头稍微大一点点，眼睛大大的，给人感觉是个小孩，特别漂亮。还有就看那个与百子图有关的传统的图片，比如说花瓶上的啦传统年画啦，网上也有好多。实际上古人创作这个剪纸，他也是接受了各种文化，但他们不如咱们现在方便，咱们在电脑上一点啥都有，过去呢他资源有限。我就对这个特别有兴趣，因为我喜欢找规律，我们教孩子上课的时候也是找规律，比如咱们画个太阳，太阳旁边也画个小鸟，添加嘛，为了开发孩子的智力。就这样，我就把好多残缺的不成套的给它组合成套了，就是给它补充成套了，补齐后我就感觉特别有成就感。

我收的剪纸不只是莱州的，也有周边地方。为什么呢？剪纸和其他东西一样，它是互相交融的，比如说莱州朱桥这边与招远接界，有可能朱桥的剪纸，有一些就是从招远过来的。有时候，一个作品本来咱是从朱桥这边弄的，但有人说这是招远的，剪纸它又不会讲话，但实际上，说不定是我们朱桥的剪纸也流传到了那边，就像咱们邻居家走亲戚串门，你家有什么，亲戚家大概也会有，就是说相邻的地方没有什么明显的界限。

我画这个窗裙是怎么开始的呢，也是因为李强老师，看了李老师绘的彩色窗裙后，我就激动得不得了，太好了，太美了，我也想画。我就给李强老师说，我说我一定要把你的这个手艺都学会了。李强老师在 2018 年自己办了一个展览，展览的期间呢，他去了韩国，我们几个学生就帮他布展，李强老师给我发了个信息，说我可以任意去拍他的所有作品。我拍下来之后吧，我就去琢磨，琢磨它里面的一些技法怎么去画。最难的是什么呢？最难的是勾线，勾绘染色剪纸就是先勾线。开始的时候我拿了这个勾线笔啊，我感觉我怎么用力它也是抖，它画出的那个线条，不是直线也不是什么曲线，纯粹就是抖出来的那种线。我就跟李老师说我这个手直抖怎么办？老师说我教不会你，全靠自己练。我开始先用的是那种熟宣纸，因为我发现勾线，它不大洇。勾线可以，但是染色的时候呢，它因为不洇吧就特别慢，然后李老师就说他一直是在生宣上做，等我真正去用生宣做的时候它又洇，洇得太快吧，感觉控制不住，我又给老师说，老师说刚开始都这个样子，时间长了掌握住了就好了。开始我问老师买什么样的纸，老师说买一块钱一张的就行，大概是一刀纸是 100 张吧，我就买了，买了之后，画了几幅，然后我就把画的作品让那个王老师去装裱，王老师给我打电话，他说陈老师你的作品画得挺好的，我感觉你这个纸不太好。他的电话打过来没几天，正好李强老师到王老师那儿去，他也看到我的作品，然后他又打我电话说你得换纸了，你这个纸你学的时候可以用，你现在的作品已经很好了，就不能用了。我说那用什么牌子的，他说了他经常用的一个牌子，然后又把他自己收藏了 20 多年的那个老宣纸，生宣，发给我很多，他那个纸发给我我又舍不得用，因为他都收藏 20 多年了，我一直到现在还存着，老师对我太好了。然后我现在用的纸也是个品牌纸。好宣纸和不好的宣纸差得可大了，不同的纸它出来的效果不一样，用了好的宣纸，那个劣等的宣纸我就不用了。就这样慢慢地练习勾线，勾线真是很累，就这个勾线感觉用的时间比较长，你看我手这里都磨起了老茧。现在我就是直接在生宣上勾线，勾的那个线比较流畅了，也不像原先那样地拿这个毛笔。随着自己绘画技术不断的提高，对毛笔的要求也逐步提高了，我现在就是用我们莱州传承人做的这个毛笔。之前咱也不懂毛笔，毛笔还有尼龙丝的，咱说的是尼龙丝人家说是人造丝，它不是毛的啊，所以说呢，咱不懂的时候呢，就买了那种毛笔外观看上去也挺好的，可是一蘸上颜色之后它一股脑地全部就下来了，就是只要接触到纸它一下子全都滴下来了，你控制不住。后来，有莱州毛笔的传承人就说，咱们家都有好毛笔，我们给你，你试试。他们给我的毛笔就特别好，然后我也真正地体会到，工欲善其事，必先利其器。纸要买质量好的，那同样毛笔也需要这样的，包括咱们用的那个勾线用的墨，之前还是在文具店里买的，叫那个一得阁，咱也不知道还有假的，光知道怎么画的时候感觉这个墨好像还沉淀，后来给李强老师说，他说你买的是假的，那不是好的，好的它不可能。然后我就在网上的一得阁专卖店买，正品那个墨有自带的香味，它也不会去沉淀，而且它那个墨还比较浓，你得稍微加一点水，不加水的话就拉不动。就是说通过自己在工作当中我学到好多东西，怎样分辨宣纸，怎样分辨那个墨，怎样分辨颜料，怎样分辨毛笔，这些都得自己掌握更多的知识，否则有一个环节出问题将影响你的作品，所以说我通过学这个窗裙又学到好多东西，它都是相连贯的，就像我们剪纸，你剪刀都不好，你自己的剪刀都不会处理，你怎么能剪出一幅好的作品呢？为了学剪纸我去学会了磨剪刀，我到工艺美院讲课的时候，好多人在那里买的剪刀，我教他们怎么剪，然后我上去巡视的时候一看，我说你们这个剪刀都没开刃呢怎么能剪。他们说剪刀还得开刃吗？我说不开刃的话，它那个剪刀的尖不够锐利，不可能剪好作品。然后那第一节课就干脆成了给他们磨剪刀的了，正好文化部副部长项兆伦和文化市场司的司长那天到我们那视察，许多学员说陈老师还能帮我们磨剪刀，领导很惊讶，开玩笑说磨剪刀是不是也可以申请个非遗。现在好多人为啥不愿意用剪刀去剪纸，因为磨剪刀不是那么容易学会学好，所以说大部分学生或者是学校的老师教学生剪纸，用的都是刻刀，刻刀都是一次性的那个刀片，用不着去打磨，那不快的话把它扔掉就可以再换上一个，刻刀的刀片很便宜，大概那么一片刀片也就是一两毛钱，比剪刀要便宜得多。

颜色都是我自己调的。我现在的颜色主要是在网上买，买回来自己调，那些颜色里没有最适合的色。就是买 36 色或是多少色回来，它也没有你自己喜欢的，你回来还得调。我是怎么学会调色的呢，我上小学那时候调来一个校长，是师范毕业的，他会画画，画得特别好，他给我们上过一节美术课，教我们怎么调色，就那么一节课我就明白了调颜色，我对颜色特别敏感，比如说黄色和红色调出来变成金黄色，红的多一点黄的少一点那是橙色。颜色都是自己调，根据自己的喜欢。我以前看过好多库淑兰的作品，库淑兰她是贴纸，但是她的贴纸颜色对比感特别强，她也没什么文化，但是它那个颜色对比感特别强，我甚至有时候想模仿她的去做一点。李老师说不要去模仿，即使你做得再好，人家一看也是库淑兰的东西，她已经形成自己的风格，你别去做她，你就做你自己。我想也是，有这么多人支持我，我为什么不出自己的作品而要去复制，别人的让你复制你可以复制，不让你复制还有版权之争。古人不会跟你争版权，你复制现代人呢，那要打官司打架，咱的东西被别人复制了，咱也生气，将心比心，所以说呢，我就在家里创作自己的东西，自己画。

李强老师给了我很多很多的支持。他收藏了好多非常有特色的窗裙，他就发图片让我看，他说看工艺看技巧，看人家怎么去做好的构图，尤其是颜色的那个搭配。我开始做得也不好，就慢慢地来。可以说，从认识李强老师之后，我感觉我对剪纸文化方面的渴求更大了，就是有一种渴望，我想学剪纸的知识，并不只是为了让自己把这个剪纸剪好。我们剪纸界说技艺好常用一厘米能打多少根毛来评价，那是技术，技术往往是你只要去练就行，但是学问你永远也学不完，你永远也不能说这个剪纸文化我都会了，不可能，剪纸的学问需要我们不断地去探索，不断地去学习，不断地去补充自己的知识。疫情期间出不了门了，什么也不能做，我就待在家里开始画我的作品，这一年我感觉挺有成绩，然后我就把我的剪纸作品拍成照片发给李老师，李强老师说，你毕业了。就说了这么几个字，然后他就说，大胆地去画。

画窗裙一次只能画一幅，这就是咱们胶东传统窗裙的特色。它跟那个点染不一样，点染一次可以十几层几十层，它不用勾线，咱必须勾线。而且它是点染，它那个颜料里头加了酒精或者加了中药材，它这个颜色渗透性特别强，但是它那个颜色用的是品色，很容易褪色，它那种方法比较简单，咱们这儿也有这样做的。我现在这种彩绘和那个黄县的窗染花，有区别也有相同之处，它那个勾线的成分比较少，我这个，你见过面塑吗？尤其是彩绘的那个鱼，那个鱼鳞要绘好几次。第 1 次浅色的，第 2 次深色的，做一个要绘几次才出来那种层次感，我们剪纸也是这样，只是它是在面上绘，我们是在纸上，面塑和剪纸就是说颜色啊什么的这些工艺上有点相同。我画了好多鱼，李强老师创作了百鱼图，然后我就特别激动，他创作的是传统的味道比较浓，我也画了好多，但做出来之后为什么没有装裱，我怕别人说我是模仿李强老师的，工艺上是一样的，但实际上造型不一样。所以说我从来不干让人感觉是侵犯别人尤其是自己老师作品的事。我现在彩色的窗裙创作不多，没有 20 幅，画得太慢了，今年计划至少再画出十幅。单色剪纸也是自己创作，也用传统的，你像好多传统的福啊寿啊，它能卖钱，那你加工就可以了，加工始终比创作容易，传统的单色剪纸已经形成规模了，就是说从装裱呀，包括客户啊，有固定的客户，有自己固定的图案，就是有一些东西，你必须按人家客户提出的各种要求做，比如人家就要一个什么字，里面得镶嵌什么图案。我曾经给青岛的一个大学教授设计校训，他们为什么要剪校训，是校友到母校去校庆聚会，把这个剪纸做一个礼品。他的母校是在江苏什么大学。那个校训的字我就是找一个书法家写的，叫王振波老师，我用人家书法家写的这个字体，然后贴上图案花卉什么的。

我收藏的作品没有全部复制，就在那放着，我复制了一些，但是用不着全部复制，我也不卖钱。我第二次到李强老师那去的时候，我带了复制好的一些莱州的传统作品过去，因为第一次去的时候拿的是五花八门，哪个地方都有，从书上或者网上找了一些样子就剪，第二次去的时候就是完完全全由我自己补充上的，也有的是原汁原味复制的一些莱州传统的剪纸作品，这一次李老师看的时候脸上就挂着笑容，不像头一次了，第一次他都没怎么说话，他就这样点我那些剪纸，点得我心都慌了你知道吧，他很严肃的，莱州剪纸，线条流畅，讲了这个话后就点，点了好多。第二次过去他也没说话，他就笑，是欣赏的那种笑，哎呀，我当时有一种感觉，是不是老师感觉我剪的这个作品还行啊。我回去后把几乎能找到的莱州的传统剪纸，都临摹了一遍，在这个临摹的基础上，又设计画了好多，就是与莱州传统风格很相近的一些剪纸。然后，李强老师又寄给我几幅，就是咱们烟台这边的属于福山那边的一些传统的老剪纸，他收藏的剪刀花给了我四幅。这种窗花我们称之为“巧剪”，它寓意着女孩子心灵手巧的意思，我感觉这个剪纸挺有特色的，因为有老师的鼓励我就特别激动，我就想画100幅不同样子的“巧剪”，我当时把这个创意给老师说了之后，老师说不要画一种剪刀。我就在网上找，从战国时期那种出土的剪刀，一直到现在各种工艺各种造型的好多种剪刀，画了不同的花卉配上，画了100幅，画好了但我没去剪，我只是证明我可以推陈出新，因为我要在前人那个基础上找到剪纸的艺术风格，根据这个艺术风格我去创作。我还创作出了百福图，100个福字，不同的写法配上不同的花，实际上这个剪纸在莱州传统上是有的，但谁的手里也没有成套的，都残缺，我就想我自己创作一套，创作出来之后，我拍了照片给李强老师，李强老师说挺好的呀，他说百福有了，百寿也不远了，你再创作个百寿吧。我跟李强老师的交流就是这样，发信息也好，打电话也好，他说的话都不多，不像我这样滔滔不绝，但是他每一句话都特别地激励我，他当时说过的一些话，我现在记忆犹新。在他的鼓励下，我的百寿也创作出来了，而且百寿是创作了两个，就是两套不同样子的。但是那个百福创造出来之后被别人盗版了，很心酸，参加了一次展览，获了一个奖，奖金也拿到了，然后咱这个就被盗版了。真是太心酸了，被谁盗了都不知道，人家就把咱这个样子剪好之后在网上卖，人家用的是个网名，咱都不知道是谁，那是我辛辛苦苦画出来的，获了个奖就被媒体拍了个照片放到网上。咱就没有这个版权意识，所以后来轻易不爱让媒体拍摄一些照片，轻易不在网上发自己的作品，发了作品就有人盗。后来想开了，他为啥盗？还是咱的作品好，咱做得不好的话，他连看都不愿看，更何况是盗了。

2019年夏天，我在莱山区参加一个展览，我当时带了三幅自己创作的作品，其中两幅是窗裙。有一天，曲青棠老师去了，看我的窗裙，我跟他说那个窗裙是我画的，曲老师随口说了一句：“我还以为是李强的作品呢。”那一年正好烟台评那个非遗传播50强，我就给评上了。快过阳历年的时候，就到大剧院那边去参加那个颁奖典礼。我是提前一天过去的，过去之后，我就给曲老师打了个电话，说我想去请教您一下，然后我就带着我画的窗裙过去了，其中就有我根据莱州蓝关戏设计的《四知太守》，说的是杨震的故事。杨震的廉洁与不畏强权惩治贪官污吏的担当使我特别感动，我就设计了这样一个窗裙，曲老师从那个塑料袋里把这个剪纸拿出来，看看，说：“哎哟，确实是画的。”然后他就挺激动，他问我你在哪个学校，就是哪个美院上学，我说没上过学没上过美院，他说你太谦虚了。我说真没上，我说我跟李强老师学的，他说能画窗裙的现在是凤毛麟角。我说我画得不太好，也没上过美术学校，我说我现在就是感觉有点在家里闭门造车，我画了东西发个图片让李强老师给指点一下用色。他说那你现在画得已经很好了。曲老师当时还送给我一本他的书《艺海拾贝》。那一天真的有意思，我一天收了两本同样的书。从曲老师那里出来之后就到了那个大剧院去开会嘛，参加晚上的颁奖典礼，又碰见文旅局的翟局长，他又送我一本。一天收了两本书，虽然是同一本书，但是是不同的人送我，都是一个目标，都是为了鼓励我，支持我，让我好好去传承这个剪纸艺术。等到我开完会还没从烟台往回走，曲老师给我发信息：“陈淑香，你如果有时间下次再来烟台的时候一定告诉我啊。”当时给我的感觉是什么呢，就是一个长辈对一个孩子的那种关心。我到家了之后他又给我打电话，他说我问过李强老师了，你确实没上过美院，我认为你谦虚呢，然后告诉我怎么去设计。回到家之后我就想，为啥老艺术家支持咱，领导也支持咱，因为咱们平时就是在认认真真踏踏实实地工作。一天收获了两本书，我没想到啊，哎呀，那时候感觉就是真的挺激动的，我常常说，得到这么多贵人的支持和帮助，我真的不是说那个虚言假套的话，我确实是怀着一种感恩的心去做剪纸。也是因为我认真地去做这个剪纸，也改变了我的命运，如果说我不去做剪纸，我跟其他的农村妇女一样，还在脸朝黄土背朝天地干活，我们那里种樱桃种梨，都是靠天吃饭，可以说很辛苦，但是我从事了这个剪纸之后，我感觉我对自己的要求逐步地提高，因为咱文化基础知识太差了，咱得不断地去补充，然后我就强迫自己去学习，就是这样一种情况。

我现在一大半时间就是在创作，当然传统的元素绝对不丢失，但是里面加上新的内容，加我自己的东西。我做各种各样的窗户剪纸，前一阶段做了一个完整的剪纸窗子，1 米×1 米见方的这种窗户的造型，你看一下，就是一个彩色的大窗子，你看上面的图案，中间是龙凤，龙凤代表中华民族的一个图腾，走遍全世界龙凤就是咱中国的啊，这边这是蝙蝠，4 只蝙蝠和寿桃、西瓜、石榴、佛手，都是吉祥的，上面是花卉装饰，这是荷花，这边是牡丹，和和美美，下面是 5 条屏。

你问我现在做的这些东西是为了什么，就是喜欢，觉得画和剪是特别有意思的事。做彩色的纯粹是为了自己爱好的事业，没卖过一分钱，目前来说，只是想做一点，先出作品。李强老师说千万在创作的时候别去有功利思想，如果有了功利思想，你的作品不会有进步。他当时创作窗裙的时候，他说我当时也没考虑到会有人收藏，没想到会去卖钱。但是他展览完了之后确实是有被收藏。所以说我就想出自己的作品，你说你一直是模仿别人，你模仿到什么时候是个头啊，就像那些歌手一样，你唱别人的歌一直没有自己的作品，永远是跟着别人走。我现在画人物吧，感觉还有点难度，花鸟的话，因为画得比较多了，顺手了。回头呢我得主攻传统人物造型。我现在为了每一幅作品都让它好嘛，我就买了一种纸，我是受了我堂哥的启发，就是通信兵用的坐标纸，虽然贵一点，但它上面都有标记，直接就是大小尺寸非常好的那种纸，在上面构图构好了之后定稿了，然后我把那个宣纸蒙在上面，直接就用毛笔起稿，不会出现损失、走样，这个底稿我就永远留着，这是自己原创的嘛，原先的都不留，太多了，后来想想必须留。现在可学的东西比较多，就是可以供我学习的这个方式比较多，比如说有电脑，需要一个什么资料的话，需要什么图案的话，我可以到网上去找，然后看了他们之后也不去模仿人家，看了他们之后出来自己的，推陈出新。

我现在想做的事儿主要是干什么，就是去创作，因为我太喜欢了，我想趁着我现在眼睛还没花，身体也没什么太大的毛病，多创作作品，有生之年，将我创作的作品办一个展览。烟台这边办那个彩色展览，除了李强老师办过窗裙展，没有第二个人。李强老师是自己创作的，其他人手里有彩色的，但不是自己创作的，而是收藏古代的。2018 年 4 月，我在莱州市文化馆举办过一个剪纸作品展，共展出多年来收藏及创作的剪纸精品 50 余件，分为传统剪纸、填彩剪纸、收藏剪纸、获奖剪纸四大部分。在莱州本地展览吧，影响太小。我想着怎么地以后也得到烟台市来办个展。那次展览我设计了一套武术类的武术剪纸，因为莱州有个中华武校，每年中华武校参加春晚我都特别激动，作为一个莱州人，我说中华武校是莱州人的骄傲，我要创造一套武术剪纸，一共是 10 幅作品，展览后被中华武校收藏。后来中华武校的李校长给我发了一个信息，说你可以把那个 5 步拳做一下。我现在创作的这些作品有一部分是宣传莱州，有的不是，就是根据我自己对剪纸的体验，因为所有的剪纸作品最终它是服务于社会服务于民众的，你比如说福禄寿喜，人们生活息息相关的也是人们所需求的啊，要么求财，要么求健康，要么求家庭幸福、长寿，这些东西永远不会变。所有单色剪纸也做，单色的可以卖钱可以养活我嘛，单色的咱一次可以剪好几层，那可以批量生产，但是彩色的一次只能画一幅，而且一幅作品三天五天有时候半月都做不出来，我这个单色剪纸的市场主要就是企业和政府机关，和我们莱州的非遗作品一起作为地方礼品，有需要我就给他们做。我主要是创作彩色的，我想走出一条自己的路。

梁巧艳——做新时代剪纸的实践者

我出生于1983年，2016年入选国家级非遗项目烟台剪纸（市级）代表性传承人。我出生的地方是莱阳城南部娘娘山脚下的一个小山村，周围群山绵延，峰峦起伏，如一架巨大的屏风矗立在南海之畔。站在娘娘山顶，南面就是茫茫大海，水天一色，使人心舒胸阔；山的东、西面则是平畴沃野，道路纵横，交织成一幅彩色地锦；娘娘山旁边还有七座山峰相牵相连，如同孩童一样依偎在母亲身边，因此称为“七子连峰”，这里也是曾经远近闻名的莱阳八景之一。

我在家里排行老二，姐姐比我大3岁，父母都是50年代生人，高中学历的他们在当时的农村也算是稀有。他们的媒人是我母亲的亲姑姑，因为早些年嫁到了我们村，看我父亲憨厚朴实，奶奶手巧能干，就决定将自己的亲侄女介绍给他。婚后不久，母亲和父亲一起养蜜蜂，经常随花期迁徙，小时候也时常听母亲讲起南方生活的习俗、美景及饮食文化等，姐姐也是在江苏出生。

一、启蒙与成长

农忙时节父母下地干活儿，时常将我送到奶奶家里。奶奶住的是老房子，屋顶上披着一层厚厚的草坯，屋檐边角有一排整齐叠加的灰色瓦片。室内顶棚上有一个大大的福字贴在中央，四角衬以蝙蝠形状的角花，组成了五福的寓意。窗户是木头棱子窗，横竖条形结构。每年冬天刚入腊月，奶奶就会搬出她那几个形状各异的纸笸箩，坐在热乎乎的大炕上剪纸，纸笸箩里面盛着针头线脑还有许许多多窗花的熏样儿。我5岁起跟着奶奶学剪纸，6岁就能剪出“喜鹊登枝”“年年有余”等漂亮的纹样。我小时候基本都是跟着奶奶，火红的窗花就这样伴着我慢慢长大。

后来上学期间我选修了艺术设计，这对我以后的剪纸创作很有帮助。因为喜欢剪纸，在生活中我也喜欢处处留意，善于观察，从一花一草中，不断寻找创作灵感，我喜欢逛古玩市场，只为能从那些古旧器物中，领悟传统纹样精髓，丰富艺术源泉和个人文化内涵。后来，我结识了剪纸老前辈朱曼华老师，并有幸成为她的助理。在3年多时间里，开阔了眼界，增长了技艺，这对于我个人而言是一种宝贵的财富，同时我也切身感受到老祖宗留下来的剪纸，迫切需要年轻人来继承，只有薪火相传，才能使剪纸很好地流传下去。因此，我便致力于做剪纸，想把它作为一种事业来做。

二、创业与探索

作为年轻一代的剪纸人，我一直致力于如何将剪纸创新，渐渐摸索出了一点门路。同时我也学习了其他艺术门类，在这个过程中，芝罘区民协主席、原烟台市职业学院艺术设计系李春光老师给了我很大的帮助。我跟随李老师学习雕塑、立体构成等造型艺术，将其应用转换到剪纸当中，改变剪纸平面化的单一表现形式，并结合旅游需求、个性定制等多种模式，开发出剪纸系列文创产品百余款，秉承“传统也时尚”的设计理念，深受广大消费者特别是年轻人的喜爱，实现了第一次小小的跨界成功。

2016 年 9 月，我成立了自己的公司——烟台胶东剪纸文化创意有限公司，并组建了一个 20 多人的小团队，受邀入驻烟台 1861 文化创业产业园，我感觉自己身上的责任更大了。创业艰难，由于各种原因，一年后，公司效益不佳，员工纷纷离职，我也处在进与退的抉择中。那段日子，我经常整宿不眠，思索之前的失败原因，从市场定位、客户建立、经营管理等逐一分析，此时也得到家人和身边朋友的鼓励，再加上国家也多次出台关于全面振兴中华优秀传统文化的政策，呼吁有条件的地区加大对非遗文化的重视，提供便利条件促进繁荣发展。这些让我又收不回刚刚迈出的步子。正在我一筹莫展的时候，接到毓璜顶公园工作人员的邀请。毓璜顶公园是烟台市区内重要的一个自然景区，也是市民们喜欢去的地方。在文旅融合发展的大环境下，公园结合自身文化底蕴引入烟台非遗项目入驻，形成“见人见物见生活”的活态传承模式，既让市民零距离接触非遗，同时也为非遗发展传承提供了良好的传习场所。每年正月初九的毓璜顶庙会已经有 600 年的历史，也是山东省级非物质文化遗产项目，正月逛毓璜顶庙会、赏民俗已经成为烟台人过大年必不可少的一部分。入驻毓璜顶公园，有了良好的创业环境，使我更加安心地把精力投入到创作中，我就尝试着用剪纸讲好烟台故事，传播烟台声音，把讴歌时代风貌、弘扬传统美德作为一名非遗传承人创作的永恒主题。

三、作品创作与文创开发

城市日新月异，经济超速发展，传统剪纸的际遇何去何从？保留传统源文化的同时如何符合现代人审美，进入消费市场？我一直在想这个问题，没有经验可借鉴，只能靠慢慢摸索，艺术从生活中来，也将回到生活中去。剪纸起源于民间，属于民俗文化。传统剪纸的很多主题都是为了表达人们对美好生活的向往和期待，因此民间剪纸十分注重讲究“图必有意，意必吉祥”。抓住这一特点使其连接起人们情感的共鸣，这样的产品就一定会有生命力。如何使传统的剪纸能让当代年轻人喜欢，我就在传统元素上嫁接上现代元素，使传统的剪纸艺术形式与现代生活相结合，如以十二生肖和福文化相结合的剪纸冰箱贴就深受广大消费者喜爱。

我看到很多设计师用插画的方式将剪纸这一类风格也运用到现代产品包装上，我也尝试着去做。如以八仙传说和“海八鲜”相结合的海鲜礼盒也深受市场推崇，这套设计取地域元素“八仙”怀抱“八鲜”踏浪而来，一套八枚，独立包装，红彤彤的剪纸图案被印刷到包装上，既喜庆又典雅，也为贺年礼增添了浓浓的中国风。

剪纸在现代艺术中的应用也非常广泛，可以将镂空之美应用到不同的材质中，如与布艺服饰、建筑舞台、陶瓷制品、邮票设计、室内装潢等相结合。在2019年毓璜顶庙会的吉祥物设计上，我们将剪纸应用到景观装饰中，作品取名“毓福”，“毓”为孕育，与毓璜顶相关联，“福”与芝罘的“罘”字同音，代表着烟台，寓意为吉祥物出自烟台，有祝福烟台的含义。造型和创意结合喜庆的生肖猪，在设计理念上由烟台剪纸与胶东面塑完美融合，实现“跨界+融合+创新+再生”，吉祥物的跨界融合是全省乃至全国首例。突出猪年主题的基础上，融合非遗文化，展现浓厚的节日气氛。“毓福”高约3米，分别在公园三个大门内侧摆放，烘托出庙会浓郁的文化氛围。

用剪纸表现、宣传我生活的这座城市。树有根，水有源，一座城市的兴起和发展也有它的根脉和源头。我的剪纸很多都是反映我生活的这座城市，烟台古称芝罘，是国家历史文化名城，拥有亚洲最集中的外国领事馆现代建筑群，有7000多年的白石古遗址，是海上丝绸之路重要的节点城市。因此，我设计了“城市印记 芝罘故事”系列剪纸。作品选取十个标志性强能够代表烟台城市文化底蕴的风景古迹，在保留胶东传统剪纸符号的基础上，加以现代文化创意设计理念，分层套色晕染技艺，以复古风色系呈现，表达了包容与开放、古老与现代交相辉映的城市印象。

“烟台十大历史名人”剪纸：以春秋战国到辛亥革命前在烟台政治、文学、思想、军事、经学、史学等领域的杰出代表人物为题材，采用“借物喻义”等象征手法创作而成，人物与背景相互衬托，以篆刻艺术、植物花卉点缀其中，充分表达了历史名人的卓越贡献和高尚品格。作品以古代纱灯为外形，寓意这些杰出人物的光辉照亮茫茫历史长河。

“朝霞港城”光影纸雕灯：设计理念采用胶东纸雕分层叠加的形式，由远到近的构图，加以剪纸符号装饰镂刻而成。设计灵感来自“仙境海岸、鲜美烟台”的朝阳与晚霞，用蓝和橙的渐变色调，加以光与色的晕染变幻，留住大自然中稍纵即逝的瞬间印象。“朝霞港城”纸雕灯，以全新的非遗再造理念，在纸雕中承载梦想，将自然万物融入光影之中，为现代家居生活带来美好新体验。

用剪纸艺术为文明城市赋能。2020年烟台创建文明城市期间，我用六幅剪纸突出六个主题：《一言一行总关情携手共建文明城》《安全连着你我他和谐交通靠大家》《孝老爱亲传美德睦邻友好互守望》《环境整治齐动手警民联防治安优》《书香飘进农家屋市民走上大舞台》和《青山绿水果飘香耕海牧渔筑粮仓》六幅作品。把我们日常生活中随处可见的现象用剪纸记录下来，弘扬仁爱之心，倡导孝敬之心，增强责任之心，加强个人品德建设，以优雅得体的文明言行，塑造烟台人文明形象。对真善美的追求历来是一切文艺创作的起点，也是最终的归宿和目的。我希望通过我的剪纸作品传递真善美，传递向上向善的价值观。

近年来在创作方面注重追求原创性，将艺术与思想相统一，立足本地风景名胜（芝罘十景）、海洋文化（胶东四季）、红色文化（红色胶东）、文明城市等内容，弘扬抗疫精神、奥运精神、胶东红色文化，将其作为引领新时代新征程上与各族人民团结奋进的精神力量。

匠心筑梦——中国脱贫攻坚剪纸作品《小康家》：作品采用胶东窗花的构图技巧，用阴阳结合的套色技艺剪制而成。整幅剪纸展现了新农村一家四口和睦温馨的美好场景，“农林牧渔”全面丰收代表富足。夫妇和而后家道成，孩子象征“希望”，打开窗户说亮话，赞颂党的好政策。

用剪纸作品讴歌时代精神，传颂疫情防控中的感人事迹，传递非遗战疫的精神力量。2020 年，我的“千里驰援 鲁鄂同心”系列剪纸历时 33 天创作而成，根据 2020 年烟台驰援湖北 46 名医务工作者真实故事创作，以“窗心、角花、挂笺”等吉祥纹样组合而成。花瓶寓意“平平安安”，心形对应“同心协力”；飘扬的五星红旗、飞舞的白鸽，环绕在白衣战士的身旁，表达了家乡人民的亲切期盼和美好祝福，祝愿白衣执甲的勇士平安凯旋。

2021 年建党 100 周年之际，我请李春光老师设计，历时一年的时间完成百余幅作品，以革命战争年代胶东的真实历史为支撑，展示胶东人民为民族独立和人民解放不懈斗争，历经 28 年浴血奋战，付出的巨大牺牲，作出的历史性贡献。设计和制作这套红色胶东作品真的耗费了太多的精力，可以说自从我开始剪纸以来，就没有这么耗时耗力过。因为要慢慢地去了解这些故事，包括这些事情发生的一些时代背景等。对于这种真实事件的红色文化题材我们还是比较谨慎的，必须以最正确的、最客观的画面呈现出这些事实，所以说就是反复地易稿，反复地易稿，也不知道改了多少遍。因为可参考的图片少之又少，但是还要去复原当时的场景，于是就不停地查一些资料，不停地改稿儿，这个过程也是我接受红色教育的一个很好的过程。创作过程中得到了革命老区促进会和烟台市委组织部党史办的一些帮助，这次创作让我深深体会到，一个人的力量和精力是有限的，如果能把各方面力量集结在一起，就会做成很多事情。非遗传承和发展，离不开社会各界的支持，协同发展才可行。

将剪纸与旅游文化结合。2020 年淘金小镇杯全国黄金旅游文创大赛中，“金贵人诚”剪纸作品获得一等奖。“金贵人诚”反映了生活在金都招远这片土地上的人们诚实守信、淳朴善良的美好品德犹如黄金般珍贵。“金贵人诚”剪纸长卷采用国家级非遗——烟台剪纸艺术表现形式，加以“套色”技艺，黄金为底色、阴阳结合剪制而成。作品以宋代招远的建筑、黄金交易、饮食、娱乐等风俗景象为背景，整幅作品采用“如意”造型贯穿其中，如“清明上河图”描摹了一幅宋代政治、经济、文化的剪纸画卷。“如意”周围环绕着三大乐章，分别为“冶炼、欢乐、鼎盛”为内容的金城天府，富裕祥和的幸福场景。“如意”的中间由元宝和“聚宝盆”组成，作品中隐藏“十二生肖、福禄寿喜财、五行”等传统文化，寓意阴阳而化育万物，代代相传，生生不息的美好祝愿和心灵祈求。

多年来我一直是兼顾社会责任，也不忘与市场寻求结合，在一次文旅展会中偶然与希尔顿负责人相识，作为我市五星级酒店，经常会接待来自世界各地的游客，客户提出有没有代表地域文化的随手礼，伴随市场竞争化各个行业都在用心做自己的品牌塑造，希尔顿剪纸书签创作理念根据山海仙境、自然风光、酒店建筑风貌等结合，以剪影的艺术形式呈现，作为来宾下榻酒店的伴手礼，深受游客朋友们好评，通过源源不断的供给需求，也拉动了非遗企业的经济增长。

四、传承与发扬

用剪纸反映时代风貌。莱山区滨海路社区党建中心自2018年专门开设了剪纸培训班，以此培育党员群众对剪纸的兴趣和爱好，我将剪纸传统艺术与基层党建工作融合在一起，剪纸助力党建文化。用剪纸来讲故事、聚人心、强党建，不仅弘扬胶东红色革命精神，也能丰富相对单一的党建文化形式。让党员们在动手剪、动手刻的过程中加强交流，凝聚人心，增进邻里之间的和谐稳定，密切党员群众与党组织的关系，不断推动社区基层发展建设。

利用新媒体做剪纸。2020年疫情期间，我们通过云端VR等开展线上业务，通过齐鲁文旅云省级电商平台，开设了“烟台胶东剪纸文创馆”，相关产品及体验课程都搬到了线上，年交易额180万，登上了第四届山东省文化惠民消费季品牌榜，烟台剪纸也成为游客最喜爱的非遗文创产品，并获得烟台市文化和旅游局“1+3”系列文旅消费品牌十佳“烟台好礼”之一。同时企业也获得了2020年烟台市文化和惠民消费季先进企业等荣誉称号。

在21世纪信息科技发展飞速的今天，游戏也成为传统文化的传承载体。2020年9月，我有幸接到中国著名网游开发商北京网元圣唐娱乐科技有限公司的邀约，为2021年新春季即将推出的“古剑奇谭”网络版十大门派人物做剪纸造型，以游戏中各门派为原型的窗花，将传统文化与现代网游相结合，让艺术与传承碰撞出了新的火花。该套作品百分百还原到游戏中，在新春期间投放到各大玩家平台，用于新春场景的主题装饰。传统文化、手艺离不开传承，下一步我们将在守正创新中扩大规模，增加载体，深化内涵上多下功夫。

2021春节期间我们通过烟台文旅新春惠民活动，推出“云美育线上课堂”，跟大家一起分享了中国剪纸艺术中的“三牛精神”。在中华传统文化的语境中，牛是无私奉献、开拓进取、吃苦耐劳的象征，“三牛精神”剪纸以六边为外形，象征六合、六顺之意，三牛为“犇”，与“奔”同音。我采用胶东剪纸独有的线条美感，阴阳结合的构图技巧，借物喻义等象征手法组合而成。“孺子牛”“拓荒牛”“老黄牛”，是家喻户晓的美好形象，底蕴深厚的文化意象，蕴含着中国人民自强不息、砥砺奋进的精神密码。

剪纸进校园进社区。2017年起我们团队在校园里逐步建立了多个剪纸社团，将剪纸艺术引入学生第二课堂，并在教学实践中不断总结经验，及时做好记录，2019年形成了烟台市首本小学阶段非遗进校园剪纸试用教材，由莱山区相关部门联合印制并作为文化惠民项目，免费普及到区内多个学校，丰富了学生对剪纸课外阅读的需求。

自2017年起，我们的传承主要是用进社区、进公共场馆、进校园等形式普及剪纸传习活动，校园传承主要以孩子的兴趣为主，将剪纸基本符号语言、题材、形式等内容结合地方民俗文化、历史名人、风景名胜、时令节庆、红色文化等内容，贯穿其中，例如端午节习俗会剪葫芦、春牛等纹样，清明节剪风筝，九月九重阳节剪制寿桃、福字等送给家里老人，以贴近生活中息息相关的人和事将非遗与现代连接起来。经过多年的积累形成了一本实践用教材，成为烟台市首本小学阶段非遗进校园剪纸试用教材，被莱山区作为校本教材，深受学校和孩子们喜爱。2020年，我们来到离市区百里外的莱山区解甲庄镇冶头小学，全校只有五个班级，均来自周边村民。冶头是一个千年古村，村旁的金马山有个传说，这个村因汉时铁官刘兴居曾督令下僚在此冶铁铸钱，故取名冶头。我在授课过程中就把这个村的历史和自然资源，融合在剪纸中。以“传承·铸梦”为设想，以“一纸千金，家国情结”为主题，以剪纸和中国结为载体，立足本地资源传承优秀传统文化，将红色文化、历史名人、民间传说、乡土故事等进行拓展延伸。通过学生全方位、多角度的参与，让非物质文化遗产的独特魅力和文化内涵激发学生的爱家乡和爱国热情。2021 年上半年，莱山区举办中小学体育美育工作现场会，冶头小学非遗工坊的孩子们参加了活动，孩子们参展的主要作品有“铸币剪纸”“金马剪纸”“党建品牌·薪火相传剪纸”“运动系列剪纸”“百年华诞·破茧成蝶”和“百年征程·繁花似锦”等，得到了各级领导和参观师生的高度认可，并荣获区艺术实践工作坊评比一等奖。

积极参加对外文化交流。我曾在法国、英国、德国、意大利等海外华文教育学校举办剪纸课堂，2018 年随国家艺术基金资助项目“600 年回眸·烟台剪纸韩国行”活动，去首尔、大邱、安东等地展出，并进行了现场剪纸表演，通过对外文化交流互鉴，极大地丰富了我的艺术视野。

剪纸产业的良性化、可持续发展离不开原创，作品有了版权才能进入市场，所以版权保护也要予以重视，市场上既叫好又叫座的产品离不开有创意、有故事、有情感的创新设计，好的剪纸类创意设计产品可以促进产业发展，实现立体化产业融合战略，与旅游、科技等行业的嫁接，同时实现产业的相互融会贯通，构建完整的产业链条，运用市场化的运作模式，拓展多方位的产业盈利点。新的时代，剪纸应该有新的特点，我希望能发挥我的优势，向老剪纸艺人学习，守正与创新两不误，把中国剪纸发扬光大。

刘淑霞——追梦剪纸无止境

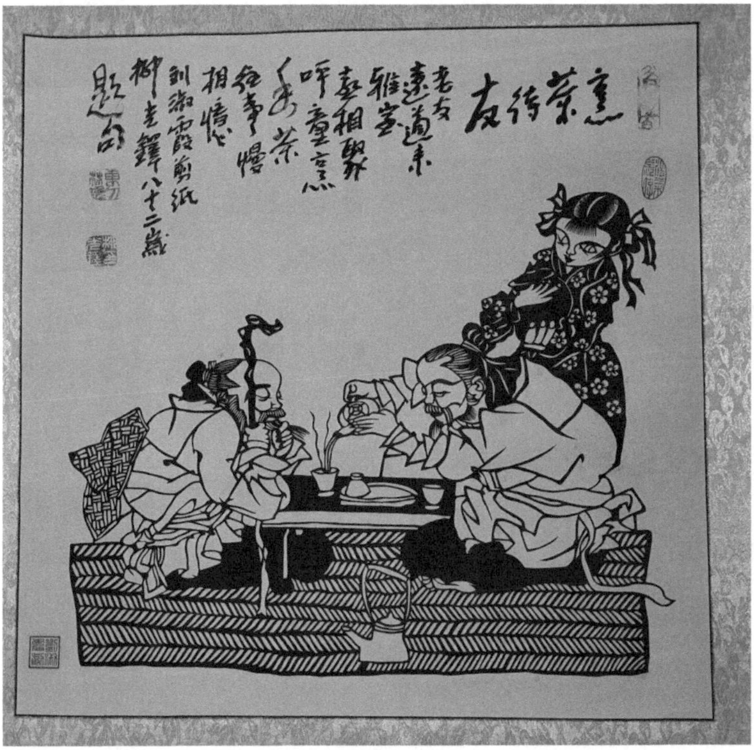

一、开启剪纸生涯

我叫刘淑霞，1972 年出生于烟台栖霞，剪纸是我从小就喜欢的技艺。我从小生活在一个普通的农民家庭，父母憨厚朴实，一辈子生活在大山里，靠手艺为生。父亲是一个瓦工，经常给人家做室内的天棚（以前的天棚是用纸扎的），天棚做好后，要用彩色的墙纸糊好。为了装饰好看，父亲总会在家里剪一些漂亮的图案进行装饰，幼小的我也总会和母亲一起帮助着父亲剪纸。我不仅受到了父亲的熏陶，同时也受到了母亲的感染。因为我母亲经常在家中给结婚人糊纸盒（用来盛结婚喜饺用），每每糊完纸盒，母亲也会剪一些漂亮的剪纸对小盒子进行装饰，让纸盒愈加喜庆好看。每逢过节，我还会和父母一起剪漂亮的窗花，贴在自家的窗玻璃上。

就这样，在家庭氛围的感染下，在父母技艺的熏陶下，细心的我对剪纸是看在眼里，学在心里。于是，闲暇时，我就会拿起剪刀学着父母的样子尝试剪各类物品，剪纸慢慢地成了我最大的爱好。每每父母在剪纸时，心灵手巧的我总会认真观察父母剪的样本，仔细琢磨样本的构造，大胆动手进行剪纸实践。我还小的时候，看到什么我就练习自拿剪刀进行裁剪，进行更改创造。我也不记得剪坏了多少张纸，也不记得多少次把手指剪出血，只知道父母说我的作品样子越来越逼真，剪刀在我的手中也越来越流畅。

二、成长之路

回想我自己的成长历程，我感慨很深，我的成功更多的是要得益于我的家人给予我的大力支持，除了我父母给我打下了剪纸的基础，我最应该感谢的是我的婆婆。

我的婆婆也是一个朴实的农民，我在剪纸方面的努力付出，她是看在眼里，疼在心上。为了能搜集到一个心仪的样板，我常常要走访众多老人，在与老人们的交流中，构思样板的模型，晚上一回家就开始剪裁，有时候一剪就是一个晚上。婆婆看到我在剪纸方面很用心，她也总会默默地陪着我到深夜。看到我的一个新作品诞生，婆婆也会开心得跟个孩子似的。记得有一次，跟婆婆聊天，我颇有兴致地跟婆婆谈到“斗鸡”样板，感觉应该是失传了，如果能找到样板，这将会是传统文化的又一大传承。婆婆听后，若有所思地告诉我她能找到，就这样婆婆开始了她寻找样板之路。婆婆逢人就问，四处找她的同龄人，询问“斗鸡”样板的遗留，不错过任何一个线索。我陪婆婆拜访了十几户老人家，走了十几个村子，功夫不负有心人。在婆婆的鼓励与帮助下，古老的“斗鸡”样板真的被我们找到了。

我仔细研究着这个古老的“斗鸡”样板，很快就掌握了它的剪纸思路，在它的启发引导下，我也很快就创作出了具有剪纸特色的“斗鸡”，我给它起了个名字叫“风影斗鸡”。为什么叫它“风影斗鸡”呢？我主要依据以前家的老房子，窗户是棱窗，会糊上一层很薄还很透明的纸，将这个剪纸的“斗鸡”贴近棂子窗上，借着明亮的月光，在微风吹拂下，两只鸡就互相斗起来，所以我给它起了个名字叫“风影斗鸡”。这个斗鸡样板，在我们当地已失传很多年了。婆婆看着我剪出的新样式，也非常开心地笑了。我的这一次成功，全部归功于我的婆婆，婆婆在我剪纸的道路上又帮了我一次，我感谢我的婆婆。

三、剪纸创作

到现在为止，我已经有多个作品获得省市级荣誉。作为剪纸传承人，我觉得我有责任和义务投入到我们这个伟大的时代中，因此，每次活动我都热心参与，每一幅作品都精心地设计和制作，比如以下几幅：

《爱的传递》：栖霞市爱的传递助学协会是山东优秀志愿者协会，在庆祝团队成立 10 周年之际，我精心为爱的传递助学协会设计了《爱的传递》剪纸作品，是我亲手精剪而成。整幅作品恢宏大气，“爱的传递”四个大字是用镂空的太阳形状把四个大字镶嵌其中，寓意爱的传递就像太阳一样，照耀着团队所资助的贫困孩子们，太阳是光明的象征，是正能量的体现，希望爱的传递把关心、关注贫困孩子这一伟大的事业做到极致，希望所有的爱心人士传递正能量，传递爱。在这个作品里我还设计了4个喜鹊的图案，寓意贫困孩子们在爱心人士的广博无私的大爱下快乐成长；作品里还剪出了栩栩如生的梅兰竹菊四季花，这寓意受资助的孩子在爱的传递助学协会的爱心人士的帮助下像花儿一样茁壮成长。我还在作品里纳入了传统的因素：如意、蝙蝠和鱼等，寓意爱心人士和受资助的孩子们在各自的生活、工作和学习中如鱼得水，事事如意，福从天降。作品里设计的水纹和牡丹花更是把最美好的祝愿送给每一位爱心人士，希望他们财源滚滚，富贵有余。

《寿》：京剧是我国的国粹，寿是对老人的美好祝愿，我将二者有效结合，创作了中国剪纸《寿》，主要运用了染纸技法进行裁剪，其间杂糅了12个京剧脸谱。这种脸谱是一种具有中国文化特色的特殊化妆方法，它起源于生活，但又是实际生活的夸张和放大。不同颜色，不同形态，共同组成了一幅别具特色的中国剪纸，更好地宣传了我国非物质文化遗产。这幅作品参加了山东省“苹果之都”杯非物质文化遗产展演。

《团结就是力量和信心》：疫情期间，我创作了多篇作品，用以展现逆行者们的风采。2020年是不平凡的一年，一场新冠肺炎疫情突袭荆楚大地，蔓延波及全国。为了响应国家号召，我隔离在家，通过观看《新闻联播》，看到了广大医护人员和消防官兵，在抗疫一线的辛苦努力，感受到国家伟大的抗疫力量，深受感动和启发，我作为剪纸爱好者，也想尽自己的能力做出点贡献。于是，我就开始构思我的剪纸作品，命名为《团结就是力量和信心》。我的设计理念是在中国地图上剪出了56个民族，每个民族有一对人物形象，代表着56个家庭，寓意是祝愿全中国人民团结起来，一起抗击疫情，打败疫情。这个作品高2米，宽1.5米，从构思到完成作品，耗时一个多月。在剪纸技巧上，我运用了染纸技艺，先用白纸剪出56个民族，然后用笔描画出每个人物的形象，再用染料将人物形象进行涂色。这幅作品被栖霞市统战部收藏在艾崮书院里。

为了庆祝建党100周年，我又创作了中国剪纸《庆祝建党一百周年》，等等。可以说，剪纸也记录了我的生活。

四、剪纸传承之路

随着时代的发展，人们的生活水平也越来越高了。父母的手艺也渐渐地被取代了，但是剪纸的技艺却被我传承了下来。

成年的我虽然已经参加了工作，但是闲暇时，我还会拿起剪刀剪各类图案。父母保存下来的样本已经远远不能满足我的需要，我就开始寻思着在原物的基础上更改自创新的作品，我把我自己所有的心思都放在了图案设计上。哪个图案漂亮，我就随即把它剪下来保存；自己突发有了灵感，就即兴剪下来；自己想表达什么美好的寓意，就剪出来；传统的单色剪纸没有更大的吸引力，我就采用多色、套色，或者立体剪纸，力争在剪纸技艺上，更上一层楼。

剪纸是门艺术，要想剪得好，就要有耐心、细心、恒心，全神贯注才能剪出好作品。只要拿起剪刀，我就觉得时间过得特别快，有时候剪纸连饭也忘了吃。在剪纸过程中，我不记得自己剪了多少个夜晚，也不记得自己熬了多少个通宵，只要看到作品越来越成熟，越来越精湛，我的心里就很幸福。到现在为止，我已经自创了许多个精美的剪纸作品，每一幅作品都设计新颖，构思独特，寓意丰满深厚，作品中所展现出来的形象也活灵活现，精妙入微。我一直坚信："剪刀就是画家手中的笔，每一幅剪纸作品都是一幅精美的图画。"我的剪纸技艺既传承了传统工艺的高超技巧，也彰显了现代风格的丰富情感。在我多年的努力下，我的剪纸作品入编于多种地方史志及书籍中，在省市乃至全国剪纸大赛中多次获奖，若干剪纸作品还被国内外友人收藏，可以说有了相当高的影响力。

从“囍”字题材、蝴蝶题材、生肖题材到廉政题材、中国梦题材、防疫题材……我不断与时俱进，推陈出新，于古老的民间艺术中彰显着时代特色。如今的我已经成为国家非物质文化遗产——烟台剪纸的传承人，中华民族文化促进会剪纸艺术委员会会员，山东省民间文艺家协会会员，烟台市民间文艺家协会理事，烟台市剪纸协会会员，栖霞市民间文艺家协会副主席，栖霞市剪纸协会主席。

起初，我是将剪纸艺术作为一项个人爱好和艺术特长来看待。而现在，则是将传承和发展繁荣这项民间艺术看作自己的责任和义务。所有的努力都有回报，所有的回报也都来自我的不懈坚持。为了将剪纸技艺得以传承，为了丰富更多人的生活，让更多的人了解剪纸，爱上剪纸。我于2015年首次发起了栖霞市“爱心剪纸课堂”——传统文化剪纸和贫困孩子剪窗花项目，主要受众为爱的传递助学协会所帮扶的贫困孩子和义工的孩子们。我还带领剪纸协会的爱心会员与传递助学协会联手，每个周六下午陪贫困儿童学习2个小时的剪纸，需要的工具、纸张都是我免费为孩子们提供准备，手把手教，一点一点地剪，以确保孩子们掌握一种技艺，能把自己喜欢的图案剪下来，孩子们也很开心快乐。

截至目前，我开展的剪纸义务培训已有100多期，培训2000余人次，年龄最大的学员70多岁，年龄最小的只有五六岁。我和孩子们用心剪出的作品，一部分由爱的传递协会等正规公益组织捐赠给全国各地的爱心人士，累计捐赠作品680多幅，感谢他们对贫困孩子的帮助；另一部分拍卖给社会上的成功人士，作品拍卖所得全部用于帮助贫困孩子。爱心剪纸课堂促进了孩子们的动手、动脑操作能力，并且很好地激发了他们对传统文化的认识和兴趣，真诚帮助他们用一双巧手剪出多彩人生。此外，我还把我的优秀作品也义卖、捐赠给全国各地的爱心人士或拍卖给社会成功人士，作品义卖、拍卖后的所得，也全部用于资助贫困儿童，有300多幅优秀的剪纸作品，无偿地捐献给台湾、深圳等各地的爱心人士。

我还走进学校，与多个学校搭建了“悦心课堂”，有幼儿园、小学、中学……从六七岁的小朋友，到各个学校的老师，都非常认可我的剪纸，纷纷跟我学习剪纸。其中，栖霞实验小学还专门聘请我为课外剪纸辅导教师，让我为学生们上剪纸特长课，这样，既丰富了学生们的学校生活，还帮助他们学习剪纸技艺。

大手牵小手，丰富艺术生活，剪出大爱人生。一路走来，在我多年的坚持下，2018年我被评为优秀“爱心妈妈”、优秀志愿者、非物质文化继承人等荣誉称号。我要成为追梦人，继续努力，用我自己独特的方式，发展民间文化事业，繁荣民间文化生活，把剪纸技艺发扬光大，继续传承下去，我要尽自己的能力回馈这个美丽的社会。

我的主要作品：

2007年6月，《凤凰牡丹》参加烟台市文化局剪纸大赛获优秀奖。

2008年12月，《花瓶》参加烟台市妇联剪纸大赛获二等奖和创作奖。

2010年8月，《双喜团花》参加山西省右玉县人民政府剪纸大赛作品收藏。

2011年10月，《齐白石》参加第六届中国民间工艺品博览会荣获金奖。

2012年5月，《花瓶》参加栖霞市廉政书画艺术展获二等奖。

2016年12月，《丰收》参加第二届中国北方五市酉鸡迎春剪纸大赛获创作技巧奖。

2017年6月，《丰收》在栖霞市第三届“文艺创作奖”评比中获入选奖。

2018年10月，《老友相聚》在“民间的记忆”纪念改革开放40周年山东剪纸艺术展获优秀奖。12月，《平安如意》在“栖霞印象杯”2018旅游商品创新设计大赛征集中获优秀奖。

2019年6月，《苹果姑娘》在当代才艺网2019年第三届“中华杯”全国剪纸艺术大赛中获三等奖。8月，《甜美栖霞》在第二届中国民间工艺传承创新观摩大会上被推荐为“重点推介作品”。

2020年12月《平安树》在栖霞市“我的苹果”民间创意作品大赛中获三等奖。

栾翠华——我最大的乐趣就是剪纸

我叫栾翠华，1950 年 3 月出生，小学高级教师，山东省烟台市福山区张格庄镇浒口村人，1965 年 7 月参加工作，1999 年 5 月从烟台市福山区实

验小学退休。我们叫剪纸是“抠花”，说这个剪纸就得先说我妈，我妈也是剪纸传承人。2016 年 6 月 11 日，我与妈一起领取了两个《烟台剪纸》传承人牌匾。我和妈共同创作的《二十四孝图》剪纸 2015 年被评为山东省泰山文艺奖三等奖。

一、百岁妈抠了一辈子花

我妈是 2019 年 8 月 31 日过世的，活了 106 岁。我妈的剪纸手艺是跟我姥姥学的，我姥姥也是师从上辈，我妈的姥姥家是福山张格庄黑石姓郭的一家。过去的女人不出门，早年女孩子不上学也不上山，七八岁就开始绣花。我妈说她 12 岁就已经开始剪纸了。

我妈剪纸的讲究老多了啊，她剪纸设计样的时候，有山就得有水，什么“有山有水，十全十美”。剪花的时候有花就得有叶，有花骨朵，还必须有根，要生根，必须顶部发芽，不能孤零零剪一个花。俺妈从小就教育我，不好没有根啊，无论做什么都不能没有根。讲究还有很多，剪花的时候一定要剪全，现在还会在根下面剪上带眼的钱，有根还能发财；再剪上万字纹，为了天长地久啊，长长远远，都是为了求好兆头。我妈剪纸还有个习惯，边剪边讲剪纸：“转心牡丹，花开富贵，这个牡丹花是转转的。”常常是一边念叨着顺口溜一边剪：“谁家不贴窗花，叽叽哇哇。”意思是家庭和睦的人家才贴窗花，家里有矛盾天天叽叽哇哇吵架的哪有心思贴花。她剪蝴蝶就念叨：“蝴蝶满家飞，金银财宝一大堆。蝴蝶满家蹿，全家老少得平安，幸福利益在眼前。”都不重样的。剪梅花就说：“小梅花，五个瓣，五谷丰登吃饱饭。小梅花，是个宝，谁家贴了谁家好。”剪石竹花就是：“石竹花，草里趴，谁家贴了谁家发。”剪熊猫就说：“小熊猫，吃竹子，辈辈都过好日子。小熊猫，来游戏，大家都笑嘻嘻。”剪老鼠：“小剪一把纸当家，剪出老鼠一拖拉，剪了地上百样花，剪得福字传百家。”剪青蛙："贴棵青蛙头朝上，孩子长得白又胖，贴棵童子喜洋洋，长大必定上朝堂。"剪大戏："剪戏剪戏剪得细，剪出牛郎会织女，白蛇小青化人去，苏武牧羊刘海喜，山伯英台书屋里，八仙灵通乐滋滋，还有狸猫换太子，不出门来看大戏。"剪七巧："剪出喜鹊连一起，好叫牛郎会他妻。巧果巧果捎过去，巧姐巧姐快快吃。"一套一套的口诀不计其数，还有很多想不起来了，我妈脑子一直特别清楚，记忆力好。我侄儿的孩子睡不着觉，我教我弟媳说对子："天也清，地也清，俺家有个哭夜精，过路君子念三遍，一觉睡到大天亮。"老太太一听就说："这不对啊，应该是'天也黄，地也黄，俺家有个哭夜郎，过路君子念三遍，一觉睡到大天亮。'"剪谷雨帖是："谷雨三月中，蛇蝎永不生，如有伤人意，立刻化为浓。"剪一沓子，谁家用谁来拿，家家户户贴谷雨帖。有时候不念叨歌谣，就讲故事，《二十四孝——王祥卧鱼》《六十发家子》《孟姜女》等，她剪纸的时候经常讲，这些故事也都有相关的剪纸。

我妈勤快了一辈子，她常说自己哪还能活很多年，就跟树叶一样，看着在树上挂着，滴沥啷当的，风一吹就掉了。所以一有空她就赶快剪纸，不想浪费一点点时间。一般剪花剪牡丹花比较多，荷花也很多，和和美美，代表和睦。所以她的生活除了吃饭睡觉就是剪纸，直到去世那天还在剪纸。我妈剪的窗棂花（老辈子竖条的那种）到现在还存着不少，参加比赛的十二生肖福（烟台市比赛二等奖）、熊猫迎春、龙凤呈祥等等，这些作品都曾经拿过奖。她最拿手的是剪蝴蝶。福山电视台还专门做过专题节目《爱剪纸的百岁老人》。

我妈剪的剪纸基本上都送了人，不管是什么人求她的剪纸，她都是让人家满足，用她的话说："舍得舍得，有舍才有得。做好事，做好人，行善积德是做人之根基。"她舍得送人家剪纸，没有得到什么钱财物，却得到了身心上的愉悦，所以她整天乐呵呵地对剪纸乐此不疲。我妈一年最少能剪200张纸，一般别人家一个花都叠四下，我们家都叠六下，30张纸也就能剪5回。我妈不看重金钱，没当剪纸是金贵的东西，成了给亲戚朋友祝福的礼物。每年过年都提前剪，进了腊月门，就开始给亲戚朋友送花，俺家都列有清单，每年能送四百多对，就是800棵花，因为一送就是一对。剪好的花就会安排我和俺大弟出去送，很多亲戚都会挨家挨户送，送花不能空手去送，还会带些奶、酒之类的礼物去给人家。我大弟说："我最打怵的事就是给咱妈送花，不仅送花还要配上礼品。"除了送，还谁来给谁，人家不好意思要的话，我妈就会说："怎么不要？我这么大岁数的人剪的花，贴了有福啊！"所以很多人也就很欢喜地拿着了。

我妈特别讲究礼貌，人家来看她，她叫人时总是用先生、老师、同志来称呼，我妈对人总是笑眯眯的，俺福山的韩月湖老师有一次来，问我妈无样剪纸怎么创作，她说："无样即有样，有样即无样，样从心中出，花从剪下生"。她解释说，在无样剪东西时，你看着纸和剪刀拿起时什么样也没有，其实样在心里已经早就有了，剪随心动即有样。剪好作品看看就有模有样。就是要把剪纸常用符号记在心里，经过反复练习就能剪好作品。当场剪了一个刘海戏金蟾，告诉人家说，脸部是阳剪法，身体是阴剪法，这样阴阳配合剪纸才生动。韩老师问俺妈，你剪了许多许多剪纸都送了人你舍得吗？她笑呵呵地说："你有，我有，大家有才好。剪纸在家里放着没有人看见，就是废纸一张。送出去才能发扬光大，要是自己把样子失落了还能找回了。"2010年6月，韩老师拿来一本书，书里有我妈的照片，还有剪纸和熏样，问我妈是不是知道这件事，我妈看了说："好呀，好呀。我的剪纸被这位先生著书立说了，能留给后人看看是个好事，我的剪纸和剪样就算做了贡献吧，应该，应该。"

二、我自己的剪纸经历

我从小看妈抠花，熏样，一心爱学，因为小，妈又不舍得红纸让我浪费，所以我便偷偷地学习，有意勤快地帮妈干活，如洗衣、刷碗、烧火、做饭等，想讨好妈，让我拿她的京剪刀抠花，可妈还是不放心。记得有一次趁妈不在家，我上学前一只蝴蝶没剪完，把“京剪”带到了学校继续剪，放学时，忘记带回家，结果让一个同学给拿走了。妈知道了，好在没打我，但把我严厉地批评一顿。从那以后，就用大剪刀剪，什么都剪，没有红纸就用旧报纸、作业本纸剪。妈看我剪的花鸟、蝶、鱼像模像样，也就放手让我剪了。

原来剪纸就是快过年的时候剪得多，家家户户贴窗花。我干完活就抽空剪纸准备过年贴，也没有那么多的时间，可不像现在没事的时候就一直剪。就是腊月里、正月里，相对是农家最闲散的时候，所以正月初一就开始扣花，而且认为正月初一扣花好，贴着喜庆。所以每年正月初一拜完年都会扣个花，也不是每家每户都会扣花。一般交往很好的都互相送，和走亲戚一样，送花送福。

我没结婚之前在家（张格庄镇浒口村）教了 10 年学，那个时候是民办教师，语文、算术、音乐、体育、美术全部都教，后来结婚以后在曲家教了 20 年，教算术，一共 30 年。我带的那个班办墙报，我都剪个花边，剪个雷锋像，剪个毛主席像，周围剪一些葵花包围着，一次就能剪五六个、七八个，连在一块一拉贴在黑板报上，大家都说好看。

当民办教师那时候，家中生活条件差，剪纸对家庭生活帮助很大，特别每年临近年底，我都将平时剪好的窗花带到集市上卖，到过福山大集、张格庄、门楼、高疃、东厅、芝罘区以及开发区各个集市，寒冬腊月，冰天雪地，每天带着一箱子窗花，用玻璃压着，与老伴一起摆地摊，一去就是一天，遇到喜欢剪纸的人，格外拉近乎，交流剪纸经验。我还用自己剪的花兑换老花样。在门楼街上遇见一对母子，儿子有病不能上班，喜欢剪纸，我毫不犹豫地送给他几十张他喜欢的剪纸，他妈妈感动得直喊谢谢。

剪花就得学会拉样和熏样，总是依靠复印不行。拉的样和熏的样不同，我的熏样也是和妈学的，老辈子熏样就是上山砍松树上的松夹回家弄出油，用来点燃奏样。但以前条件有限，为了省钱不舍得用蜡，点的时候黑烟大也没有办法。过年先把样放在合适大小的板子上，然后用水打湿，点燃食用油就可以熏样。

1998年，偶然的一次机会，文化馆的马咏梅老师发现了我会剪纸。那是一个礼拜天，我们去实验小学监会计考试，考试前，那些年轻的老师都在前面站着，我们这些岁数稍大的就在教室后面坐着，偷着摸着地剪纸。毕竟快过年了，着急贴啊，我就赶快抠，抠的是四棵盆（就是四个花，比如梅兰竹菊、万事如意、心想事成、恭喜发财等等），当时在家已经抠完了三棵还差一棵，就想赶紧抠完了。她看着了就问我会剪纸啊，从那以后我们就保持联系了，只要福山或者市里有什么活动，参加比赛什么的她就招呼我，叫我组织一下。烟台市第一届剪纸大赛，我组织了五个人，有我、我妈，还有三个人，一起拿着作品去，这五个作品都是我用纸、双面胶伸着统一装的，最后拿了个全市一等奖。现在抠花很少有抠字的，都是些大猫大狗什么的图案。早些时候窗子小，一般都是小方格窗户，剪纸都没有太大的。我自己没学过画画，但是我能照着葫芦画瓢，早些时候就看着样画，现在简单的剪纸，脑子想着什么就能直接剪出来。

后来我还通过马咏梅老师认识了烟台师范学院的山曼教授。教授很喜欢我的那些剪纸，我给了他很多那时候熏的花样，老辈的东西他都很喜欢，我准备了很多未剪的花样让教授整理下。遗憾的是教授后来去世，再没见上面。当时山曼教授到俺家来，跟我妈讨论剪纸，他建议我深入群众，挖掘福山区民间剪纸的老花样，包括窗花、喜花、丧葬花、笸箩花、虚棚花、鞋花、肚兜花等等，别把老祖宗留下的老花样丢弃、失传。我当时还没有退休，家中的家务事很多，双方的父母年事又高，需要照顾，平时实在没空下乡收集花样，在百忙中千方百计处理好家务事，得到家人的满意和支持。休息日，就背着书包，走街串巷，打听熟人、亲戚，搜集花样，回来再把搜集来的花样，复印一份，剪好后连花带样再给人家送回一份。收回的残缺不齐的花样连夜修改补齐，尽量恢复原样再剪下来，有时一剪就是下半夜。因第二天还不能耽误上课，只得睡一会儿。中午放学吃饭的一个小时时间，我也从没放过，每天从实验小学回家半路买个包子带回家，先坐下剪花，再看着时间放下剪刀吃完包子上学，这段时间既没耽误正常的教学工作，又圆满地完成了自己喜爱的剪纸收藏工作。

记得 1998 年有一个星期日我又去乡下搜集花样。去找一位当年 87 岁的剪纸老艺人，她一个人生活，当时是冬天，路上有积雪，下了车，我步行了约 5 里地，找到这位老人，我说明来意时，她开始不大情愿，我一看老人生煤炉子，赶紧帮忙添炉火，收拾炉灰，帮助搞卫生，这样感动了她，她掀开了被子，原来她在被窝里放了一个长方形的纸盒，里面放了一叠老窗心花样，钉在花样后的红纸因年岁久远已褪色，花样是她的心肝宝贝，放在外面怕鼠啃虫咬，只有放在被窝里。这些花样她毫无保留地全给了我。其中有狸猫换太子、二进宫、凤凰穿牡丹等，我也将它珍视为宝，带回认真剪好后，又每幅送她一份，老人很高兴。以后我又多次去看望老人，不幸的是两年后老人不在了，对老人的感谢和怀念深深地记在心里。还有一次，从民间找来一幅鱼缸窗心花样，共八条。回家连夜就剪，晚上一口气剪完，已是零时，我仔细地看了一遍又一遍，上床躺下也睡不着，忍不住起来拉开灯继续看，别提心里多高兴了。

我常说我是个有福气的人，我妈陪我剪了 60 多年的剪纸；我的性格好，不计较，跟剪纸同行们关系都很好，大家互相学习。他们也都给我帮助很大，比如说磨剪刀。在剪纸中，要想剪出好的作品，剪刀是关键。几十年来，我用过的剪刀有近百把。刚开始，不会磨剪刀，不快了找人磨，这些年来，熟悉的磨刀人相继去世，我就到处访友拜师学习磨剪刀，毕竟会这门手艺的人不多，有幸遇见剪纸艺人许文华老师，她无私相传，教我磨剪刀，我很快学会了这门手艺。凡是跟我学剪纸的人我都买来剪刀磨好送人。当别人的剪刀不好使了，我都主动帮助磨和修理，尽量帮人所难，在学习剪纸的过程中顺利出徒，不管谁只要想学剪纸，我都免费提供剪刀、花样、纸张，并尽量让徒弟学会熏样，订花、剪花的技艺手法。另外，权福建、韩月湖等这些老师都曾对我有过帮助。

三、四世同堂的剪纸之家

我们家四世同堂剪纸已经出名了，中央七台肖东坡那个主持人主持的节目我们一家人都上了。那是在张格庄大樱桃节，我（68 岁）领着我妈（104 岁）、我女儿（40 岁）、我外甥（12 岁）我们四个人去现场剪纸，当时剪的大樱桃团花，加了“中国大樱桃第一镇”这几个字，现在我儿媳（37 岁）也会剪纸了，她和我女儿水平差不多，虽然一些老辈子难的剪纸还剪不出来，但技术已经很娴熟了。我孙子（10 岁）所在的西关小学，每年都有教育局组织的义卖活动，在王懿荣纪念馆那里举办，很多小孩就来剪纸做义卖。我小孙子四五岁看着我和他太姥剪，就拿着剪子在那手痒痒，有什么电视台来录的话就非得表现表现，拿着剪子在那眼前里剪，为了上镜头。我外甥剪得挺好的，女儿、媳妇也很好，我就是专职剪纸，闲着也没事。我婆婆今年 92 岁了，现在在我儿子家住，她的剪纸也不错，我准备等我以后有空也带着我婆婆去参加各种比赛，她身体好，到现在纫针都不戴眼镜，眼不花，我妈剪纸都得带镜子，婆婆老家是高疃镇曲家村，她们村里现在也有很多人都会剪纸。

我老伴是“文化大革命”之前的老高中生，后来当兵，退役后干工厂，现在退休了就全职在家陪着我摆弄剪纸。为了方便，他自学了装裱艺术。以前别人订剪纸，都去找装裱字画的人装裱，装裱剪纸比装裱字画难很多，去拿的时候人家都说要累死了，挣不多少钱还很麻烦就不愿意弄，很多人喜欢拿剪纸一拿就是十幅八幅的，所以着急的时候根本拿不到。装裱店的人也不懂剪纸艺术，有的时候会把剪纸的毛、边折叠了，影响剪纸图案整体的美感。后来福山妇联主席于业青说叫他可以自己学着装裱，就这样他就自己慢慢学着装裱。从2009年开始到现在也有十年了。他会用电脑，还会用美图秀秀修图，做好图案来展示我的剪纸作品。现在我们家不光剪，还收藏，家里到处都是满满的贴纸，我还有一个小工作室，裱好的成品挂着很多，家里地方太小了，一般就是剪好了之后，在家整理好花芯，然后带到工作室自己装裱存放。

除了我的儿媳、女儿、孙子、外甥女我教会了剪纸外，还带了一大批徒弟，这些徒弟最大的83岁，最小的才8岁，在校期间，开办了四学期剪纸特长班。退休后，受学校邀请，多次在各学校开办剪纸特长班，给专业培训机构进行剪纸授课。

自1999年退休以来，我就专心致志地搞剪纸，也就是把别人游玩、打牌、跳舞的时间全用在剪纸中，坐在自家的床前小椅子上，陪伴妈共同剪纸，一坐就是一天、半宿，晚上11点前很少休息。剪好的作品由老伴给我整理压平、装裱、装册、装盒，发送至全国乃至世界各地十几个国家和地区。我创作的作品有几百种。如：装裱成挂轴的吉祥如意、金玉满堂、一帆风顺、麒麟送子、渔翁得利、花开富贵、喜在眼前等，册页装锦盒有：十二生肖、八仙图集、吉祥花鸟、金陵十二钗、二十四孝图等。我对剪纸工作的执着专注、坚忍不拔是与老伴及家人的支持、帮助分不开的。为了让我搞创作赶作品，他们是全力以赴地支持我，我从心里感谢他们！

王倩倩——田野调查是我剪纸的源泉

一、学习剪纸的缘起

我出生在海阳留格前望海村，那里有海阳十景之一的高顶仙踪，关于张真子的民间传说一直滋养着我热爱民间艺术的心。海阳是民间艺术之乡，海阳大秧歌为国家级非遗项目，我也是其中的演员，我母亲手巧擅长钩花、编席子，我奶奶会唱唱儿，好多年前青岛就拍摄奶奶唱的民间小曲

《祝英台要东西》。但直到我16岁去莱阳师范读书，上美术课时老师让我们回家收集老剪纸，并且上了一堂剪纸课，我才真正地知道了剪纸，并且深深地爱上了它。

在2001年去淄博师范求学时，我很幸运地遇到了我的剪纸老师，著名剪纸艺术家王继红老师，王老师不仅传授剪纸的技艺，她的人格魅力深深地吸引我，她当时创作了大批量的《聊斋人物》，对我的影响很大，同时我在学校里学习国画素描等专业课。

2003年，由淄博师范考入鲁东大学，在学校里学习国画专业，在学习期间，研究胶东民艺的曲绍平老师给我们开设了民间剪纸课，在课堂上了解了许多剪纸艺人和胶东地方的剪纸特点，并且进行剪纸实践，为我今后进行剪纸创作，进行田野调查，奠定了良好的基础。

2005年大学毕业，我成为一名乡镇中学的美术老师，通过乡镇的便利条件，我开始了我的田野调查，同时也开始自己真正意义上的剪纸创作。

二、我的田野调查

从16岁在莱阳师范的美术课上，老师要求我们回家收集剪纸，从此就开始了我的田野调查之路。

通过回村调查，我发现村子里竟然真有这样的剪纸老人，老人擅长糊笸箩，做端午节挂的布猴。老人剪的笸箩花，大多以花鸟图案为主，造型大方简洁，笸箩花上的贴花都为拼色，是用彩色蜡光纸粘贴而成，明显的海阳留格、磐石及乳山笸箩花的特点，色彩鲜明，多用红色、紫红色、桃红等为花，蓝绿为叶，或辅以彩鸟。老人做的端午节的布猴，造型利落，头戴鸡冠帽，手持金箍棒，腰间别大刀，脚底蹬朝靴，身披黄彩带，浑身金灿灿。当时，关于端午节的布猴的传说及做法发表在《今日海阳》报纸上，老人在做布猴的时候，要先剪出一个样子，两面身加上一个肚皮，也可以看到剪纸作绣样的功用。

海阳留格远牛的一位老人，手头里存着她公公留下来的银锁样，这批样子里边有银锁样的拓片十几种，以及毛笔手绘银锁设计稿，还有指甲大小的剪纸蝴蝶熏样、葫芦样这两种剪纸样，上面都有明显的熏制过的黑色，可以看出，剪纸样在首饰银器当中的运用。

2005 年工作以后，我在乡镇教学，通过同事了解到行村的一位老人会剪花，老人名叫纪秀娥。当时我遇见老人的时候，她那时 82 岁（近期见她时 96 岁，身体还硬朗），她在照顾病在炕上的老伴儿，由于劳累，无心理会我对其剪纸方面的诉求，第一次寻访未果。等到第二次去寻找老人时，他的老伴已经去世，也许是因为孤独，老人开始剪样，做荷包，当时我带了一些素描纸和彩色的蜡光纸给她，希望老人能帮我剪一些她之前剪过的样子，老人跟我说，老伴去世之后，她的头老是疼，许多年也不剪了，恐怕是剪不好，她说年轻的时候，因为孩子多，白天上山干活，晚上就回来带灯剪鞋花，等到赶小纪集时去卖，要走几十里路步行去卖，当时一个鞋花能卖五分钱，她剪的花儿细，一集能卖好几块钱，在集上正好扯几尺布给孩子们做套衣服就够了。老人不仅做鞋花，村子里有的结婚的都来找老人剪喜花，做面花，糊笸箩，老人的绣工也相当了得，当时村子里的老戏服破了，就是请的老人去绣的，而且当时她还绣了不少鞋垫。等我第三次去的时候，老人已经剪好了十几个鞋花样，样子里有鸳鸯戏水、蝶恋花、菊花、凤凰穿牡丹等图案，她跟我说现在不行了，剪纸时头老是疼，剪刀也不细。她剪的喜花有的是用黑色纸剪的，比如喜报三元，也有用红纸剪的凤凰穿牡丹，还有喜鹊登梅等图案，老人跟我说，当时 80 年代文化馆有剪纸培训班，村子里报的她的名，但是因为家里孩子多，地里活太多，根本没有空去参加培训。她是一位心灵手巧，有热心肠的农村妇女的典型代表，她和她丈夫不仅养育了四个孩子，赡养公婆，同时还养着有病不能劳作的小叔子。我问她当时是跟谁学的剪纸，老人说是跟她的姥姥学的，再加上她自己会画画，看到电视上或者其他好的东西，她就会琢磨起来，把它画下来，再剪出来。等到后来我再去老人家时，老人已经开始绣荷包，荷包种类非常多，有葫芦、金鱼、蝴蝶、桃子、如意等造型，其中桃子里放有朱砂，用来辟邪用，她做的刺绣样子也是自己设计的，有时间也征求我的建议，问我葫芦的造型哪种最好看，有的葫芦嘴歪一点比正一点更生动，这些荷包的造型，老人是用烟包装壳剪制而成，而且反复修改。老人说“一剪子剪个花，十剪子剪个样”，说明了绣样是反复修改至完美，否则做出的东西不好看。她擅长将现实当中的比如包酒绸子布、亮片、小珠子，甚至洗衣粉的袋子包装她都很合适地运用到荷包里面，葫芦上的花大多是五个、七个单数，我问老人为什么是单数，老人说老辈子就是这样的。每次去看老人，她都会送我一个荷包，我们像亲人一样，彼此挂念。我怀孕生大女儿时，两年未去，再见老人时彼此泪流满面，她跟我诉说她这几年失去了一个儿子和一个孙子，让她心疼不已。有时候做着荷包缝着线，心里还能好受一些。老人的为人处世，以及她的手艺都深深地影响着我，让我在自己的艺术道路上越走越远。

凤城石人泊的剪纸老人是我通过朋友认识的，当时她收集了一大卷黑色剪纸以及笸箩，这批剪纸造型大方，约 25 厘米×70 厘米，技法大气熟练，擅长用旋剪法，于是我去拜访这位老人，当时我正怀着二女儿，老人叫袁叶，擅长剪纸糊笸箩，那时候她 70 多岁，当时去袁阿姨家，她并没有拿起剪刀剪，我再三请求也无济于事，她说她 67 岁在村子晒麦子的时候被车撞了，昏迷了好多天，村子里人都去看她，好不容易活下来，自己的脑子也不好用了。袁阿姨当时为村民们糊了好些笸箩，但是我之前看到的黑色剪纸笸箩并不是袁阿姨的剪纸来源，通过询问发现袁阿姨有两个师傅，一个是她的婆婆，比如 12 生肖就是袁阿姨婆婆画的样子，袁阿姨剪的，技法也是旋剪法，手法刚健有力，并且我还在袁阿姨的妯娌家收集到其婆婆留下来的笸箩盖，上面剪贴的狮子滚绣球，还有一个贴有五角星的纹饰，袁阿姨糊笸箩的手艺也是跟着袁阿姨的婆婆学的。其另一位师傅则是交流剪纸的同行，邻居王彩凤，王彩凤为烈士遗孀，自己拉扯了一儿一女，靠扎纸、为别人算命为生，袁叶的老头就是跟着王彩凤学习扎纸，而我收集的贴有黑色剪纸的笸箩花，正是出自王彩凤之手，在袁阿姨那里看到的黑色剪纸是一下子剪八张，都是黑色蜡光纸，剪成那种 20×70 厘米大的黑色剪纸，不知功用是否与王彩凤扎纸有关，这是一个疑问，王彩凤老人最后得了老年痴呆，经常往外跑，最后死在村子外，晚景令人唏嘘。

我在袁阿姨家收集了大大小小 20 多个笸箩，袁阿姨糊的彩拼笸箩，有荷花生人，还有花鸟等题材，造型花样多，如梅花造型笸箩，五瓣并且上面贴有蝴蝶图案；有蝴蝶造型的小笸箩，还有敞口的八角笸箩上贴有金鱼，以及结婚用的彩拼笸箩。翻看袁阿姨的样本，还发现有斗鸡、猪八戒、孙悟空等活动玩具，风格一样刚健有力，到现在袁阿姨还在为她的老朋友们做着笸箩。

80 年代之前，海阳传统扎纸在各个村子里比较普及，后期手艺衰落，手工扎制和手工刻绘被机器印制的成品所取代，凤城西大滩、大闫家及行村的扎纸，实际上大部分是刻纸，工具多为自制，行村李兆贵的丧俗刻纸中是通过折叠的手法将纸进行结构区分，用自制蜡盘和刻刀进行刻制，常用的刻制技法老人称为二十刀，也就是说，刻出其中的一个小图案，要用 20 刀完成，其中蜡盘的做法是牛油加上蜡，再加上葫芦烧剩下的灰，我问为什么是草木灰，老人说葫芦的灰更加细腻，用刀刻完作品，挑出纸屑，用木头在上面推几下，蜡盘照常用。

行村、西大滩以及大闫家的扎纸技艺多为祖辈传下来的手艺，而朱吴北洛则是一对老夫妻通过在莱阳的儿子回来传授扎纸技艺，两人开始了扎纸营生。他们制作的剪纸是用自制的凿子凿刻而成作品，有喜鹊登梅、菊花等图案，尺寸约35厘米乘以50厘米，由于扎纸手工一天才能挣20多块钱，慢慢他们停止了扎纸营生。

大闫家扎纸存有清代扎纸老样。实物存于鲁东大学曲绍平老师处，老样刻工精细，手法丰富，刻绘相结合。我寻访大闫家老人，提到老辈子制作暗花纸的方法，就是将纸刷上颜色，等纸干了以后，将提前刻好的花样垫在色纸下面，用鹅卵石等光滑的石头垫着磨，就将底下的花样磨在上面的色纸上，这样就形成了暗花纸。西大滩遗留下来的老样和大闫家手法相似，手绘颜色，加上刀刻以及自制工具戳点的手法，同样丰富画面的表现效果，西大滩丧俗刻纸主要用粉红色的广告纸做底，用自制打线工具，在粉纸上加绿、白等色，这些大部分都是扎房子用的窗棂贴花，题材有狮子、鸟、喜鹊、菊花、瓶花等。

留格徽村的于志学老人也做扎纸，擅长剪纸而不是刻纸，平常也为别人剪喜花、剪绣样儿等等。老人的老家是朱吴，17岁的时候参加文化馆组织的剪纸培训后当兵，后与老伴搬到留格徽村。他小时候天资聪颖敏感，又会画会剪，经常为村子里边的妇女设计枕头样子、剪喜花、剪鞋花，当时他也赶集去卖鞋花，一个能卖五分钱，后期做扎纸营生，用他老伴儿的话说这种活儿比种庄稼要好，老人也帮别人打糊棚，上面糊的剪纸就是老人脱稿而成的图案，图案为事事如意等形象，老人在剪纸当中提到了关于丧俗以及喜花等图案的一些相关的歌谣，比如“佛手干，活到九十三；蛾，活到100多。”“手提葫芦脚踩梅，见了阎君不下跪。”“鸳鸯戏水对头莲，两个说话蜜上甜。”

凤城臧家老人，最擅长的是收集大量的烟盒外包装，通过粘贴做立体纸葫芦，老人做的立体纸葫芦，造型丰富，不仅仅是简简单单的葫芦造型，里面又加上猴子耍大刀，蝴蝶双钱，以及佛手、桃子、柿子等符号，端午节和桃树枝挂在门上辟邪，取其寓意，事事如意，福寿双全的意思，剪纸样中还有单独的猴子拿大刀等造型，可能为端午节布猴的样子，还有老人剪制的两匹红马，马的尺寸35厘米左右，马身上写有“红马一匹头朝东，大灾大难往外冲，金银财宝往家跑，红马一到就成功”的诗。后来得知凤城一带端午节除了挂布猴、贴纸猴、挂葫芦习俗之外，还有将两匹红马贴在自家大门里边的空当中，寓意辟邪。

凤城胜利村的一位老人，她擅长盘托，作品大气粗犷，尺寸40厘米左右，里面的图案有事事如意、双钱佛手等寓意事事如意，福寿双全，功用是放在结婚使用的托盘里，上面放有饽饽、喜饼等。

在辛安瓦罐窑、凤城臧家、黄家村周围及海阳本地村落，七八十年代建造的房子外墙上，普遍有剪纸样做成的墙画，在当时非常流行。在瓦罐窑村的墙上看到几面墙的剪纸，大方生动，仙鹤、梅花、蝴蝶的造型，尺寸非常大，题材丰富，制作剪纸样的老人早已去世，但是他的作品一直留在墙上。凤城臧家以及黄村墙上的剪纸图案，都是由黄村瓦匠自己动手剪制而成，方法是将纸对折剪好以后，沾上水贴到相应的位置，然后用和好的灰抹到图案上，也就是镂版印刷，将纸揭掉就成为现在的样式，图案丰富，有蝴蝶，有鸟衔谷子、荷花莲藕、鸡、蟾、双钱、金鱼、桃子、梅花等图案，造型大方，简洁有力。

到民间去看看，有时候民间的一砖一瓦都会启示你。我从起初对海阳的民俗不了解，觉得家乡民间文化很单薄，到通过去村子做田野调查，发现书本中所没有的民俗民谚，民间故事、民间小调、民间艺术品，还有民间艺人。逐渐感觉到每一位老人就是一座博物馆，其中的知识是活态的、口口相传的，通过技艺背后能够看到人性闪耀的光芒。

三、我的剪纸创作思路

我记得乔晓光先生在《空花》中提道：“传统的民间剪纸题材上周而

复始的重复，表现了吉祥喜庆情调的雷同及造型的程式化，这是其特色，也是其弱点，剪纸要发展，必须在这一些方面有所突破，突破不仅仅是题材与形式上或情调上的扩展与造型的多样性，重要的是古老的民间意识和现代意识的结合。”吴冠中先生提到了笔墨当随时代，我觉得剪纸应当随时代，现在剪纸所存在的环境以及创作者正在发生了很大的变化，之前的民俗功用已经开始转化，剪纸应该是在一个大的艺术框架中去考虑，剪纸不光是剪纸，更多的是精神的东西，比如修养和生活，不能只图热闹，艺术作品需要精神上的东西。剪纸对我而言是表达自我的一种方式，程式化的剪纸语言已经满足不了我所表达的需要，我需要重新梳理。我想从以下几个方面去诠释关于剪纸创作当中的一些想法。

1. 剪纸的题材的扩展

传统的题材主要是围绕着民俗、吉祥如意等满足民俗功用为主，而现代的剪纸在现代语境下是无所不能的，它的题材可以更广泛。

我在民间剪纸和创作剪纸之间进行着探索，一方面是民间剪纸艺术语言的独特魅力强烈地吸引着我，促使我不断进行调查研究和学习；另一方面我又不满足于民间剪纸的程式化局限，希望能够融合其他艺术形式更加自由进行剪纸的创作，表现出自己艺术个性。希望创作的剪纸既要有传统剪纸的神韵更要有现代艺术的精神。除了学习民间剪纸，我对汉画像石艺术、民间年画、民间玩具、版画、雕塑、西方现代艺术进行学习，广泛吸取多种艺术的营养，不断地进行剪纸的创新实践，完成了一系列的剪纸创作，摸索自己的剪纸艺术风格。

从题材上我的剪纸创作有两种选择，一类是取材于民间艺术图像资源，比如年画、玩具等，将这些艺术形式转换变体为剪纸创作。这类题材的作品一方面是研究民间艺术共同的造型规律，一方面也是为自己的剪纸创作寻找突破点，汉画像石剪纸系列也是如此。童谣剪纸系列便是吸收了民间玩具的造型元素，表现了人们对童年生活的美化记忆。第二类题材是来自我对现实生活的真实体验，需要通过写生和拍照细心观察生活和收集创作素材，而后创作出剪纸作品。这类作品有风景、人物等，表现了我对家乡生活与自然风物深深的爱恋。

2. 剪纸的技法材料方面上的综合运用

传统剪纸的技法与材料其实已经相当丰富，不仅限于剪，同时也有拼贴、染绘、立体等方式，现在市面上充斥着现代机器做的色纸，相对而言，色彩比较平，纸味不够，出来的作品品位不高。我尝试用手工刷红纸，其实很多剪纸艺术家也尝试手工刷色，或者用刷色改造原来的色纸，色彩在纸上的深浅厚度变化，以及手工纸的质感都成了表达作品的一部分，同时也积极扩展了剪纸艺术的表达空间和意境。

剪纸本身也可以作为媒介运用，比如剪纸不仅仅是剪纸本身，它在纸版（漏板）上面的运用也相当丰富，蓝印花布、彩印花布以及陕西薰画、吉州窑的贴画等等，都利用了剪纸的镂空版制作而成，日本的印染大师芹泽沢介利用了印花布技法纸版漏版的方式进行多色印刷，染绘相结合表达出更加丰富更加趣味的画面。我创作的《冬雪》系列作品，就利用多色纸版漏版，将植物色（靛蓝、柿漆）以及白色，漏印到手工云龙纸上，表现残荷、芦苇、枯草、冰雪等，以表达冬日意境，表现出不同于其他绘画的漏板效果。

3. 剪纸艺术构图上的扩展

民间剪纸中，不少作品在构图上求满、求多、求繁，在中国绘画构图当中的马一角、夏半边也颠覆了传统构图的方式，在画面上留出空白，是中国画构图非常重要的形式之美，给人一种余音绕梁的感觉。烟台毓璜顶剪纸在当时的那个年代也做出了很多积极的尝试，毓璜顶剪纸并没有生搬欧美的剪纸模式，而是在创作中吸收胶东剪纸的特点，并加以夸张，结合西方的剪影效果，栩栩如生地描绘出当时胶东的民俗风情，其作品主要用于圣诞、新年贺卡、入席名片、月份牌、签到簿、纪念册等作品，毓璜顶剪纸也给予我很多的启示。我本人的剪纸即在构图上采用减法，以少胜多，想让剪纸有画外音，有思想性，当然，它和题材有千丝万缕的关系，比如风景系列，有松月、有孤鸟、有长空、有芦苇这些符号，通过相对简洁明了的构图表达出与传统剪纸不同的画面感受。

4. 重视剪纸艺术的意境表达

以我的风景剪纸为例，我的剪纸风景题材大多取自身边景物，如湿地公园、海阳村落、本地风物等，国画山水中的意境，是画面的灵魂，所以我将其运用到剪纸艺术当中，同样重要。艺术讲究移情，当你看到落日、归鸿、秋水、长空、松月等，就会把自己的情感融入进去，你心中有空灵就能看到空灵，景物给予你同样的感受，我在表现《松月》作品时，将一棵松从侧面斜出来，再加上一个月亮，通过染色的手工纸表达夜晚的冷静和清高，营造出钩月染松林的意境。

民间剪纸表现荷，一般都是有荷花生人以及和合二仙等造型，表现残荷的剪纸鲜有，文人喜欢残荷，因其有意境，我表现的荷在不同季节里不同意境下的状态：比如春天，水面上生发出细细的直直的水草，春天的荷叶萌萌刚发出一些红嫩芽和荷叶，形成了点、线、面的画面关系，营造出春天萌动的感觉；夏天的荷，我表现一个花瓣浮在水面上，随风旋转，像一只小船，周围加上浮萍，用线与点之间的疏密，营造出一个花瓣在水中的状态。还有秋天里荷已结出莲蓬，在夕阳照射下发黄的荷叶上，影着后面的芦苇和蒲草在风中摇曳，通过剪纸的套色相互剪切，叠加烘托出秋天的意境；冬天的残荷在冰面上像雕塑残缺的莲蓬，还有莲子、芦苇秆冻结在冰面上，太阳照耀着冰面的残荷，出现剪影的感觉。我用剪纸表现荷的不同状态，其核心是表现生生不息的内在生命力。

四、剪纸创作成果

2005年大学毕业以后开始了我真正意义上的剪纸创作，现为烟台剪纸市非物质文化遗产传承人，中国民间工艺美术学会民间工艺美术专业委员会会员，烟台市民间文艺家协会会员。

刚毕业创作的系列作品都是通过在大学时写生进行剪纸创作一系列的风景作品，还有在当地写生创作的风景，这一套作品在2007年海阳市中小学教师迎新年绘画比赛中获得一等奖。

2010年至2012年左右，创作了剪纸藏书票以及嘴子前古墓出土的文物系列，其中《嘴子前古墓》系列参加了2012年飞洋鱼杯小幅精品展，并且获得优秀奖，这是我第一次真正意义上的获奖，也对我的创作产生了积极的推动作用。

2013年创作了格子剪纸《西游记系列》，此作品参加了“中国梦，我的梦”福建省终身教育海峡两岸峰会，并且入选山东省第十七届新人新作展。

2014年花了一个月的时间创作了彩喷剪纸《白蛇传》系列，并且获得了全国剪纸名家邀请展的银奖，同年剪制一系列的戏曲故事，获“中国梦，我心中的梦全国剪纸艺术名家精品展”优秀奖。

2015年，参加由烟台市文联、中国民间文艺家协会组织的胶东剪纸培训班，剪纸藏书票系列得到了专家的肯定。

2015年去陕西绥德写生，参观当地的绥德炕头狮以及绥德画像石博物馆，从中吸取营养回去，创作了一系列的石狮系列藏书票，以及汉画团花剪纸作品。

2016年，怀着二女儿，开始搜集海阳本地童谣以及玩具相关资料，将玩具图像与童谣文字相结合，创作童谣玩具系列，这一系列已经创作20余幅，到现在还在不断地创作，尺寸为 15 厘米到 50 厘米不等，用套色或者是背面涂色的方法增加画面的乐趣、活泼的感觉，作品有《背背嘎嘎，上街耍耍》《骑马人》《拉大锯扯大锯》等。

2017 年，作品《白蛇传》系列入选大美胶东窗花展全国巡回展，并在英国展出。

2018 年春，创作了一系列的童谣剪纸，《巴狗巴，你看家》《小巴狗，上南山》《白愣叶，格愣愣》等作品，同时开始了海阳大秧歌的系列创作，并且以湿地为题材创作了春系列风景套色剪纸，《海阳大秧歌》参加 2018 中国民间工艺品博览会山东省剪纸展金奖，并被山东工艺美术学院收藏；《千佛山印象》被山东工艺美术学院评为优秀作品。这一年还参加由中国教育部、文化和旅游部在山东工艺美院举办的中国非遗传承人剪纸培训，并被评为优秀学员。

2019 年参与由金坛刻纸国家级非遗传承人杨兆群先生发起的剪纸长卷《中国大运河》的创作，并在江苏省常州市刘海粟美术馆进行展览；为直通东京奥运会沙滩排球世界资格赛的新闻发布会剪制的《中国加油》，并在人民大会堂由海阳政府赠送给中国沙排组委会。

2020 年作品《药大夫驱役报平安》《我们在一起等待春暖花开时》等几十张作品先后在学习强国、中国民间文艺家协会公众号，当代剪纸家、中剪会、现代剪纸艺术研究院、烟台文化馆、海阳文化局、今日海阳等媒体发表。《药大夫驱役报平安 2》获中剪会组织的全国剪纸大赛二等奖。

五、我的剪纸传承实践

2005 年我从鲁东大学毕业以后，在乡镇高中开始了剪纸教学之路。当时申请了《初探剪纸教学在高中美术教学中的运用》的课题，和学生一起实践剪纸课题，学生创作了很多单色、套色、立体剪纸，以及使用的剪纸书签等等，并且组织学生设计了五月艺术节的剪纸模特表演所需的服装，并在展演中获奖。2009 年到海阳一中任教，成立了剪纸社团，在历届校领导、学校老师及社会各界人士的关心支持下，剪纸社团为传承中华传统文化、丰富校园文化生活发挥了重要作用，现已成为海阳一中展示校园传统文化建设的窗口和名片。

2018 年，我在校领导的支持下建立了海阳一中剪纸艺术工作室。剪纸工作室位于学校艺术中心的一楼，经过十年的努力，剪纸艺术在海阳一中得到很好的传承和发展。先后有一千多名学生参与剪纸实践活动并取得优异的成绩，在 2019 年烟台市中小学生校园艺术节活动中，现场剪制《海阳一中欢迎您》并获二等奖，在近几年的海阳市五月艺术节比赛中获得各个奖项。所教社团学生抗疫剪纸作品，先后在学习强国、海阳文化局公众号、今日海阳报纸等媒体发表。在烟台文化馆“纸艺传情”剪纸大赛中剪纸社团有三位同学获奖，获得“烟台剪纸优秀传承者”的称号，社团两名学生的 3 幅作品已入选中国妇女儿童博物馆组织的“巧手剪小康”的展览中。近年来，海阳一中剪纸艺术工作室的影响力不断扩大，先后接待了大批省内外大学、学术研究机构、政府机关、艺术家、学生家长的参观交流，取得了很好的社会反响。近年来，剪纸社团的关注研究领域不断向其他与剪纸有关的传统文化领域延伸，剪纸工作室内有本人收藏的海阳本地及国内其他地区剪纸和民间美术实物、拓片、照片、民间艺人资料等四千余件，成为保存展示中国传统民间艺术的微博物馆。

我在剪纸教学方面做了以下尝试：

海阳剪纸的技法形式多样，具有很强的操作性，适合学生实践，而同时又有表现其他民俗以及现实生活的可能性，于是我着手编写海阳剪纸的校本课程，课程分为三大部分。首先是对传统剪纸语言的传承与实践，这也是非遗进校园的初衷，将优秀的民族文化传承下去。保护“非物质文化遗产”就是保护我们民族的精神家园。培养高中学生传承非遗意识，有利于非物质文化遗产的保护和传承，有利于培养学生对自己民族和家乡的热爱，有利于学生核心素养的培养和提升。这一部分主要是对剪纸的基本技法、寓意应用等，让学生对剪纸的基本框架有一个了解。

其次就是将剪纸实践与当地民俗的结合。校本课程的第二大部分是将海阳剪纸还原到民俗环境当中去描绘，而不是孤立的讲述，其中的课程设计挑选出八个课题，都是海阳比较有特色的课题，比如说海阳大秧歌，海阳大秧歌本身就是国家非遗项目，历史悠久，烟台地区范围也有很多秧歌老样子，其中围绕着大秧歌创作的剪纸有很多，比如 80 年代的文化馆王春、于文成、赵跃辉老师创作的大秧歌长卷，通过民俗剪纸表现民俗文化，还有海阳童谣剪纸，我将海阳本地的童谣搜集整理，通过常见的民间玩具，加上童谣的文字布置，将海阳的童谣文化用剪纸的形式表现。第三部分课程将剪纸与生活的相联系，学生能够通过剪纸亲身去制作，创作与他们的生活相关的作品，引导学生关注剪纸在现实生活中的运用，以及衍生品的创造开发研制。通过动手实践来点缀美化生活，而且能够引导学生对生活、对环境、对人生的价值思考。比如学生们创作的剪纸藏书票，结合他们的审美，对书票的理解制作出生动有趣的作品。

除了在学校教，我同时还参与海阳市政府组织的城市推介会；参与由星星爱心和今日海阳报社组织的爱心赠活动；参与市文化局文化馆组织的新元广场非遗日展演活动，为市残联举办的残疾人剪纸培训班；为到许世友纪念馆参加夏令营的孩子们讲授海阳剪纸、传授剪纸技艺；为鲁东大学美术系学生的剪纸课授课，传授海阳剪纸技艺；参与由烟台美术博物馆发起的《晚清剪纸》研讨会等活动，积极参与社会剪纸传承。

于梅——丹心不移暗香来

我叫于梅，1944 年古历 7 月 29 日出生于湖北省襄樊市，祖籍山东蓬莱。我是家中老大，后来父母亲带我们姐弟几个来到了江苏徐州市，几年后，我们回到了山东老家。从儿时记事开始，我们家孩子多，父母无能力给我们买玩具，但我母亲心灵手巧，她祖上是满族人，常常剪一串串的拉手娃娃给我们玩。拉手娃娃穿着旗装和花盆底儿鞋，梳着把子头，很可爱。母亲还经常剪一些小动物，像猴子、兔子等来哄我们姐弟，我觉得非常神奇，也非常喜欢，自己也就拿起剪刀模仿母亲剪起一些东西来。刚开始没有母亲的水平，剪不出成型的动物或人物，但是可以将纸对折或者四折再剪成好看的图案，慢慢地我也能剪出小动物和简易的人物了。上小学时，我非常喜欢画画，也经常受到老师和同学们的称赞。四年级时我就帮老师出大幅墙报。那时候看到一些爱打扮的妇女戴着漂亮的胸花，我就用百雀羚香脂的铁皮盒子模仿着剪出花样，甚至把母亲的剪刀都剪坏了。用这种方法我剪出的小花儿装上别针也能冒充胸花。十几岁的时候，我经常帮着村里妇女们画、剪绣花样儿，还能画出小孩子五毒肚兜儿的图案。那时我就能够帮着大人干活了，农村住房顶棚的花儿都是手工剪出来的，我能无师自通干出这些活来，这种锻炼都为我以后的剪纸打下了基础。

1960 年，我初中毕业后曾去小学代课三年，后来回村务农。还在初中读书时，我就受公社和学校的指派，曾爬到高高的脚手架上去画宣传画，毕业后有时也回到学校帮助画宣传画。回到村里当农民后，为了挣钱照顾生病的母亲，我跟随瓦匠去各村画照壁。每个照壁的中心都有一个大大的福字，还有四角花，那些瓦匠老师傅们愿意去抹墙，可是没人爱去写字画花，那么这些活就由我来负责，我先拿起剪刀剪出四角花的花样儿，然后再漏印到刚抹好压光的白墙上，趁着还没有干用墨画出图案来，这样永远就不会掉色儿了。我还根据主家的要求，在白墙上画出各种各样的壁画，比如鹿鹤同春、梅兰竹菊等。那时画得很多照壁画都有着吉祥的寓意，后来我在剪纸当中都运用上了。有一次在村里集镇王格庄村妇女主任家画丹凤朝阳，当时长春电影制片厂正在此拍摄电影《三进山城》，演员方化发现我画画那么好，竟然问我是哪个工艺美术学校毕业的，问我是否愿意跟他们摄制组去搞舞台美术之类的设计。那是我很小，母亲又在家生病，每天都等着我回去送钱买药，我就摇头拒绝了，真是很无奈，失去了一次好机会。那时的艰辛真是一言难尽，但是对艺术的追求却一直痴心不改。

七十年代末，我有机会进入蓬莱建筑设计院，当上了一名描图员。虽然工作很忙，家庭负担很重，但是我也能够挤时间多次参加当地美展。1986 年我自己设计剪制的《五福捧寿》顶棚花参加首届烟台艺术节展览并被收藏，因为这幅作品我受邀参加了开幕式并认识了烟台画院曲青棠院长，承蒙曲院长的关心和指导，我的剪纸水平有了很大的提升，从那时起，我正式开始了剪纸及创作生涯。

在蓬莱建筑设计院工作数年后，积累了丰富的工作经验，我又回到了村里任村会计并参与筹建建筑公司，2000 年，我从建筑公司技术负责人职位上退下来，这才能够静下心来专注于我热爱的剪纸。大部分时间我都是在搞创作，2002 年，我设计了《双龙戏珠》送青岛参加“胶州湾剪纸大赛”并获银奖，后来又送了几幅作品都被收藏，我因此成为该组织的研究员。我善于根据时代气息进行创作，在创作中能够结合传统纹样，如《双龙戏珠》《五福捧寿》《狮子滚绣球》《养鹿娃》等，这些作品都参展并获奖，这时我的剪纸作品已经具备了构图完美、风格清秀、线条流畅等特点，2005 年，我参加了中华民族文化促进会剪纸艺术委员会。

注重创作的同时我也剪一些蓬莱的传统老花样儿，如《高山流水觅知音》《三打白骨精》《福禄寿喜》《扣碗花》等。早年时我没有经济条件走乡串户收集民间剪纸花样，只是年前赶集时买一些农村老太太剪的小花样，但是我能回家临摹下来，经过改进再剪出来，这也不失为一件乐事。曲青棠院长曾送我一本烟台剪纸的图册，我才知道我们蓬莱有很多传统的老剪纸。退休之后，老伴儿非常支持我剪纸，这激发出我的创作灵感，在提高传统功力的基础上，我能够结合现代剪纸风格，结合时代气息进行剪纸创作，歌颂党和国家大事，展现祖国的河山之美以及人文风采，体现蓬莱城市特色，比如我创作了《嫦娥奔月》《太空玫瑰》《青歌赛》《奥运福娃》《跟着党走长征路》《你是灯塔》《革命航船》《锦绣右玉，有凤来仪》《挂镜花》《渔家乐》《庆祝党的十八大召开》等剪纸作品。蓬莱是世界七大葡萄海岸之一，我根据这一特色设计创作了《葡萄熟了的时候》《仙境蓬莱葡萄海岸》等作品。我的这些作品有的获奖，有的刊登在报刊上，有的登载于大赛画册，也有电视台对我进行专门的报道。2018 年我创作了一幅《榴开百子图》，这是根据习近平主席视察新疆时说过的一句话“我们 56 个民族团结，要像石榴籽一样紧紧地抱在一起”而创作的。我设计了底部是金鱼盆，寓意着金玉满堂，中部是石榴，比喻多子抱团，中心是福字，上部是蝴蝶，象征着美好生活。这幅作品在我市第一届仙境文艺精品奖民间艺术类比赛中获得一等奖。在剪纸的过程中，我善于博采众长，多方学习。早年我就知道栖霞有一位被称为“神剪”的民间艺人栾淑荣，我和老伴儿曾每年都去看望她，观察她剪纸的手法，研究她的作品风格，受到很大的启发。2004 年，威海王言昌教授召集烟威地区剪纸艺人大会，我有幸参加并认识了王教授，他送了我几本威海的剪纸作品集以及他的个人作品，使我受益匪浅。在这次大会上，我还认识了烟台的李强老师，他是国家非物质文化遗产（烟台剪纸）省级代表性传承人、烟台剪纸博物馆馆长，从他那里，我得到了很多指导，他是我剪纸艺术上的恩师，后来我还参加了他的剪纸博物馆成立大会，收藏了他的专著。我觉得李强对剪纸，尤其对传统剪纸的收藏、传承和研究功不可没。他的精神、技艺、文笔和画风都令我十分佩服。李强老师为收藏我们蓬莱传统老剪纸付出了超乎常人的精力、体力以及财力，他挽救了我们蓬莱濒临消亡的传统老剪纸，为我们蓬莱做出了巨大的贡献，尤其对蓬莱清朝时期的文人剪纸具有深奥广泛的研究。李强老师认真的学术研讨精神也带动着我们对民间剪纸的重视。李老师说有一位叫丛琳的蓬莱老剪纸艺人，他想寻找这位艺人，我就到蓬莱城郊所有有丛姓的村庄寻访，也四处托人打听，但是没有找到，后来才知道丛琳早年就随丈夫去了北京。有一本丛琳剪纸小册子，但是缺页很多，我设法联系到这个小册子的编者南京张道一教授的秘书，求她帮忙补齐缺页，凑好后交给李强老师，他也通过别的渠道整合了这本珍贵的册子，从大量的资料中我见识了蓬莱的传统剪纸，尤其是文人剪纸的艺术之美，惊叹于我们的先辈美学知识的渊博和剪纸手法的运用，文人剪纸使民间剪纸艺术登上了大雅之堂。

2008 年，烟台剪纸入选国家级非遗项目，2009 年中国剪纸入选联合国人类非物质文化遗产代表性名录，我也从一名普通的剪纸爱好者被评为蓬莱剪纸传承人，2019 年又被评为烟台剪纸市级传承人。作为传承人，我深感责任重大，愿意为传承剪纸艺术做力所能及的事情。几年来，多次参加非遗传承活动，将我的剪纸技艺传授给不同阶层、不同年龄的人：我曾走进学校教小学生剪纸，并为学校创作了“七色教育”这套作品；我与其他传承人参加过非遗进兵营活动，现场与驻蓬官兵进行剪纸技法交流并赠送作品《革命航船》《你是灯塔》《跟党走长征路》；我还到中学参加剪纸交流活动，还到高校参加剪纸传承活动，与多位大学生建立联系方式，回来后剪出了花样并捎给他们；我还曾经到社区开展剪纸活动；每年，我都坚持参加美协举办的迎春画展和非遗展示活动。疫情暴发以来，作为一名剪纸传承人，我用手中的剪刀积极投入到抗疫活动中来。我创作了《钟馗驱邪》，并以蓬莱市人民医院原援鄂女医生张星为原型创作出《抗疫天使——张星》，这个作品是在我眼部手术刚刚拆线后坚持完成的。今年牛年，我的新作品是《牛上加牛》。

现在我已年届八旬，由于身体原因，不能经常拿起剪刀进行剪纸，剪一会就得歇一会，你看我现在把剪纸摆在跟前，就是趁着头清醒的时候就赶快剪一会，头不舒服了就得赶紧放下。孩子们不让我剪，我这都是偷着剪。而且我能利用智能手机和互联网，通过微信与全国多地的剪纸艺人进行交流，欣赏他们的作品，获取心得体会，再次使我大开眼界。我觉得传统剪纸不但是民间艺术，也是人类的精神瑰宝，是我们老祖宗留下的宝贵遗产，一代代传承至关重要。民间剪纸艺术既要保持它的原汁原味，也要推陈出新，但最重要的是不能断层，不能失传，这更加彰显了我们传承人的责任重大。多年的剪纸生涯丰富了我的精神生活，也使我永远保持着一颗年轻的心。每当手捧自己精心制作的剪纸作品，都觉得像亲生的孩子一样爱不释手。在日常生活中，我也将剪纸教给了我的小外孙女。空闲时，我给她讲述剪纸的手法、剪纸的分类和品种、剪纸的寓意，受我的影响，她也非常喜爱剪纸艺术，利用课余时间她用我提供的花样儿，自己动手完成剪纸作品，并且逐渐地她也能够独立创作完成一些作品。现在她剪纸手法流畅，作品线面清晰。目前她在外国留学，但是经常通过微信和我就剪纸这门艺术进行交流，我也鼓励她要把我们中国的剪纸艺术传播到国外去。

剪纸历史悠久，极具地方特色，是被广泛传颂的大众艺术，是劳动者在长期生活中积累的艺术精华，是对美好生活的向往和憧憬，是自然而然产生的民间艺术。习近平主席在历次讲话中都强调了对传统文化的保护和发扬。今年是党的百年华诞，是脱贫攻坚取得决定性胜利的一年，又是国家“十四五”规划的开局之年，作为剪纸传承人，我深感责任重大，我一定不忘初心，牢记使命，与时俱进，用手中的剪刀刻画记录时代的发展、祖国的昌盛、人民生活的幸福安康，为传承和发扬剪纸艺术做出自己力所能及的贡献。

我获奖的剪纸代表作品：

1986 年，剪纸作品《顶棚花》入选烟台首届艺术节，近年并被收录在曲青棠先生的著作《艺海拾贝》中。

1989 年，剪纸作品《养鹿娃》刊登于《烟台日报》。

2000 年，剪纸作品《双龙戏珠》在“青岛胶州湾中国剪纸艺术大展”中获银奖，并入书。

2004 年，剪纸作品在“烟台新春民间民俗艺术大赛”中获优秀作品奖。

2005 年，剪纸作品在“中国武汉剪纸艺术节暨全国剪纸大赛”中获奖并被收藏。

2006 年，剪纸作品“跟着党走长征路”在《联合日报》“纪念红军长征胜利 70 周年书画大赛”中获优秀作品奖，并刊登于该报及《烟台日报》；《三打白骨精》获“杭州首届国际剪纸艺术节”铜奖；《钟馗》在第 12 届“神州风韵全国剪纸大赛”中获优秀奖。

2007 年，剪纸作品《寿》在第八届中国艺术节“第二届武汉剪纸艺术博览会剪纸大赛”中获优秀奖；《巨龙腾飞迎奥运》入选“烟台剪纸优秀作品展”；2007 年，为庆祝“嫦娥一号”圆满发射成功创作《嫦娥奔月》发表在《今日蓬莱》《烟台日报》，并在电视台播出；蓬莱电视台为我拍摄个人专题节目“妙剪游走芳纸间”上下集；《葡萄熟了的时候》刊于《烟台日报》。

2008 年，剪纸作品《腾飞》在“全国迎奥运东风颂”大展中获铜奖；为纪念改革开放 30 周年创作剪纸作品《盛世和谐，平安中国》；《庆七一》获烟台市文化局三等奖。

2009 年，为新中国成立 60 周年及烟台葡萄节而创作的剪纸作品《蓬莱仙境，葡萄海岸》刊登于本地报纸，并在烟台、蓬莱多次展出；《锦绣右玉，有凤来仪》在“山西右玉全国剪纸大展”中获优秀奖并入书；《庆华诞》在“庆祝政协 60 周年书画展”中获优秀奖；《福寿有余》在山西右玉“中国四花剪纸大赛”中获优秀奖并入书；《熊猫迎春》在烟台南山公园剪纸大赛中获一等奖并刊登于《烟台晚报》。

2013 年，剪纸作品《芬芳岁月，福润蛇年》在“传承经典——烟台庆新春剪纸作品展”中获奖，并刊登于《齐鲁晚报》；《榴开百子图》荣获蓬莱市委市政府首届“仙境文艺精品奖”民间艺术类一等奖。

2020 年，创作了《抗疫天使——张星》，并参加当地美协网上举办的展览。

2021 年，创作了《牛上加牛》，参加蓬莱美协举办的网络展览。

张红梅——剪纸路上不停步

我叫张红梅，生于1963年，现年58岁，是一名退休的老师。现任烟台市蓬莱区剪纸协会秘书长，非遗协会理事，中国剪纸协会会员，烟台非遗项目剪纸传承人。

我剪纸已经50多年了，从事剪纸艺术传承工作40多年，我从小就跟着姥姥、妈妈学剪纸、学绣花等各种手工活儿。别的孩子满街跑的时候，我就在家学剪纸、学绣花、看繁体字的书，所以我认识很多繁体字。耳濡目染，我深深地爱上了剪纸这门艺术，特别是工作以后，对剪纸这门艺术有了更深的认识，在特长班教学中更是不遗余力，毫无保留地传授给学生们。设计出各种不同体裁的图案，天上飞的、地上跑的、水里游的，各种动画片中可爱的小动物等等都能在剪纸中找到。根据学生年龄大小，设计出由易到难的形象，不同物体的剪纸深受学生喜爱，纷纷踊跃参加，成为学生们喜闻乐见的一项活动。我带领学生们参加各种比赛活动，分获各种奖项，收获颇多。我屡屡获辅导奖。这样培养了一批又一批的学生有千人之多，可以说实实在在地在做传承。同时我也参加各种比赛活动，获奖证书一大摞。

我退休后仍然坚持教学生剪纸，义务到易三小学、第二实验小学及其他机构教学生剪纸，到兵营去参加剪纸活动，过年到敬老院送窗花，到社区教老人剪纸，老人们也非常喜欢。非遗日到蓬莱阁，正月十五到振阳门参加宣传非遗活动，到烟台博览会、济南博览会参展，参加文化部、中国文联举办的剪纸培训班，向不同地区的老师们学习，看不同的剪纸书，了解各地区不同的剪纸风格，孜孜不倦地向老一辈艺术家学习，丰富自己，提高技艺。

业精于勤，在各种不断的学习过程中，练就了扎实的剪纸技法，也逐渐形成了自己独特的艺术风格。作品力求细腻、灵动、立体、人物逼真。物体有层次，如剪蝴蝶要有动感，要像小蝴蝶在飞，建筑要错落有致，剪动物不能失真，体裁与创作能够与时俱进，有浓厚的时代气息。

蓬莱很重视非物质文化遗产传承，我在蓬莱电视台《蓬莱新闻》《周末访谈》《视点在线》《广电小记者》栏目，还在烟台电视台《烟台新闻》《走进乡村》栏目做过专题报道。《今日蓬莱》报报道《妙剪生花张红梅》，蓬莱文化局举办剪纸比赛当评委并代表评委讲话，为中国文联设计四幅《曲艺》剪纸作品。疫情期间创作的《众志成城，抗疫必胜》入选中国剪纸协会参与评奖。百年华诞庆七一期间创作数十幅作品参加中剪会、省民协、烟台文联、蓬莱美协评奖活动。文化局两幅长期展示作品。其中有一幅作品，我是利用一套古老的花样加现代的词语，蓝色色调，我称之为古文今用。为社区完成 40 多幅蓬莱阁图案的书签。

古代与现代交替，传承与创新并行。我在剪纸艺术的道路上坚持着我的热情、创新，剪的虽然是纸，但美的却是生活。

剪纸是中国最古老的艺术之一，生活中方方面面都可以以剪纸的形式表现出来，可以说生活处处是剪纸，如：表达人们在日常生活的喜怒哀乐的，耳熟能详的十二生肖、京剧脸谱、中国武术等等。具有时代感的反腐倡廉、中国梦、抗击疫情、庆百年华诞以及民俗节日，都能通过我们的巧手跃然纸上。记得每逢过年都要剪许多鱼，预示年年有余。剪生肖寓意吉祥。剪福字表示幸福绵长等等。要剪几百套，送邻居、送同事、送同学、送朋友，可真是乐此“忘”疲。亲戚朋友孩子结婚了，我不但要送红包，还要送我剪的各种不同样式的喜字；有的孩子要出国了，朋友找到我，要带作品送给国外的老师，我都会慷慨相送。我希望用我好剪纸滋润美好的心灵，希望生活处处绽放着诗情画意。

我这个人认真，做什么那也是不落人后，工作做得好，从不敷衍工作，勤勤恳恳，把工作当成自己的事情来做，凡事认真去做，被评为“三八”红旗手、行业巾帼建功标兵等，做剪纸一样，认真并持之以恒。为此获得了不少证书。

我跟你讲讲我们蓬莱的剪纸。

蓬莱人杰地灵，山明水秀，是一座悠久的历史名城，厚重的历史文化，英雄的戚继光，四大名楼之一的蓬莱阁，八仙过海各显神通的神话故事，无不显示着蓬莱灿烂的历史，光辉的历程，繁荣与昌盛，神仙的文化，英雄的城市。

不管历史如何变迁，剪纸，经久不衰，源远流长。我妈妈留下许多古老的剪纸，有清朝的、明朝的，从图片中就能看出年代的久远，并且能完好地保留下来。说到这里，我想多说几句话，有人说剪纸俗，登不上大雅之堂，作品来自民间……我想说，民间很大好不好？同样一件事，可以有阳春白雪，亦可有下里巴人。老百姓在“锄禾日当午，汗滴禾下土，谁知盘中餐，粒粒皆辛苦”中，解决衣食都很难，如何有多余的时间，多余的闲钱去买纸？去创作呢？我不否认，当然有好作品。在我妈妈留下的古老剪纸中，有许多描述农耕的，但我不喜欢有些人的片面之词。我母亲讲给我听，她家庭富裕，给蓬莱阁修缮捐过钱，给剧院修建捐过钱。妈妈会剪纸，会绣花，是名副其实的大家闺秀，仍然也在剪纸做手工。我小时候上学的书包上都是妈妈绣的图案，与众不同的书包，背起来是那么的自豪。从小还跟着爸爸学音乐，那时唱的都是现代京剧样板戏。记得爸爸教我的第一首歌就是洪湖赤卫队插曲《洪湖水，浪打浪》，爸爸是那个年代的大学生，毕业于哈尔滨铁道学院。我上过蓬小红，文体班，学习舞蹈，工作后买了一张张自强的《手风琴练习曲》，自学的手风琴，后又学了钢琴。买书自学的乐理知识，会唱的歌我都能写下谱子，有谱子我能自己学唱歌，能用钢琴自弹自唱。这些都培养了我独特的审美。就像歌曲一样，美声、民族、通俗的各种不同唱法，都是歌。那剪纸也一样，有高雅的民俗的，都是剪纸。

继续说蓬莱的剪纸。我们蓬莱剪纸应该是现代人讲的文人剪纸，大多剪纸都是八个一套。这与我们的八仙文化有关吧，有亭台楼阁、农忙、田园风光、蝴蝶飞飞、八仙人、八仙宝贝、七仙女、碗花、花瓶、瓶花、花盆儿、松竹梅兰、各种各样的鱼和各种动物。有字有画的图案有金玉满堂、荣华富贵、阖家欢乐、福禄寿喜、恭喜发财、金榜题名等。老窗棂的长条剪纸都是有故事的，还有许多说不上名字的作品，成套成套的剪纸，令人目不暇接。

就说八仙剪纸，全国八仙的剪纸有上百种，但是蓬莱八仙是别致的，是蓬莱特有的，一看就知道是正宗的蓬莱的剪纸。为什么这么说呢？就说说脸部吧，其他地方的八仙的脸都是阳剪，唯独蓬莱八仙的脸是阴剪，不单八仙的脸是阴剪，所有的脸都是阴剪，包括小动物的，七仙女的都是阴剪，所以蓬莱的剪纸独树一帜，与众不同。烟台有一位李强老师，他研究胶东剪纸，很喜欢蓬莱的剪纸他对蓬莱剪纸研究得很透彻。

近20年来，我致力于修改整理母亲留下的古老的蓬莱剪纸，真的是废寝忘食，通宵达旦，竭尽了全力。为什么说修改整理呢？因为有些花样经过许许多多一代一代人的剪来剪去，有很多都走样了，如一个眼大一个眼小，嘴是歪的，树干或者花是断开的等等。白天上班，只有晚上照顾孩子睡着后，才有时间开始画画剪剪，要整理的资料又多。四十三过眼关，我就在那个时候累花了眼，还患有肩周炎、腱鞘炎。上班时，学生碰一下，痛得嗷嗷叫，眼泪都疼出来了，因为长期低头剪纸，脑供血不足，晕过去两次，恶心呕吐，头痛欲裂，一翻身就什么都不知道了，过了一会儿，意识又清醒了，反反复复。稍好一点，又继续整理，那可真是执着。

我觉得妈妈留下的都是无价之宝。看着这些祖辈们留下的剪纸，细致、真切地感受着剪纸艺术的神奇魅力，尤其是老窗棂花样，每每打开来欣赏，都给我耳目一新的感觉，真的是爱不释手，感慨万千，惊叹古老剪纸的精致、对称、工整，称得上美轮美奂，怎么可以这么精细，这么美啊！凤凰、海市蜃楼、鲤鱼跳龙门……太美了，欣赏着蓬莱古老的剪纸，心灵和生活一起变得美丽。希望有朝一日，让世人看到真正的正宗的蓬莱剪纸，使祖辈留下的艺术瑰宝得到传承，发扬光大。

我现在的作品都是纯手工制作，装裱成画，走高端，正在酝酿如何做好销售。要说的话太多了，在热爱家乡的方式上，诗人是用笔，歌者是用声，我是用剪刀在五颜六色的纸世界里传承、创新、开启艺术的世界。我觉得做好自己喜欢的事情，成为自己想要成为的人，就是一种成功的人生。在这个美好的时代，我会一如既往，全力以赴，不负众望，做好传承。

郭莉——我和剪纸有奇缘

我叫郭莉，1976 年出生于山东省莱州市，我的家乡莱州是一个山清水秀的历史文化名城，名胜古迹众多，有远近闻名的云峰山摩崖石刻、郑文公碑、莱州东海神庙、莱州月季、莱州毛笔、莱州刺绣、莱州剪纸、莱州草编等享誉国内外，有着深厚的文化底蕴，我出生在这样一个堪称人杰地

灵的书画艺术之乡，耳濡目染也多多少少沾了一点灵气。我对剪纸这门传统手工艺术情有独钟，2018 年入选莱州市第四批非遗项目代表性传承人。白天，我是大骋车站的一名普通员工，下班之余，喜欢用一把平淡无奇的剪刀，裁剪出各种精妙的剪纸。

一、好姻缘把我领进剪纸门

我热爱剪纸，和我丈夫不无关系。我小时候喜欢绘画，常常依照书上、报纸上的图案绘画。在与丈夫恋爱期间得知丈夫的姥姥擅长剪纸，就随着丈夫常常跑到莱州市程郭镇后苏家村，看姥姥如何将一张张平淡无奇的纸，裁剪成精妙的剪纸。正是因为家中有这样一位剪纸艺人，加上对剪纸这门手工技术的喜爱，在恋爱期间加倍地被丈夫和一家人所吸引，两个人也有了更多的话题，可以说，剪纸为我的婚姻和自己的喜好起到了“推波助澜”的作用。我从那时候就开始跟着姥姥剪，再就没撂下。

结婚之后，对剪纸的兴趣更浓厚了，每一幅成品我丈夫都是第一个欣赏并发表意见的人，同时在我剪纸期间，我丈夫也承担了很多的家务活，这点让我特别的感动。每到周六就跑到后苏家村和亲戚们一起剪纸，最初的时候，是有什么图案就剪什么，喜鹊、十二生肖、牡丹花、动物，这些都是起初我喜欢裁剪的，日积月累，剪纸技艺也越来越娴熟。很多时候，下班后的我不是扑到厨房，而是对着手中的剪纸聚精会神，面对这种情况，肚子饿得咕咕直叫的丈夫，没有抱怨，而是默默地走进厨房去生火做饭。丈夫的支持，让我没有了后顾之忧，我就将更多的精力投入到剪纸中去。每一剪，都小心翼翼，每一秒，都全神贯注，这就是我剪纸时的状态。很多作品都是经过几天、十几天，甚至成年累月完成的。在家中房间的每一处，都是我的私人展厅，一进门就会让人感受到剪纸艺术所营造的浓浓氛围，张贴或悬挂的张张剪纸图案、人物、动物，看了让人心情愉悦。书架桌子上一摞摞装订起来的废旧报纸、杂志，随手翻开一本，里面全夹着五颜六色、形式多样的剪纸作品。我喜欢剪纸，不光是喜欢剪纸好看，也是因为剪纸上的图案都有说头，尤其是人物剪纸，都有这样那样的故事，我想或许这就是剪纸让我着迷的魅力吧。剪纸的颜色会随着岁月的流逝渐渐褪色，但被剪刀记录下来的生活、人物及片段终将成为我人生珍贵的记忆，剪纸已成为我生活中不可缺少的一部分。

二、剪纸路上不断学习

在二十多年的剪纸生涯中，我除了感谢我丈夫的姥姥将我带进门，我还要感谢一位长辈——我的老师张国铨张老师，他现在为山东省美术家协会会员、中国剪纸研究会会员、莱州市书法家协会荣誉主席、莱州市云峰老年大学副校长。张老师已是快九十高龄的人，从艺七十多年来硕果累累，建树颇多。特别是在剪纸、考古、绘画、书法等领域中都有很深的造诣，影响深远，剪纸是他老人家毕生研究的课题，他的剪纸风格，构图讲究、线条流畅、精巧纤细、剪口清晰，用夸张的表现语言，细腻地剪出具有强烈胶东风情、有生活、有意境的高水平作品。我有幸与张老师相识，在自己的作品剪裁过程中得到老师的指导与鉴析，每个人成功的路上离不开名师的指点，他高远的眼光与开阔的胸襟、超出常人的心气、坚忍的意志与风雨不动的定力、丰厚的学识与高超的技艺让我折服。时光荏苒越古稀，夕阳如画志更奇。钟情艺苑育新苗，老有所为再奋蹄。老师的言行传授，这种熏陶会让我受益终生。还有一位小同学，在剪纸教学活动中，提出了一个问题，我虽然不记得他的名字了，但是他却是我剪纸生涯中一位小老师。每一次教学活动我都会事先准备好图样发给同学让他们去练习，有一次他问我，老师，现在有复印机打印机，以前人们是怎样得到剪纸图样的呢？问得我哑口无言，后来我查了许多资料也寻访了许多村里的老人，才让我有了答案，并得到了真传，那就是烟熏模板，虽然现在有了高科技，可以复印打印，机绘创作，但是这门古老的技艺总得有人传承。那在电脑尚不普及的年代，剪纸艺人们是如何获取模板的呢？就是采用蜡烛烟熏，在烟熏过程中，被蜡烛所滴下的油烫着是常有的事儿，我跟着村里的老人了解并学会了整个过程，先准备好蜡烛、白纸、针线、水以及剪纸的样儿，将事先准备好的剪纸样儿，放在了白纸上，先均匀地洒上水。其后，擎起白纸，用蜡烛的顶端均匀地扫过整个图案，这是整个环节中最具挑战性的一步，如果蜡烛的角度、方式不合适，会直接将蜡油滴在手上，随后将被蜡烛熏过的剪纸样儿，放在阳光下晾晒，气温较高时候十几分钟就可以将剪纸样儿轻轻地揭开，其轮廓已经印在后面的白纸上了。这张白纸就成了纸样，然后在后面附上红纸，用针线沿着周围轮廓缝起来就可以进行剪纸了，这就是古老的“烟熏”技艺。科技的发展，将些耗时费力的古老技艺，淘汰在历史的大浪中。但却曾有一代代的人，为了传承这些技艺而付出过、忧虑过、欢乐过，这些技艺也曾是他们生活的一部分。或许再过一些年，将不会有人采用“烟熏”的技艺来剪纸，或许随着时间的流逝，年轻的一代人将无从知晓这种剪纸的方式。但毕竟这也是剪纸长河的一部分，是一段不可抹去的记忆。剪纸的“味道”，是艺术的，更是情感的。根植于生活的剪纸技艺，在完善、蜕变的过程中所形成的不仅是相对固定的程式，一把把剪刀、一张张纸片，在平面的艺术构建中，在手的灵活运转中，所体现出的更是老百姓内心的温情和对美好生活的向往。它既是中国传统生活习俗的一部分，也反映着老百姓创造新事物的情感需求。正是在一剪一剪、一刀一刀中，中国老百姓的生活情感多了一种表达，多了一种归宿。我想这也是剪纸艺术传承几千年来长盛不衰的原因吧。

三、努力创新剪出好作品

“双手能而巧，心灵慧亦聪。纸随刀剪转，须臾万象生。”这是民间对剪纸艺人的客观评价，但在我看来，这更是一种对坚守手工艺传承人最好的鞭策和鼓励。每当看到纹样细腻、感情丰富和颇有个性的好作品，我都会想方设法地买回来，并认真研究和学习，在传统的纹样中，研究与现代生活对接的因子，实现传统纹样与现代生活接轨。在立足传统的基础上，精雕细刻，精益求精，古为今用，推陈出新，将剪纸、木刻、国画等技法融为一体，丰富剪纸的艺术形式和思想内蕴，迎合大众的审美观，提升剪纸的艺术水平，使这项古老的艺术在新的时代更加熠熠生辉。从最开始简单的造型，到后来各个人物被栩栩如生地裁剪出，我在剪纸方面也倾注了越来越多的心血。

在这些年的剪纸生涯中，最让我记忆犹新的事就是创作裁剪一个佛教剪纸药佛师的图案，那个药佛师手里托着一个药钵，我留着最后才裁剪，结果将药钵给剪坏了，整个作品也给毁掉了，一天的工夫也搭上了，心里真是不知道什么滋味。尽管剪纸途中有挫折，但我还是不断坚持着自己的爱好，剪出了很多自己满意的作品。比如金陵十二金钗、京剧脸谱、中国梦系列剪纸，这些都是我的最爱也最耗时间。幅幅精妙的人物造型，个个寓意着“仁”“爱”“诚”“孝”的成套成系列的剪纸，虽然在裁剪过程中让人的身体感到疲劳，但投入其中的我却感到十分快乐和有成就感。随着传统文化被重视，旗袍手工制作工艺成为国务院批准公布第三批国家级非物质文化遗产之一。2014 年 11 月，在北京举行的第 22 届 APEC 会议上，中国政府选择旗袍作为与会各国领导人夫人的服装。我自己本身又特别喜欢旗袍，所以 2018 年我原创了《中国风剪纸旗袍》系列剪纸，这套作品以“旗袍”为外形，花饰上以“中国纹样”为载体，通过剪纸语言来展现旗袍独特的形式与装饰美感。这套剪纸目前是我最喜欢的一套，共40幅图样，历经三个月的时间，为自己手工绘制原图并剪裁成品，装裱成长卷收藏。

二十多年来在传承莱州手工剪纸技艺的同时，自己在传统花样、剪纸技艺和内容体裁上不断进行创作与革新，形成独具特色的剪纸风格。其中剪纸作品《古二十四孝图》《孝德篇》《诚信篇》《忠义篇》等体裁紧跟时代发展潮流，大力宣传孝文化、诚信做人及创建和谐社会等主题，受到有关领导、学校老师和学生的好评。作品还有《心经》《青花瓷》《古典旗袍与披肩》《戏曲脸谱》《红楼梦金陵十二钗》《佛教剪纸》《莱州渔歌》《动漫卡通人物》等，作品多次在莱州市举办的艺术展览活动中获奖。

三、热心保护与传承

在经济文化迅猛发展的当代社会，绘画、雕塑、建筑还有民间手工艺都呈现出蓬勃发展的景象，然而在这迅速发展的繁荣景象背后同时也面临着新的机遇和挑战，也出现了一些问题，其中最突出的一点便是艺术原创性的缺失，剪纸作为民间手工艺术的一支主力军，也出现了这一问题。剪纸同捏面人、刺绣、绘画、篆刻、陶艺这些民间传承下来的技艺一样，曾经是家家户户都会的技艺，在代代相传的过程中有很多已经濒临失传了。当下，剪纸与其他民间技艺一样，除了传统的师徒传授之外，也开始寻求新的传承方式。各地不少传承人以交流会、团体学习等方式来提升年轻人的兴趣和对剪纸的关注，以吸引他们来学习剪纸。剪纸技艺的传承如今也面临不少实际困难。当下，机械剪纸对于手工剪纸的冲击，网络发展所带来的文化趋同而导致地域特色的弱化，以及资金支持的掣肘，都是剪纸技艺在保护和传承的过程中所面临的问题。

姥姥在九十多岁的时候去世了，当初姥姥将这个手艺传给我就是希望我能够把这门手工技术传承下去，自己剪再多再好的作品也不如让更多的人参与其中学会剪纸这门手工技术才更有意义。为传承莱州剪纸这门手工艺术，曾到莱州市第二实验小学、莱州市文峰中学任剪纸课辅导老师，免费教授学生剪纸。我愿意教学生们剪纸，一方面是他们可以将自己所喜欢的图案通过自己的小手给裁剪出来，为他们的学校生活增添乐趣。另一方面，更多的孩子喜欢上剪纸，有利于将剪纸这门古老的手工艺术推广下去，其中以“教育”“孝德”为主题的系列剪纸“中国梦”，就是在学校教学活动中制作完成的。

在今后的日子里，我会一如既往地把自己喜欢并热爱的剪纸事业坚持下去，继续创新剪纸的图案，增强剪纸技艺，把老祖宗留下来的文化传承下来，并努力推广，让更多人学习了解剪纸文化，让剪纸艺术得到更好的传承。

李宝恩——小字辈玩出新花样

我叫李宝恩，艺名李子沫。1990 年出生，中共党员。中国剪纸协会会员，现代剪纸研究院会员，烟台市民间文艺家协会会员。我是临沂人，是海阳剪纸县级非遗传承人。因为从小就特别喜欢民间艺术，对传统的东西都感兴趣，尤其对剪纸最情有独钟。

一、我的剪纸缘起及师承关系

我临沂老家的剪纸是婚丧嫁娶都适用，各种活动都有剪纸，我从小比较喜欢看他们老人剪纸。因为喜欢民俗文化，而且动手能力较强，平常看到的东西就自己去模仿着剪，没有纸的时候看见别人扔掉的烟盒里的金色纸片也会收集起来做个小剪纸。以前结婚的嫁妆里面都是放上手工的剪纸，看见有人结婚就会去收集剪纸图样，自己回家学习着剪，那时候都是剪着玩，觉得好看。直到上初中后姐姐在济南帮我买了三本剪纸教材，我才真正意义地了解了剪纸，更加懂得了剪纸的寓意和剪纸语言，逐渐对传统剪纸的技艺、熏样、民间传统文化、图腾艺术文化不断探索与研究，并将它们有效地结合到自己的剪纸创作中，比如剪纸作品运用阴剪和阳剪手法，巧用黑块和细线，大胆使用简练夸张的锯齿纹、月牙纹、水波纹、弧形线、弦线、圆点等剪纸语言，线条刚劲挺拔，为以后的剪纸创作打下了基础。

我 18 岁入伍成为一名军人，8 年的军旅生涯中，业余时间就创作剪纸，创作了一系列的军旅题材作品。每当部队有重大活动如八一建军节，都会设计一幅作品来纪念一下，创作了《四有军人》《习近平强军三句话》等作品，军旅生涯有两年在海阳度过，在海阳期间爱上了传统文化氛围浓厚的海阳。海阳有春秋嘴子前古墓，有传统的海阳大秧歌，还有海阳的剪纸，纸笸箩剪纸、节庆剪纸都有。我也经常在农村和老艺人了解剪纸，了解传统文化的同时，深深地喜欢上了海阳。除剪纸之外我又自学了篆刻、木雕、面塑、刺绣等传统手工艺。2015 年本着对面塑的热爱，想进一步学习面塑技艺，拜山东省省级非物质文化遗产面塑代表性传承人董凤岐为师，学习汤派面塑技艺，成为济南面塑第三代传人。2016 年退伍后在北京待了两年，开始专业做剪纸，真正把爱好当成了事业，起初抱着试试看的态度，通过抖音网络直播现场表演剪纸技艺，让大家了解剪纸，想不到一开始大家的反应就非常热烈，作品一售而空，订单排得满满的，成为我人生赚的第一桶金，为自己从事剪纸事业打下了坚实的基础和信心，同时我又在淘宝和微信进行剪纸售卖，年收入达十几万。空余时间也去给夏令营小朋友上剪纸兴趣课，教授团花剪纸、小动物剪纸等。因为对海阳有感情，加上海阳有山有海，气候宜人，我就选择了在海阳定居，并且创立了这间自己的工作室，这样能安安静静地做着自己喜欢的事情，是我一直向往的生活。有时候可以一整天都在剪纸或者开设剪纸培训班。2019 年，本着对传统剪纸的热爱学习和发扬传统剪纸的精神，我想系统地了解烟台剪纸的精髓，因此拜烟台剪纸国家级传承人栾淑娟老师为师，学习烟台传统剪纸。

二、我的剪纸创新与传承

从儿时第一次和剪纸结下不解之缘后，虽然不是家庭传承，更多的是靠着社会传承，再加上对剪纸的爱好与坚持，一张普普通通的纸，在剪刀的雕琢之下，马上就生动起来。剪纸里面能表达出我对传统文化的热爱，也有我天马行空的想象。

我小时经常看到剪纸窗花、门笺，我的剪纸传承了临沂那边的挂门笺的剪纸特点，同时又结合了烟台海阳这边的剪纸特点，粗犷当中不失细腻，比如我对纸扎比较感兴趣，之前也见过老人做的纸扎，腊月二十三辞灶做立体扎纸马的形象，用竹子扎框架，然后再糊上层白纸，再将剪好的像马毛一样的穗头糊在白纸上，一层一层地糊，再将事先剪好的嘴、眼睛和耳朵贴上去，最后再装饰马身上的花纹，这样就完成了灶王爷的坐骑。我平常还做不少关于佛教方面的剪纸作品，客户里不少是云南人，一般他们请的内容是比如西方三圣、华严三圣等，一般请到家里以后拜完就烧了，也有定制道教的太上老君进行供奉，一般的作品我大部分是采用白描稿进行黑白剪纸处理，达到理想的效果。云南的客户订的比较多的还有剪纸牌位，当时是我云南的一个朋友给我发了云南当地做的剪纸牌位，我觉得不是太漂亮，所以我又重新给他加工了一下。线条处理得更剔透更细致，造型内容都进行了充实，除了本来有的莲花，我还加入了石榴、蝙蝠、钱、松鹤、牡丹等很多有美好寓意的图纹，结果非常受欢迎，定得非常多。

好的剪纸离不开装裱，俗话说“三分画，七分裱”，当时在北京的时候往外定制的剪纸比较多，但那时我不会装裱，北京的装裱费用又非常高，所以我就试着自己学着装裱，开始是用喷胶的形式，但需要两个人合作，所以后期我又采用胶膜熨烫的方式，再买来覆背纸、绫子纸、锯条等等，就开始了自己的装裱生涯，这样大大降低了剪纸的成本，同时也还为其他的书法、绘画进行装裱。

为了提高我剪纸的造型能力，于是我就开始学习画画，在画画的同时，又开始画石头画。没想到画了几个石头，在朋友圈里边一发，很多人定制，所以一边练造型、一边画石头，一举两得。由于住在海边，海边有一些草适合做扫帚，我记得小时候见过我父亲用它做过扫帚，于是我自己也想编扫帚，我把父亲简单的编制进行了创新，编上很多的图案，比如说喜字、吉字等等，再加上各种线的颜色的搭配，将扫帚变成了一个艺术品，受到了很多人的欢迎。

关于捏面塑，我小时候见过的是艺人们用糯米捏做成小鹦鹉等面塑形象，觉得很神奇，这个一直影响着我，所以我也尝试着做，用面粉加糯米粉，颜色用的品色，做过《老鼠嫁女》，同时又拜董凤岐老师为师，董老师为我们传授如何捏人物的脸部，我做过《凤凰》《寿星》和《姜太公钓鱼》，有的时候在民俗展演时还为小朋友们捏卡通形象，可以说有什么需要，我都可以通过学习把它表现出来。

之前小时候看到的剪纸，大部分都是单色的，还有我进行商业卖的剪纸大部分都是单色的，因为单色剪纸可以剪刻好多张，降低成本，但是我在创作当中，大部分还是使用的套色剪纸，套色剪纸的效果非常丰富，但是废工废时，不适合商业营销。我套制时创造了一大部分使用黑纸剪制基本的图案，我擅长用团花的形式表现，然后用各色纸进行局部套色，形成一种富丽堂皇的视觉效果，而且我非常喜欢库淑兰老人的作品，所以我也在库淑兰老人的作品中吸收了很多的营养，用这种方法表现建党100周年、各类主题性的作品等往往营造出很好的效果。

早在军队生活时，我创作的军旅题材常常就是反映部队生活，现在我的作品仍然赋予了更多生活元素，作品内容更加丰富多彩。我定居在海阳，喜欢收集海阳当地的剪纸。海阳的文化底蕴很深，当地的老剪纸以及刺绣纹样、民俗物件，只要与民俗剪纸相关的东西，我都会搜集来作为参考，充实丰富我作品的内容，像海阳本地装地瓜面用的筐箩，也有结婚陪嫁用的盒子，我很喜欢上面的传统剪纸图案，比如凤凰穿牡丹、鹿鹤同春、事事如意、福寿双全等吉祥图案。这些图案和寓意都被我运用到我其他剪纸当中了。

我的剪纸创作大部分是围绕网络的定制而展开的，我刚退伍是2017年，那时候抖音直播人们知道得少，感觉新奇，我从来没想着会利用抖音卖剪纸赚钱，当时只是随便剪了个作品，拍了照片，在抖音发了，接着就有人问。于是我就开始在抖音里直播，边做剪纸边卖，高峰期人流量达到几千上万人，我没花钱买抖音里的小黄车，一般是他们加我微信买我的剪纸，那时一个月至少净赚两万，这种火爆的状况大约持续了一年半的时间，随着直播软件越来越多，直播的人也越来越多，观众量越来越分散，现在都会在抖音发小视频。抖音里好多人对民俗的东西感兴趣，比如发个腊月二十三的祭灶和纸马，大家就比较感兴趣。我还有个淘宝店，开了两三个月，因为广告费用比较高，所以大部分还是在微信上卖，因为每个人的需求还是不一样，这样更能体现剪纸的个性化定制。在这些题材里定的最多的是《观音菩萨》，全国各地都用；还有的客户定制装饰性剪纸，一下子买 20 幅，在家里轮流挂。一般我的客户群以四五十岁的中年客户居多，浙江的客户比较有钱，问的客户百分之九十都会买。我做过年的窗花不多，因为窗花费事还卖不上价钱，剪纸卖的赚钱还是那种民俗用的，剪纸用起来就需求的多，比如云南用的佛像，还有牌位，做法事用的，有的用了都烧了，再用再回来买。东北有定丧俗用的幡，但是我心里不喜欢做，所以就回绝做。现在我的剪纸客户比较稳定，作品几乎都是在网络上卖。

三、我的剪纸艺术观点

关于套色剪纸，这一幅是套色作品，套色作品制作是比较麻烦复杂的，制作套色作品首先要剪一个整体的作品，那个深颜色深色的作品，就是剪一个黑色的出来，那个黑色的羽毛，后面套色这地方是要多层剪起来，粉色一层，黄色一层，每个颜色是一层，也就是说你把这些颜色全都一点一点地剪出来，然后再翻面一点点地拼上去，拼得正好，这就是套色作品，比如富贵吉祥的作品，牡丹花和孔雀，孔雀寓意吉祥鸟，牡丹花代表富贵，富贵吉祥，这幅作品关键就是这些花瓣的大小，你每个花瓣都要设计得正好，正好放在上面，多一点都不行，不然就超出了外面这个剪纸的区域了。

关于人像剪纸创作，因为我是个 90 后的剪纸艺人，我了解一些年轻人喜欢什么样的作品，因此我的作品有很多也改进了不少，不只是传统的剪纸，像礼品剪纸、肖像剪纸，还有个人定制等，现在的销售情况都是很好的，比如人像创作中五官之间的连线，有时候留在上面影响画面效果，剪掉作品又会散掉，所以我就将作品裱到纸上，然后再将连接线去掉，这样会出来比较好的效果。

关于剪纸与刻纸的结合，剪纸和刻纸实际上有区别，不能混为一团。本身剪纸的工具是剪刀，用左右手的配合，剪的层数不会太多，尤其是胶东剪纸中的打毛，层数更少。刻纸的工具有刻刀和蜡盘，有两种方法，一种是划纸，一种是上下锉，我擅长用后者，因为我要将剪纸商业化，降低成本，刻制一个一般的图案，我一般能刻 30 多层，远远大于剪纸的层数，刻纸的痕迹和剪纸的痕迹明显不同。剪纸主要是可以脱稿或者是画稿，有些像中国的写意画，刻纸主要用稿子，而且要细致一些，像中国的工笔画。剪纸和和刻纸虽然不同，但是平常我都将剪纸和刻纸结合来用，在创作大作品的时候，我大部分是用刻纸，但是遇到比如说打毛，表现花或动物身上的毛，我一般都拿起剪刀来剪，这样可以表现得更细腻，让剪纸和刻纸各有所长。

关于主题性作品的创作，与时代相关的主题性作品仍然少不了传统元素。比如为迎接“十九大”胜利召开设计的“万花朵朵迎盛会”的作品，这是用咱传统图案团花设计的，团花就是圆的，四周是牡丹花，中间一个图案，围绕着中间的党徽，象征着咱们中国人齐心在一起。例如团花看似方法简单，内容也要精心设计，要有一个花心，然后四周组成图案，图案可以分几个地方，花心、花腰和花裙，组成的图案每一层不一样，对每一层都是特殊的题材，每一层有每一层的寓意在里面。

四、获奖情况

2011 年作品《收获》在“飞洋鱼杯全国小幅剪纸精品邀请展”中荣获优秀奖。

2015年作品《四石精神》被《国防报》刊发，解放军报、人民网微博、军报记者、中国军网、解放军报客户端等网站转载。

2016年剪纸作品《习主席强军三句话》、篆刻作品《建军88周年系列作品》参展全军美术书法作品展。

2017年《民勤印象》被民勤文化馆永久收藏，《万花多多庆盛会》参加天津市文学艺术界宣传贯彻党的十九大精神创作活动之民间艺术成果展。

2018年《中国梦·河豚梦》在“天禾杯”相约河豚岛共筑绿色梦获优秀奖。

海阳市2019年首届民族传统艺术节优秀节目奖。作品《祝福祖国70华诞》入选庆祝中华人民共和国成立七十周年京东民间艺术展。作品《美好新时代》荣获2019年第三届中华杯全国剪纸大赛三等奖。

2020年《榴开百子》在“纪念库淑兰诞辰100周年”全国彩贴剪纸艺术大展中荣获优秀奖，作品《海阳大秧歌》在“2020分享国际剪纸大赛”中荣获金奖，《五福捧寿》荣获优秀奖和网络人气奖。作品《福佑中华》在第二届烟台市民文化节“纸艺传情”烟台剪纸大赛中获得二等奖。同年被评为烟台剪纸优秀传承者。

我还很年轻，是剪纸界的小字辈，因此擅长用新媒体来做剪纸，现在几乎全国每个省份都有我的剪纸，自己定制的，送亲戚朋友的，还有出国留学的把我的作品送出国门的。网络销售也可以，实体店也挺好，都有很多顾客慕名而来找到我，我就根据他们的需求来设计定做。我平常只想安安静静地做好手艺，能有时间创作出自己满意的作品。未来我自己想建一个剪纸博物馆，收集更多的老剪纸，然后自己创作作品。一个爱好，一分手艺，一辈子的坚守，我感动于那些忠于梦想的千千万万的手艺人，向他们致敬，我也学着他们的样子，创作出更多优秀的作品。

李凌——我就稀罕那些老花样

我叫李凌，今年 54 岁，是烟台市非物质文化遗产剪纸传承人，我是土生土长的解甲庄人，解甲庄这个地场文化底蕴丰厚，老一辈妇女都会剪花儿剪人物。我从小就接触剪纸，我的太奶奶和奶奶，都是大家闺秀，那时候读书识字都不是一般人家能办到的，但她们都能识文断句，她们绣花、

剪花、织布也样样精通。受长辈的影响，我从小就喜欢上了剪纸，每到过年的时候，我奶奶就会剪些窗花，贴到窗户玻璃上，过年的氛围立刻就浓了，这时候便是我学习剪纸的时候，小时候物质匮乏，大人不舍得把好好的红纸给我霍霍，我只能用旧书本的纸张剪，剪得不好看，自己却很开心，慢慢地剪得好了，大人也舍得把碎纸头给我剪了，慢慢地也能剪老花样了。小时候经常看到的是些小花样，大样不多，花鸟鱼虫，各式各样的动物，小巧玲珑，都栩栩如生，可惜我那时候没当回事，保存下来的很少，大多都遗失了。

到十几岁时，我就能剪个好看的花鸟鱼虫了，那个时候是最膨胀的时候，觉得自己剪得特别好，现在想来还可笑。现在还留下来那时候的几张剪纸，如今看粗糙得很。同村有一个爷爷叫李同庆，手特别巧，剪纸、刻花、绢花都会做，我们村绢花厂的产品就是他教家庭妇女们做的，他给了我当头一棒，指出了我的不足，指点我怎么改进，后来我一点一点地练手劲，一步一个脚印，剪得的确是有模有样了，这时期我的奶奶已经不在了。

毕业后由于工作原因，有五六年时间没动过剪刀，手艺也退步了不少。再拿起剪刀和我三姑有关，我三姑家的大哥要结婚，那时候农村时兴纸扎仰棚，有卖仰棚纸的，仰棚纸上以牡丹花、菊花、兰花居多，一般人家还要在仰棚上面贴剪纸，俗称仰棚花儿。这时候，我三姑找到了我，叫我剪仰棚花。我妈妈说你三姑心真大，还瞧得起你。我倒觉得自己能剪好，剪的什么不记得了，只记得剪了四个角花，中间剪了一个大团花，黑色的。有人瞧得起，自己又有信心了，又开始剪一些简单一点的花样了。结婚后剪的花样多了，品种也丰富了。

染色剪纸是我太奶奶剪纸精品中的精品，保留下来的图稿层次分明，有熏样稿、底稿、线描稿、设色稿等，上了色的剪纸颜色历经百年，颜色如新，听奶奶说那时候的颜料全是植物和矿物质，颜色柔和，没有那种大红大绿的冲击感，让人觉得养眼、平和，看了还想看，爱不释手。染色剪纸作品里我最喜欢小一点的八仙，每个人物都栩栩如生，把每个人物的特点都表现出来了，像张果老的毛驴，何仙姑的荷花，蓝采和的花篮，曹国舅的笏板，韩湘子的笛子，汉钟离的扇子，铁拐李的葫芦，吕洞宾的宝剑，每个人的法宝都剪出来了，叫人看了一下子就认出来是哪个八仙人物。每幅染色剪纸作品都是先剪出大样，再用细细的毛笔尖画出想要的图案，然后染色，费工费时，保留下来的作品不多。有人想买，给多少钱我都舍不得。

剪纸在刺绣上的应用十分广泛，小孩子的物件上特别多，像帽子、肚兜、小袄、裤子、鞋子、小枕头上等等都有剪纸图样子，花鸟鱼虫、四季果蔬、十二生肖、八仙人物都是好的题材。我收藏的我家老太太的剪纸绣花图案都特别精致，绣出来的效果立体感特别强，有的图稿还把线色标注好了，刺绣时按颜色绣出来即可。可惜我那时候没把它当成宝贝，几十年下来，丢了大部分，手里只有几幅剪纸图样，精致、精巧，保存了一两件绣花衣片，每件都是精品，配色雅致，十分养眼，每每看到，我都不敢想老一辈人手怎么都那么巧，现在是我们都心静不下来了，还是手都拙了呢。我手里有的图样子总想给他绣出来，但肯定绣不出古人的水平了，绣出来留个念想吧。

嫁人后，我对象的太奶奶也是剪纸高手，遗稿不少，也没当好东西，就随便放在一个笸箩里，几十年也没人动过。有一次收拾屋子时，被我发现了，层层叠叠地压在一起，熏样、熏样底稿、白描稿、染色稿、绣花样稿等等，小样子最多，大的剪纸作品很少，可能与农村当时的建筑格局有关系吧，整理了一年有余，经过了几年的复制，基本上重新剪了一遍。

老花样子是农村家庭妇女农闲时的娱乐，特别是冬腊月，庄稼地里没活干了，老太太、大姑娘、小媳妇都结伴聚在一起剪窗花，谁家有好花样子，全村人家仿剪，谁家老太太手巧，剪的花样子新颖，冬腊月大姑娘小媳妇都去学习，红彤彤的窗花贴在窗户玻璃上，影得家里喜气洋洋的，一年的疲惫一扫而空，心情也开朗起来了，恨不能满屋子都红彤彤的喜气洋洋的，正月初一拜年的时候，谁家的花样子被人夸了，心里美滋滋的，感觉非常有面子，比吃了好吃的都高兴。

我手里有一种窗眼花儿，是很小巧的剪纸花样子，很久以前玻璃是稀少的，大玻璃不是一般人家能买得起的东西，能工巧匠们做窗户时，很少有大的窗扇，大了裱纸不经风吹雨打，就留几个方孔，俗称眼儿，剪个小窗花儿贴上，若是有玻璃，窗花比贴纸上还鲜艳漂亮，

熏样是古人的智慧结晶，就是把剪出来的花样子打湿贴在白宣纸上，用松烟熏，熏好后把剪纸稿揭下来，剪的时候留白去黑就行了。现在有复印机了，古法熏样基本失传了，复印快捷方便，但是纸厚，剪纸不是刻纸，十几张没问题，剪纸六张还可以细一点，再多了就剪不透了，若用复印稿只能剪五张，所以我基本上是画稿，还可以锻炼对线条的处理能力。科技进步了，对手工的冲击还是挺大的。我收藏的熏样现在都舍不得剪了，越用越少，主要是现在都收不到了，剪纸不宜保存，熏样就更不用说了，现在农村都发生了翻天覆地的变化，老房子不见了，不实用的东西都丢了，连传统习俗都丢了大半，再加上现在是快进的时代，能静下心来的还是少数人，保护传统文化刻不容缓。

老鼠嫁女是古代妇女必剪的花样，老鼠繁殖能力超强，向来多子多孙都是古代家庭的愿望，所以以老鼠为题材的作品多种多样，老鼠嫁女以老鼠为题材，把农村婚嫁风俗展现了出来，抬轿的，抬箱子的，打旗的，拿鱼的，拿鸡的，吹号的，打锣的，举幡的，一一展现，再剪个大猫，配首打油诗，妙趣横生，剪制有黑稿和红稿，我个人比较喜欢黑稿，黑稿沉

稳，大气，不张扬，可能是红色的看多了吧，换一种颜色，换一个心情吧。

以前过年的时候、结婚的时候，都贴红红的剪纸，喜气洋洋的，大人小孩的心里都高高兴兴，主人高兴客人也觉得喜庆，现在贴剪纸的少了，就是贴也是塑料压膜的，没了古法剪纸的韵味，记得年轻的时候，有结婚的还找我帮忙剪喜字，有喜庆特点的红红的剪纸，像花开富贵、鲤鱼荷花、金鱼满堂、石榴百子、鸳鸯喜字、连生贵子等等。特别是近几年，楼房多了，打理起来麻烦，人们能不贴就不贴了，有的人家连书画都不挂了，民俗文化气息越发淡了。

小的剪纸不能适应现代人的审美标准了，剪纸作品越来越大，小巧玲珑的反而引不起人们的兴趣，这也与浮躁的社会环境有关系，只要能沉得下心来，看看老一辈留下来的样子，灵动，写意，百看不厌。而现代剪纸，时代特征太明显，反而没了流传百年的韵味儿。老的传统习俗，不能全盘否定，存在即是合理的，能存在几百年，肯定有其合理性，不能丢弃。传统文化的保护，也与我们的思想境界有关，喜欢新生事物，对待老物件不是太在意，能保留下来的凤毛麟角，传统文化不能丢，我们要知道我们的根在哪里。

这几年有几个小姑娘跟我学剪纸，有一个叫李俊彦的学得还可以，一个暑假，学得有模有样，刚开始剪，剪子都拿不稳，剪个直线也不直，剪个圆也不圆，毛毛躁躁的，慢慢地练习时间长了，剪得顺眼多了。假期结束，自己剪了一套十二生肖，稚拙有趣，后来读初中读高中，学习压力大了，不剪了，高中学了美术课，改刻了，没办法啊，随着时代的步伐，古老的手艺逐步淘汰了，快速而量大的方法出现后，更没人学了，不知道这是进步了还是退步了。

四字方联是我近几年心血来潮的作品，就是把四字吉言联起来，加以装饰，过年期间贴窗户上，年的味道就出来了，红红火火，吉庆吉祥。四字词语用在门笺上比较多，像四季平安，五福临门，六六大顺，花开富贵，三阳开泰，吉祥如意，四季安康，招财进宝，日进斗金，出门见喜，双喜临门，官上加官，恭喜发财等。

我们西解甲庄有个李永绍，做过尚书，是当地有名望的大家族，尚书府的传说趣事也很多，像办学堂，婚嫁，尚书耕田，尚书府的牛等等，有当地的人文风俗，也有尚书乐善好施造福家乡的遗事，尚书诗词是尚书府的瑰宝，流传下来的不是很多，烟台大学教授刘汉杰先生著《工部尚书李永绍》里详细记载了李永绍尚书的为官事迹，各个时期的诗词等，这些都是我想剪的素材，已经剪了几幅，用的是黑色剪纸来表现，郝忠奎老板知道我是剪纸的，赞助我一批黑色纸，我准备就用这些纸剪“尚书府系列”，展现尚书府的建筑、风俗、传说故事、趣闻逸事等。我一直想给它们剪一个大的系列，慢慢来吧。

李娜——剪纸丰富我的人生

我是1980年生人，海阳凤城人。我爱好剪纸，是因为从小就受姥姥和妈妈剪纸的影响和熏陶。

一、我的姥姥和妈妈

小时候，我总看见姥姥的炕上有一只纸笸箩，里面放一些大红纸，姥姥把一张纸折叠几下，再把一把剪刀在手里三转两转，就剪出一个栩栩如生的“小鱼”“小虾”“小螃蟹”，我就特别地喜欢。平时，姥姥一有时间就在剪纸，戴个老花镜，碰上逢年过节，或是谁家有喜事，姥姥就更忙，好几个不同底色图案的喜字、窗花贴到玻璃上，特别地好看。

有一次，姥姥在家剪纸，我看炕上有几个大方盒子，姥姥往上糊些花纸，姥姥又用剪刀剪了一些剪纸图案，用的是黑色很亮的纸，漂亮的小花、小草、小鸟和漂亮的花边，还有鸳鸯。姥姥问我哪个最好看，我说鸳鸯好看。姥姥说我的大外甥真会看。我说姥姥这是干什么呢，姥姥说给你小姨结婚用的，贴上漂亮的鸳鸯，还套上各种颜色的剪纸，以前用的是电光纸、蜡光纸，很亮。我说，哇！这么好看，你怎么不给我妈做一个？姥姥说你妈结婚的时候我早就给了，你家里有，你问你妈妈。妈妈当时在外边洗衣服，笑着说，对，你姥姥给我做了，在家里装的衣服。我说我也要一个，姥姥我也要个装衣服。姥姥说，叫你妈妈给你做一个。妈妈笑着说，等有时间妈妈给你做一个。我说妈妈你会剪吗，我要姥姥这种漂亮的剪纸。妈妈笑着说，你姥姥早就教我了。

我妈妈不去上山干活的时候，她就经常在家坐在炕上剪纸，邻居家的小朋友叫我出去玩，上山去摘山枣，爬山，我也不出去，就在家和妈妈剪纸，剪些小动物、小鱼、小虾、小花、小草的，上学分给我的好朋友们，还有一些更好看的折叠纸小团花之类的剪纸，我经常拿学校炫耀，人家都说好看。有一次村里有人结婚，妈妈给剪了喜字，别人家还送来了糖。妈妈放在炕上，放学我一看糖就两眼一亮高兴地说，妈妈谁给你这么多糖，妈妈说村里有结婚给的，我笑着说你帮人家剪喜字了吗，妈妈笑着说，对啊，我教你剪喜字吧，以后你帮别人家剪喜字，还有喜糖吃，多好！还沾个喜气，以后你结婚你自己剪吧，笑着对我说。那次是我第一次脱手剪喜字，算是真正入门，自己盲剪喜字4折，喜字是长方形组成好剪，只要记住口决就行，三一二一，剪的时候长方要剪直，我跟妈妈学了一个喜字还真像，妈妈高兴地说，再练习下，别忘了。后来我慢慢地也开始学对折着剪小鱼、小虾等小动物，喜花、团花之类。

快要过年了，妈妈打扫完卫生，蒸完大花饽饽，在家里剪纸，那时候我记得是一些像写对联的纸一样，一大沓，剪了一些大红色的漂亮的窗花图案，其中有对折的生肖，还有团花，折了几下，就剪好了，一展开像一个大花一样。妈妈剪了许多，让我跑腿送我大舅、二舅、小舅家，等我回来看到妈妈把剪纸贴在玻璃上，门上，红红的真好看，真是有年味。小时候就觉得妈妈一剪纸就要过年了，我又要穿新衣服了，收红包了，所以以前特别喜欢过年，也特别喜欢剪纸。

我妈妈有一个漂亮的剪纸盒子，上面也有剪纸，有一次我好奇打开了一看，里面放了一些红纸黑纸和各种颜色的剪纸，还有些没剪完的半成品。我也想剪一下试试，拿起一个半成品，把一个圆剪成了方形，剪的全是锯齿，我心里有些害怕被妈妈发现好批评我了，把她的半成品剪坏了。结果妈妈看见了，没有说我，她把刚才的图形随意又变了个图案，完全看不出我原来剪坏的地方了，太神奇了！妈妈就现场发挥，变成了另一个图形，就是另有一番风味。妈妈对我说，你要剪什么，脑子里想，剪时手脑结合，不能去想别的，剪时边缘要光滑，别毛毛边。妈妈边说边给我剪了一个大团花，妈妈说首先，你的脑子里得有这个图案一样，想剪就剪出来了，剪纸的过程，得按顺序，先从里面往外剪，先剪复杂的再剪简单的，先剪主要再剪次要的。剪纸的基本技法的五要素是：圆、尖、方、缺、线。圆要圆，要像圆如八月十五的月一样，饱满圆润；剪尖如麦芒，尖而挺拔；剪方如方砖，整齐有形，剪缺如锯齿，排列有序；剪线又如胡须，均匀精细。剪口整齐，不留缺茬，又不能剪过头或剪坏别处。这是剪最基本的要求。通常一个动物图形，大体出来了，但是里面的装饰图形才好看，一般如动物的是用锯齿纹，通常表现坚硬、刺状或绒毛之类的物体。剪时一正一斜地剪，多用于各种动物的“毛毛”，它的种类变化繁多，有长短、粗细、疏密、曲直、刚柔之分。如果在内部，先在尖处开一长口，然后开剪，剪时要注意根尖之间距离相等，如果在外部就随着外形剪。月牙纹是一种弯曲的宽窄、长短不等的呈现月牙形的纹样。用来表现整个事物的形象，如表现衣纹，很有装饰性，在剪时有意识地强调，以增强作品的艺术感。花朵纹，装饰用的很多，是一种图案式的小花，通常为梅花、桃花、菊花等图案。大一点可用多层花瓣加以表现，小一点可用三瓣各五瓣加以表现，有的几个点出来一个花形，多用于服饰和各动物身上，也用于环境花草及器物图案上的装饰，是塑造形象不可缺少的纹样。还有剪纸图案寓意，如过年过节喜庆，剪一些来年庆丰收、盼家兴旺、风调雨顺，如“五谷丰登”“连年有余”，洞房窗花有“鸳鸯戏水”“鱼戏莲”“麒麟送子”，这是我们农村常用的一些图案，寓意好，你记住了，一般要经常练习一下，这个剪纸符号，运用好到各个图形及图案里特别好看，多了一种灵气，十分好看，一个图案不是一下就剪好了，得多练习，熟能生巧。妈妈说我不认真，说剪纸是个细活要认真仔细，从那以后我拿起剪刀不那么毛手毛脚了，先想一下再下剪刀。剪得一次比一次好，夹在书里，每次都比上一次有进步，再后来看别的村上及我们村的小媳妇也有剪得和我们不一样，学了一些剪纸技巧和方法，所以有很好的剪纸基础，谁家有剪纸图样，我都收着，谁村有好图样，我都学着剪，赶集也有好的图样，我买些回来学着剪，后来我都又买一些书，书上都有图样，我在上面学习，从上中学开始就陆续参加省市全国性的比赛，都取得了很好的成绩。

二、我与老师的缘分

剪纸是很枯燥的工作，锤炼人的意志，考验人的耐性。有一段时间，我剪个什么图案自己觉得都不好，不想剪了，可能是到了一定瓶颈期，也没有上升空间了，我就想放弃，但每次我又这样想，一定要坚持，剪纸这么长时间了，都有感情了，不能这么就放弃。

从遇上我的老师，我改变了我的想法，更加喜欢，热爱剪纸了。说起老师来，这可真是个缘分。我很喜欢去看一些画展和剪纸展。在一次剪纸展上，我看了很多剪纸，单色的比较多，再是套色、分色、染色剪纸，拼色、撞色剪纸的表现形式很多，其中我看到了一幅和别人不一样的剪纸放在那里，我心里想这谁还把照片放在这里来参展，那里聚了很多人，我也跟着过去看了一下，怎么远看是照片，近看是一幅是用剪纸形式表现出来的剪纸，天哪！还有这样的剪纸，这是怎么剪的呢，真是一幅特别精致剪纸的作品，远看是一幅画，近看是一幅有点立体多层剪纸，我看了以后跟别的剪纸不一样，很特别，下面还刻着“张延茹”的名字。我看了很长时间，这时来了一个很漂亮很优雅的美女，穿着一身旗袍走过来，她可能觉得我们的神情好奇，于是她给我们讲，她说你们好，我是张延茹，你们觉得好奇，以为不是剪纸对吧，我给你们讲一下，我们以前的剪纸是专色，红色、黑绿色、染色、套色、分色的剪纸比较多，这个是立体多层剪纸，这是以中国传统剪纸为基础结合西方油画的透视画法、中国版画的技巧，这是一个层层剪，层层贴，贴成后成为立体的剪纸，再裱起来，看起来就和别的剪纸不一样，大家听了都很佩服老师，觉得老师真厉害，都说不简单啊，我听了后也特别佩服她，这么年轻有为。我就问张老师，能留下你的联系方式吗，我特别喜欢你，你这么年轻就这么厉害，我以为剪得这么好，是老艺人呢，我想跟你学习。张老师笑说可以，我有工作室，有时间你可以来看看。并给了我一张名片，我一看，名片上也都是剪纸图案，很特别，我很高兴，因为她给了我联系方式，从那以后，我一有时间就经常去找她，探讨一些关于剪纸的事，给我指点一下剪纸，她给我说她的剪纸经历和她的老师，还有剪纸的一些事，她走遍了全国各地，而且去了很多国家，她现在主要在教学生剪纸，有时间经常参加社会公益活动，她是民盟书画院副秘书长；中国剪纸协会会员；山东省工艺美术家协会会员；威海剪纸协会理事；威海非物质文化遗产传承人；国家级高级工艺美术师；国家级剪纸美术设计师；我看到她桌子上摆的一个个奖杯，更加喜欢她了，我心里想，这个老师年轻有为，以后我一定要拜她为师，老师不但剪纸剪得好，而且酿酒也酿得不错，传统酿酒方法采用纯正粮食，家里还摆了各种酒。有一次我去找她，看见她正在和她老公搬粮食，我过去帮了一下，看到酒窖里很多大缸，上面还贴着剪纸，我说老师，一看你们家就是祖传剪纸和酿酒，老师笑着对我说，等我的梅花酒好了，给你几瓶和你家人享用。张老师经常带着我去参加一些公益活动，我给老师当助手，有一次老师领着我去养老院，去教老人剪纸；过年了，老师和我剪一些剪纸，我们去送给社区老人，老人们特别高兴，通过这一些事情，我对老师更加了解更喜欢了。老师觉得我还可以，同意我拜师。终于盼到这一天了，我和老师选了一个好日子，在这一天，是我人生当中重要的一天，我们举行了拜师仪式，老师还请了专门的主持人，给我主持，现场很多人，老师的朋友，我的朋友，老师还给了我一套剪纸工具和一本关于剪纸的书，我终于正式拜入张延茹老师门下，从那以后，老师经常领我去参加一些活动，有时经常去出差，还去参展什么的，我一直学习至今，从小学习大多是传统的剪纸技法，后来结识了张老师学习现代派立体多层彩色剪纸，在学习期间创作了大量的海阳特色现代派立体剪纸。

张延茹老师的立体剪纸，最初剪纸从黑白灰三色开始的，通过老师的不断研究和改进，剪纸的颜色，剪纸用的经张，逐步从三层、十层、二十层、三十层，再到四十层，通过最后呈现出一种更加逼真的效果，在这过程老师还创造了大量家乡题材的作品，这其间，她把纸张改造了，传统原来的生宣和熟宣，都不适合现在的剪纸当中，易碎易晒掉色易腐烂，不易长时间保存，老师联系了南方的工厂，改进了纸张，她现在用的是毛杆纸，经过处理，防潮、防晒、防腐烂、作品保存时间长。装裱的改良，传统的装裱，裱在纸上，现在裱在真丝上，真丝千年不腐，这样增加了作品的含金量和作品的价值，在几十个作品上，老师不断改良工艺，提升技法，从纸张到装裱，到装裱的植物胶，海边比较潮湿，改良了海草提取物，这种胶在潮湿的环境中，越来越坚实，改良了传统工艺，提高了剪纸的收藏价值。

三、难忘的人和事

说起剪纸，我有个最难忘的事，就是那一年冬天，我在家里准备好上学校上课的剪纸资料，看外面下起了小雪，我赶快收拾好往下走，走到路上雪越下越大，开车也不能太快，我心里想坏了，上课的时间晚了，这些学生们怎么办，他们知道这节课我不在，会不会太乱，肯定会都在玩都在说话，平常有时间都控制不住，老有同学在说话上课。我就打电话给别的老师先帮我交代一下，打电话老打不通，可能老师上课，静音没听见，我很着急，没办法，雪很大，也只能慢慢地开了。等到我到了学校，我赶紧停好车，跑上楼，当我气喘吁吁跑上三楼特长班教室，我眼镜马上腾起一片雾，屋里太暖和了，我摘下眼镜，看到教室里的学生们都安静地低着头在剪纸，我心里高兴激动得不行。这时一个叫小丽的同学拿起点名册给了我说，老师我都点名了，缺一个，有个同学今天上课都没来，请假了。我们看外面下大雪，觉得你开车肯定慢，路上滑，开不快，我们自己开始剪了，有上节课没完成的我们继续剪，还有的同学交作业了，都写好名了，放在办公桌上，你给我们看一下。原来是小丽组织孩子们在自己完成作业，看到同学们这么懂事，我心里特别高兴，于是我说，同学们今天外面下大雪，应今天的景，那么我就教给大家剪一个雪花吧，同学们一听都笑起来，说，好，剪雪花，我早就想剪一个了。然后都把手里的活放下，高兴地拿起小剪刀跟我学。这件事让我每次下雪的时候就想起我的同学们，他们太可爱了，也说明了他们是真的喜欢剪纸。

我现在主要在学校和社区教剪纸，现在很多年轻人和孩子都不懂剪纸，作为一个剪纸非遗传承人，我的责任是让我们的剪纸艺术继续传承下去。咱们中国剪纸入选世界非物质文化遗产名录，剪纸艺术得到了重视，越来越多的人喜欢这个古老的剪纸艺术，我想让更多的人了解、知道并学习中国最古老的民间剪纸艺术。

四、我的剪纸创作

我善于从生活中寻找创作的素材。在我儿子很小的时候，有一天我陪儿子在看动画片，我看到了一艘船，船上掉下了锚，锚很像个猫的嘴型，此时来了很多鱼，组成了一个猫的图形，突然我灵感来了，第二天我就开始创作这幅剪纸，这幅关于猫的剪纸一直挂在我的家里。陪儿子上动物园，看见了猴子在吃桃子，特别可爱，我联想起寿桃，就设计了一个大寿桃，里面有个大猴子，回去的时候就做了一幅作品，这是对传统生肖作品进行创新设计。

我的作品创作的灵感主要是生我养我的家乡，我爱我的家乡，我从小看见的一草一木，我看见的民俗习惯都是我创作的题材，比如从小我跟妈妈拐着小篓走着去赶海，都是现实生活中的事情，我也把它创作成剪纸，总而言之，我们所有的创作都是源于生活当中。

我还结合多种美术类型，创作出人们喜爱的剪纸作品，主要有、拼色、撞色、套色剪纸。

拼色剪纸。是指用多种色纸拼起来的剪纸。色纸多用蜡光纸，用刻刀进行操作，为什么用刻刀呢，因为剪刀剪最多能剪几张，而刻刀可以多张在一起，产量高，一般一次将各种颜色不同的色纸整齐叠在一起，把四个角固定一下，这样一次就可以剪成颜色不同的多幅剪纸。再将每一部分分别刻开，刻成很多部分，打乱所有的色彩，打乱穿插，重新组合，使每幅剪纸图案相同，但颜色各异。

撞色剪纸。颜色分明，二色的剪纸，它与分色剪纸的区别是，分色在两个色以上。

套色剪纸。套色剪纸是彩色剪纸的一种，有整体套色和局部套色两类。整体套色的制作方法是，以阳刻剪纸为主稿，多用黑纸，刻好后，根据各部分的色特征在底部衬以不同的色纸。例如荷花衬红色、粉色纸，荷叶衬绿色纸，蓝天是衬蓝色，制作方法是把剪纸反过来扣在要需色纸的背面，用很细的铅笔把想需要套色的形状勾画下来，按照漏空的大小，也可以稍微大一点，以方便好贴，不易贴漏，不齐，剪出纸片，然后分别剪好，再把剪出的各种色纸按设计想的要求部位，很准确地套粘在作品的背面。颜色根据自己作品大胆地创造。局部套色只需在某个局部进行，不是所有都套色，颜色要求少而精，在画面上起到画龙点睛的作用，例如美女捧花，整个美女图可能为黑色底稿，在花的部位可以用个红色的纸衬托上面，显的整幅图特别美而亮丽。

艺术改变生活，剪纸丰富人生。我现在在家一有时间就剪纸，感觉一拿起剪刀，时间就过得很快。坐在那里不觉警一天就过去了，感觉时间过得很快。我剪纸的时候，我的小闺女就在那看，说妈妈我也要剪纸。我说你太小了，等长大再剪吧。孩子不听，哭着闹着她也要剪，我就给她买了个儿童剪刀，我把我剪纸的下脚料给她剪，宣纸太软不好剪，我给她找了一些 A4 大小 70G 红纸，纸比较硬好剪，还真挺爱剪，拿剪刀还挺像那么回事，刚开始随意剪，慢慢地我拿笔画个图形给她剪，慢慢随着图形剪，剪得不直，我也很开心，慢慢来，这真是大人在家做什么，小孩看了也受影响，等她长大了我也要好好培养一下她剪纸，希望把剪纸继续传承下去。

刘彩虹——彩虹持练当空舞

我叫刘彩虹，1957 年出生在南京，我父亲在南京总高级步校任教官，我四五岁时，随父母转业回到地方，在享有剪纸盛誉的烟台栖霞安家落户。

一、家庭启蒙

小的时候，我最爱去小姑家玩，喜欢看小姑家窗户上那一幅幅栩栩如生的花鸟虫鱼、十二生肖等不同颜色的窗花、窗帘、拉花、踏花等。姑姑家的剪纸氛围特别浓，四个表姐也都喜欢剪纸。我去姑姑家后总是会和姐姐们抢剪刀，然后坐下来就能剪一天，兴趣来时还能剪到半夜，弄地红纸屑满炕都是。有时剪纸时剪刀会把手捅破了，肿胀感染，大人们会心疼地不让我摸剪刀，而我好了伤疤忘了痛，仍然无比喜爱剪纸这个手艺活儿。我很快掌握了剪纸的熏、染、描、画、剪等全套技术，自此一发不可收拾。后来我剪的窗花，送给邻里乡亲，那些婶子大妈装饰在家里的窗户上、天棚的边、角、圆心上，还有自家姑娘出嫁的嫁妆盒子上，喜庆、欢快的气氛一下子就出来了。

我的剪纸艺术之所以能快速提高，一方面是我对这门艺术的爱好和环境的熏陶，另一方面也来自我母亲手把手的指导。我母亲、姥姥、太姥姥本身就是三个时代的三个“伎俩人”，母亲从前随部队后勤转战南北，剪裁、修补服装是拿手活，在部队那些年，邻居小孩穿的衣服上，衣领、口袋、前胸绣的各式样的图案，像小兔拔萝卜、梅兰竹菊等都是出自我母亲之手。至今我家里还有40多年前我刚参加工作时母亲给缝制的椅垫，那上面四角的梅、兰、竹、菊刺绣图案还是那么鲜艳。我听母亲说过，百年之前我的两个舅老爷就在烟台做鞋帽生意，自己家设计自己家绣鞋帽，生意可红火了，后来日本鬼子侵略到烟台时，不得已才举家离开了烟台。所以我母亲画花、绣花、剪花的手艺都是家族传承的。

我母亲心灵手巧、心地善良是出名的，全村的妇女、小伙伴都爱到我家玩，小伙伴跟我学剪纸，大人们跟母亲搞刺绣、剪裁，其乐融融，我的少女时代过得是有滋有味。如今已年近九旬的老母亲，每当看见我在创作剪纸作品时，还会凑过来帮忙。

二、职场因剪纸增色

1975 年，我高中毕业后从事教育工作，在我任教的教室里，我会充分利用专栏墙报来展示剪纸技能，将栏版的四周布上了梅、兰、竹、菊等剪纸图案，给教室营造出诗情画意的文化氛围。教委领导每每都会选择到我的教室里听课，我心里高兴，讲的课也更生动形象。

1976 年，我调任栖霞亭口政府工作，那个年代由于会议多，活动多，板报和展览等宣传阵地，正好发挥了我的剪纸特长，会议会标及装饰用的垂帘拉花、五星、福、喜字等，需要什么剪什么，几幅剪纸图案就把场地装扮得琳琅满目，一片生机。

1995 年，我由栖霞市计生委调到农业发展银行工作后，农发行丰富的职工文化生活更给了我施展剪纸技艺的一块天地。为了办好“职工之家”，我承蒙剪纸名师栾淑荣的指点，会根据形势需要，分期更换剪纸版面，在妇女节、建军节、国庆节、新年春节、奥运会等重大节日活动中，自行设计剪出员工们喜闻乐见富有代表性的内容。在“职工之家”的活动室，根据国家政治安定、经济稳定、政策性银行业务职责的范围等特点，精心设计别具一格的艺术剪纸图案。在党员活动室，我结合当时迎奥运的题材，将马克思、恩格斯、列宁、斯大林、毛泽东的伟人头像设计在中央，农业发展银行服务“三农”的职责和奥运会各项目英雄健儿拼搏的身影环绕在周围，再将各民族舞蹈欢庆的场景安插在四个角部，整幅作品洋溢出在中国共产党的领导下，举国上下一片欢腾美丽的景色，展现出中国人民放飞梦想、勇往直前的愿景。经我用剪纸作品装饰后的活动室，一派生机盎然，许多来督导检查工作的上级行领导都愿意在版面前留影。这期间市分行工会也多次将我的作品在市行的职工之家展示。我的一幅《喜悦》主题剪纸作品曾经发表在省行主办的杂志上；《人生四部曲》《无题》《高处不胜寒》《欢庆》等主题剪纸作品到省分行举办的“职工书法绘画摄影等作品展览”中亮相，还被选中参加全省地市行的巡回展出活动。我应邀给当地一个烤鸭饭店的剪品——龙凤呈祥、舞蹈、欢迎光临、花瓶和牡丹等，装饰到饭店后，生意很红火，食客都说：“来这吃饭还能享受到这么高雅的剪纸艺术氛围，真是值了！”

三、退休后剪纸是主业

2012年，我退休了，本来可以安度晚年，却并没有闲下来。一面国内国外来回地奔波照顾孙女和老人，一面继续跟随朱曼华老师学剪纸，忙碌而又充实。在朱曼华老师的精心指点下，我的剪纸技艺得到长足发展，被老师称为最贴心最中意的弟子。近年来，我在国外的儿子、儿媳将我的剪纸作品相继送给身边的外国友人和专家教授，受到普遍好评，有些留学生在老师那发现这些剪纸艺术品后，都赞叹不已。

退休后，虽然没有像其他同龄退休人员那样安享晚年，虽然每日很辛苦，但在剪纸创作这条道路上我心里却是甜的。我坚持出席一些社会公益活动和各级文化艺术展会，尤其是我从师剪纸大师朱曼华老师后，跟随老师走南闯北，剪纸作品也随老师走向了世界。

2014年6月在“烟台非物质文化传承基地”朱曼华老师展馆为“亚洲媒体烟台行”11个国家13家媒体进行了现场展演；

2015年陪同朱老师专程到北京接受联合国妇女儿童基金会主席Ailis剪纸研讨；

2016年6月，在“烟台非物质文化遗产传承基地”朱曼华老师展馆为“韩国主流媒体聚焦烟台”进行剪纸现场表演，《烟台日报》做了报道；这一年，栖霞电视台播放“八一”建军节栖霞剪纸活动，播放了我对剪纸作品《人生四部曲》设计理念的简介视频；

2017 年 12 月 22 日陪同朱老师在北京《人民日报》海外网《文化频道》启动仪式上进行现场剪纸表演，受到国内外入会人员赞扬。《巾帼英雄走向世界》荣获 2017 年山东剪纸艺术展优秀奖；

2018 年《金融文坛》第一期封底采用了我的《狗年全家福》主题剪纸作品；同年在烟台市“新春走基层”活动中，应邀参加了烟台民俗博物馆与烟台新世界百货的剪纸互动，并专题为“烟台水母网”赠送了《不忘初心》剪纸作品；1 月 12 日，参加了由金石友谊读书会和三人行茶社联合承办的金融“文化工匠”艺术社成立暨颁奖仪式，我被聘为“文化工匠”艺术社第一副社长，微头条、搜狐新闻给予了报道；5 月，参加了济南《银海帆歌》首发、征文颁奖仪式，并向参加会议的全国金融作家及《中国金融文化》杂志社赠送了剪纸作品；11 月，参加了济南金石友谊读书会理事研讨会，与会介绍了我剪纸的技巧和设计理念，为读书会赠送了剪纸作品。

俗话说干一件事容易，一辈子干一件事却不容易，更何况是利用工作之余。我从事金融行业，业余剪纸坚持了几十年，几千幅剪纸作品装饰在朋友婚庆嫁娶、老幼生辰贺庆以及各类不同的会厅场合中。我巧手剪出的梅兰竹菊、花鸟虫鱼等均栩栩如生，形神兼备，不仅进入了平民百姓家，也堂而皇之呈现于各种展厅、各种金碧辉煌的会议室及国内外友人的会馆中。中国剪纸这种古老的民间艺术，是世界非物质文化遗产。我的剪纸作品还将这种文化遗产传播到了海内外，分别被加拿大、澳大利亚、韩国等十几个国家大中院校教授、文人墨客及国内、外友人收藏和分享。

四、我的剪纸设计理念

我的作品除了具有浓厚的民间生活情趣，更有一些厚重的政治底蕴，这可能与我生活的年代，亲身经历和见证的共和国成长历程有关，岁月无痕，在我的叙述中，过去发生在身边的故事，就宛如平常一段歌……我希望用剪纸表现我们这个时代。我举几个例子：

《不忘初心》：《不忘初心》围绕习主席回忆过去展望未来，一带一路实现中国梦的核心价值观，首先展开中国革命的成功——老长征（小推车），井冈山，遵义会议确立了毛泽东的领导地位，毛主席指路，周总理朱德将军扶马前进，向着北京天安门，取得了建立新中国胜利；新的长征已经发展到海、陆、空跃居世界前列，海有蛟龙，路有高铁，空中有卫星，宇航员向大家招手；港澳回归，领土完整，上海地标建筑物、火箭气势如蛟龙腾空，万里长城如巨龙腾飞、雄伟壮观，五星红旗、党旗、军旗迎风飘扬，充分体现伟大的中国站起来了，富起来了，强起来了！全国人民遵照习主席不忘老长征，继续新长征，一带一路，和谐发展，撸起袖子加油干，为实现中国梦，奋斗就是幸福！四个角的上方橄榄之手、和平之愿，下方左右双手持荷花，托起一片蓝天。设计理念为平手托水、财，蜻蜓自由采蜜，表示公平公正自由、荷花谐音‘和话’，整幅作品天方地圆，寓意全球人民团结一致，共同发展。

《和谐家园》：作品以国兴家幸，夫妻和睦，宏图大展，子女愉悦为主题。版面布置以老寿星托福，以蝙蝠、鹿、寿桃、喜鹊寓意“福禄寿喜”，以松、竹、梅寓意“岁寒三友”，以喜鹊登梅寓意“喜上眉梢”；官人上朝，夫人送福（蝙蝠），凉亭上公子和小姐互相学习或淑女好逑，五个孩子敲锣打鼓寓意五子登科一派佳境。呈现五子登科兴，各路朋友助，和谐家园颂。

《巾帼英雄走向世界》第三版：一位身穿中国传统披风的女子，手握一个文卷，神采奕奕地站在七大洲四大洋的地球中间，凝视着远方，传播中国文化。女子前方有和平鸽引路，希望全球和平，世界团结。卷面布置按照每个大洲的典型代表动物布局，阴剪浓重，阳剪开阔，给人一目了然的感觉。七大洲动物：亚洲——国宝熊猫；欧洲——棕熊、马鹿；大洋洲——袋鼠；北美洲——浣熊；南美洲——树懒、卷尾猴；非洲——大象；南极洲——企鹅。海洋中设计了海豚嬉戏，寓意和谐，两只小船寓意福寿双全（船），鱼则象征着世界人民生活富足有余（鱼）。

《祝福》：以“福”为根基，以“花开富贵、龙凤呈祥、凤穿牡丹”为典故，“如意祥云”福中藏，福禄寿喜保安康。《祝福》这幅作品是我为济南金融工匠会议启动仪式特意设计的，作品中用了笔名“金潮”（中国金融作家协会副秘书长，山东创作中心主任，山东省作家协会会员）贾善耕主任的“书画”——鹿；采用了金融女作家、书画家王炜炜的喜鹊登枝。全幅寓意福（福字）录（鹿）寿、喜（喜鹊）。彰显国家形势一带一路（车、路）和生态环保。作品参展介绍后得到入会领导和艺术家们好评，许多网站报道过。

近年来，我的作品屡次获奖，《节日快乐》经山东省农发行工会推荐获得山东省艺术品鉴定委员会荣誉证书；为栖霞电业局设计的《电力》《庆建国》《和平》等作品在栖霞市委、市政府举办的苹果艺术节上及烟台市工会举办的活动中获奖；《和谐之美》在省行工会组织的干部职工业余文化展中，获得了艺术类的二等奖。《巾帼英雄走向世界》《全家福》获得了国家级创作奖和优秀奖。

我儿子现在定居国外，我也决心把中国非遗剪纸在国外发扬光大，在我的影响和家庭环境的熏陶下，两个孙女从三四岁就开始接触绘画、剪纸艺术，如今已然在剪纸艺术上初显造诣。

刘鹏涛——我眼中不一样的剪纸

我叫刘鹏涛，海阳西乡人，海阳市小纪镇新庄头村人。海阳地处黄海之滨，古时属登州府治，因其地在海之阳故名，海阳有悠久的文化历史，海阳秧歌就在这里诞生。海阳还有一种古老的艺术就是海阳剪纸，这里所说的海阳剪纸，以海阳西乡最为典型。

一、初识剪纸

我喜爱剪纸，启蒙是从六七岁时候开始的。我的曾祖母叫姜凤春，她生于清光绪十六年（1890年），卒于1990年，享年是101岁。我小时候和我的堂哥堂姐经常跟着曾祖母，她哄着我们玩。她的居住处有个小炕，每天在小炕上。她就会讲故事，同时，她会用剪刀铰一些花草、小房子，还有小衣服之类的。所以说，从那时开始她保存的剪纸图样，她就会用手指着，告诉我们，这是个什么，那个是什么，我就和哥哥姐姐跟着看，看的同时，她还会说这个是干什么用的，那个是干什么用的。在她九十多岁的时候，逢月一、十五，她会到这个村西的十字路口去。这个十字路口正冲着我们邻村石马村，石马村有座庵，这座庵大约建于清康熙四十七年，庵名叫“香山龙凤庵”，这座庵是尼姑庵，曾祖母在村西的十字路口那里烧一些铰的东西，这些铰的东西就是咱现在所说的剪纸了，烧些小房子、小衣服、小动物、小饰品啊什么的，这叫酬神谢神。意思就是她许了愿，把应承的这个东西朝着那个方向给神送过去。所以说从小的时候就觉得铰纸挺神秘的，这就是我六七岁跟着曾祖母对剪纸的最初认识。

然后是我的奶奶（祖母），我的奶奶叫于作香。民间美术都是相通的，我奶奶做面食也是一绝，蒸花饽饽，蒸老虎最拿手，上梁炸凤凰（炸馃）蒸圣虫，村里没见过第二个。一人做饭全家吃，挨家送，给大姑姑家、大伯家、我家。我母亲做面食经常跟我奶奶学。奶奶特别疼爱我。同时，她也会剪纸。平时做纸缸、纸笸箩，她都铰一些团花贴上去。除此之外，印象最深的是在每年的十月一，十月一这天叫送寒衣。十月一前几天，她会用彩纸铰一些衣服，同样也会铰一些花草啊，一些小猫小狗之类的东西，在十月一这天上坟烧掉，这就是送寒衣。以剪纸的方式缅怀亲人。这是十岁以后，我对剪纸的认识。

二、剪纸的多种用途

还有一类剪纸是吊子，我们叫吊纸，吊纸就是过年的时候请老人家回家过年用的“马鞭”。吊纸它分单、双吊纸，铰的长度有时可以从门楼顶直贴到地面这么长的一支吊纸。吊纸是用标语纸铰，一般都是用三种颜色的纸，黄、粉、绿三色，这三色搭配起来好看。吊纸，在年三十的下午铰，家中先预留下两三支。剩下的吊纸，请年的时候，插到坟上，有几个先人带几支，但是一定要多带一两支，多的一两支要带回来。过年的晚上，堂屋的正北要供祝子，祝子两边要放上请年带回的吊纸。过年大门上挂灯笼也插吊纸（家中先预留下两三支），草垛上也插，因为马要吃草料，初二送年时吊纸烧掉。吊纸实际就是一种类似“幡”的东西，俗语称“马鞭”。过年也贴挂钱，挂钱是抠的，抠就是刻。我的从堂伯父叫刘明胜，他是一个阴阳先生。村里老人去世后，会做五谷囤，五谷囤上面会插一支白纸篷伞。白纸的篷伞只有他会做，篷伞类似幡，好像是护着故去的人到另一个世界去。就是这样，不同时间，不同用途，剪纸在特定环境下有不同的实用功能。

等到了我上小学，农村剪纸用得最多的就是家里的装饰，比如说仰棚。我的姑表伯父，他是我小纪镇大刁家村姑祖母（姑奶奶）的儿子，叫刁永寿，他专门就是一个扎仰棚的。他扎的这个仰棚，就是一个纯色的剪纸，比如说黑色四角蝴蝶中间团花，墙围就是黑色四角蝙蝠，用条线串联。每次，他来我家走亲戚的时候，我必然会让他给我铰蝴蝶。他剪的剪纸一般就是黑色为主。

我的曾祖母可以说是让我意识到剪纸这个东西挺神秘的，在生活当中有一种实用的价值，一种寄托。而我的奶奶和我的姑表伯父，就是真正把我领进门儿的，因为在这两个人的影响前提下，我对这个剪纸图案特别喜欢。逢年过节的时候就会铰窗花、铰吊纸、抠挂钱。到了九十年代，家里装饰，我家里糊花墙，贴炕围，剪蝴蝶黑带的时候，那就是我自己剪了。同时剪蝴蝶，也作为一种小特长了。2004 年我就开始参加教学工作了，活动课上就教学生剪蝴蝶。

海阳西乡剪纸有实用特点，许愿谢神酬神、喜庆礼仪、节日祝贺、生活日用、婚丧嫁娶，剪纸作为窗花这种用得少。剪纸这个颜色，主要是这个黑色的，用得最多。黑色的如同笔墨。文人用笔墨描绘事物。村妇用剪纸描绘事物。比如说这个仰棚子花。黑色的这个剪纸在海阳应该是用得最多的。

三、剪纸与民间信仰

我曾祖母 1990 年才去世，我 1981 年生人。她经历了光绪、宣统、民国、新中国，小时候跟她在一起。她经常给我们讲故事。关于剪纸我记得一个酬神谢神的例子：某天，某家孩子，病了。哭闹不停，这哭得实在是让人揪心。家人会请本家年龄较长的女性长辈过来看看，先摸摸小孩的脸蛋儿，说："别怕，别怕，一会儿就好了啊。"女长辈就会焚香许愿。然后就是说一些求神的话，让小孩好起来，并许下事物作为报酬。并以十五的时候为期限还愿。女长辈说完之后再弄一点酒水，把神送走。说也怪，一会儿小孩子好了。好了之后，就得酬神谢神，在十五这天，一般就会写一个疏，疏的内容是感谢的话，再把许愿的事物一起准备好，一同在十字路口焚化完成。例如说与神应承的事物是演戏《锔大缸》，那么女长辈就会象征性地剪一出锔大缸剧中的人物。把疏和人物烧掉，还愿谢神。若是与神应承的，需要个房子？好，我给你剪一个房子，若是需要把扇子？好，扇子上要有雕龙画凤，我就给你剪上雕龙画凤的。若是喜欢小动物？喜欢小猫儿啊，我剪一个猫图给你。就是这种方式来酬神谢神。

现在我们看到的剪纸主要是红色单色居多。其实海阳西乡那里大多是套贴和拼贴。海阳西乡剪纸分为两种。一种套贴拼贴，全部是用蜡光纸。红宣纸很少，因为过去农村使不起红宣纸。那个箍漏匠戴的什么帽子，用什么颜色，帽子上有朵小花，用什么颜色就把它衬出来。有些细节吧，箍漏钻不好剪不好扣，就单独铰这么个东西，用不同颜色把它对在一起拼起来，用一张整纸把它衬出来，这样就成了一个作品。第二种也是蜡光纸，就是纯铰的单色系。而套贴的剪纸是比较庄重，意思是这是一套精品佳作。因为那个单色的它就是一个颜色，一般都是仰棚、笸箩、炕围这些用，结婚的时候会用个红纸剪个囍字、团花啊，往上一放就行，就是这样。

套贴和拼贴比单剪复杂，复杂就是为了庄重。前文提到的那座“香山龙凤庵”，每年三月十六日赶山会。传说这一天是天仙圣母的生日，山会好多人，省市以外的都来。这个山会不光是买卖东西，主要是拜神，因为这座尼姑庵供的是天仙圣母，也就是碧霞元君，这山会还有个名字叫“龙凤山诸仙会”。我的伯祖父，现在若是活着一百二十岁左右，他讲过：山会那天，四方信众会把天仙圣母的半朝銮驾拉（请）出来锣鼓开道，彩旗招展，仪仗威严，行至“驮母山”前，再返回送回庵里。一去一来，一出一进，好比天仙圣母巡游还朝。这时，四方信众上供祈福求祥，送的东西以剪做纸活为主，就是说送的供品都是剪纸作品，比如说送一对花瓶吧，红纸黑纸打底，把花瓶的颜色就衬了出来，这样衬出来贴上去就了有立体感。你能看到花瓶上有花，花可贴成各种颜色。上供的供品争奇斗艳。因为是天仙圣母生日，大家都争去祈求保佑。

这些在民间故事中都有体现，我曾祖母讲过一个故事：康熙年间，海阳西乡“寒山”脚下住着有这么一户刘姓人，刘太公英年早逝故去了，妻子姜氏带一个年幼的儿子生活，日子过得很清苦。姜氏为人善良，特别心灵手巧，腿脚勤快，针线擅长，绣龙画凤，家有十亩地，其中三亩树岚，平时纺花、做针线贴补家用。儿子特别喜欢画画。某一天，时近晌午，儿子在街门口用木棍在地上画画，不远处来了一个穿着破旧的跛脚老道人。来至跟前，问家里有人吗？儿答，母亲在家。姜氏闻声出来，老道人上前说，无量天尊，贫道路过贵宅，想要讨口饭吃。姜氏问道，道爷您是哪所道观的？老道答，咱是邻居，离此不远，对北“孤山”——“永成庵”的。庙里香火匮乏，于是出来化缘。问明原因，姜氏就请老道长进屋用饭。饭间，老道人看姜氏针线手工好，边吃着东西就说，庵里无柴火，年龄大了，也不知去哪里弄点柴火？姜氏说，我家三亩树岚，需要的话可去自家树岚打柴。道人连忙称谢，很感动。言道，我一路化缘，就你人家好，我又是吃，又是用的，看你这个人挺好，我老道精通易理，会卜算，也想报答你，这样吧，本月十五，月圆之夜，你在月亮底下纺花，直纺至五更时分，定有好事。老道人回头看笸箩里有剪的花样，就问，你还喜欢剪个什么东西吗？姜氏说，平时做做，挺喜欢的。老道人说，我这里有几个样子，是我去大的道观寺庙看到过的，不知你见过没有，说着让姜氏找来一张废纸，画了一个图样。图样是几所不同的房子，老道人又对姜氏说，如果你能剪出来，最好在十五的晚上剪，你觉得这个房子应该给谁，你想给谁，就化给谁，然后吃完饭，告辞走了。临走时说，记住，我是“永成庵”的道士。贫道从不打诳语。

辞别之后，姜氏的儿子顽皮，不小心把老道人留的图样，弄脏了一点。姜氏连忙就临时用另外的颜色把那个弄脏的地方衬了一下，结果更好看。不觉日子飞快，到了十五这天晚上，姜氏按老道人的吩咐，在月亮底下纺花。直纺至五更时分，忽然从天上掉下一枚铜钱来，这个钱是个老钱，从来没见过，姜氏就把钱放在了一个罐子里。姜氏看着十五的天气真好，思想着，丈夫不在了，唯一最大的希望就是儿子过上幸福生活。能有所新房子。姜氏就在月亮底下，剪起老道人给的房子图样，技法上并进行了改进。用多种彩纸拼贴、套贴，使房子更加漂亮。做完之后，在月亮底下许愿，然后用火烧掉了。

时光荏苒，三年过去了，姜氏的远房亲戚侄子做了官，这个侄子生母已亡。为了报答姜氏哺育之恩。在离“寒山”脚下不远处，向阳之地，为姜氏建造了一所房子。房子建好后，一看，正合适儿，跟许愿化掉的那个房子一样。姜氏心里真高兴。再说，那枚老钱，自从放在罐子里，什么时候花钱，什么时候就有钱。罐子里的钱，今天拿，明天拿，总是拿不完，总是有钱。这时，姜氏想起老道人，心里明白是老道人当年帮了她。老道人是仙人！准备到“永成庵”酬谢他。逢这月十五日，就去“永成庵”还愿，到庵时，老道人还在，原来，老道人是“永成庵”当家人全真邱祖“龙门派”王静修道长。王静修道长这时又正准备扩修庵院。姜氏上前见面，说明来意，表示之前的感谢。说道，多亏王仙长，指点迷津。当时您给我那个图样，现在我按着图样精剪了一所庵院图样，特意送给您，许愿祝福您。然后又在焚炉里化掉。姜氏感恩又捐三亩树岚木材以助修庵院房屋。三年后，庵院于康熙年间建造完成。“永成庵”从此香火旺盛，四方信众都来拜，“永成庵”遂成为昌阳名庵。自此“寒山”下刘姓村里墓地朝向，均朝着“永成庵”。“永成庵”里供奉的是玉皇大帝（天理爷爷），执圭面朝“驮母山”。求签问卜、许愿祈福很是灵验。直到民国时期，“永成庵”还颇负盛名。八十年代初，“永成庵”玉皇大帝的汉白玉石像曾遗落在村中，后不知所踪。

还有传统丧葬剪纸，铰纸人纸马，烧宅子，过去都是铰的。宅子的样子比现实生活中要好得多，一般仿官衙那种大房子去装饰，房子里会剪纸人。比如说男的去世了，会在楼上剪一个佳人。门口有狗，都是立体的，再有一些雕梁画栋。生前是怎样的，死后也必须怎样，如一进门有照壁，用胡秸扎照壁，四角也贴蝴蝶剪纸，两边放上花瓶之类的。

总之，过去的剪纸基本上更多的是作为民间信仰，五谷囤上的蓬伞、纸人、纸马，房子和照壁的剪纸等。所以说它和现在的剪纸不太一样，现在的剪纸主要是装饰性。

四、我对传统文化情有独钟

我从小就是喜欢这个剪纸。我十岁左右就能剪墙围子。我把剪纸当成一种实用的东西来传承，如过年的时候我肯定会折一个牌位，写上名讳，会写疏、会做吊纸、挂钱、窗花。我奶奶过寿的时候我剪过寿字。我也做过酬神谢神之类的剪纸作品，实践上，剪纸就是老百姓生活的一部分。

初中办黑板报、手抄报，我都是班上第一。我是小纪一中毕业的。到我 1999 年上了师范学习美术教育专业，擅长国画、书法。国画启蒙就是说，从小的时候，受到了剪纸的启发影响。曾祖母或者奶奶这些人啊，她们剪东西，有的时候也不是上手就剪，她们也是先画画，再剪，长而久之跟她们学的。书法启蒙就是说，我的阴阳先生从堂伯父替人做事时，我从小就看见他写毛笔字，这些毛笔字的内容一般就是写的包袱。潜移默化受此影响，自己也就拿起毛笔涂鸦，学着写写字，最后喜欢上写书法。

现在不是提倡中华传统文化经典诵读吗，我现在还是“笃敘堂吟诵”的传承人。我们家族的堂号叫“笃敘堂”，出自《易经》《论语》。“笃敘堂吟诵”的起源就是我的伯祖父刘常谈和祖父刘常志，伯祖父私塾念过书，伯祖父和祖父又都喜欢并擅长戏曲、秧歌、曲艺音乐，他们晚年教我的。这个吟诵来源于海阳的官学，村里有个贡生，他叫刘奎英，他传给我曾叔祖刘桂彬，曾叔祖又教给了我伯祖父，伯祖父没有往下传。一直在 1997 年我第一次接触吟诵，暑假有一天，伯祖父他让我过去，拿本《千家诗》告诉我读书是怎么读的，那就是吟咏，古称吟咏，今叫吟诵。从此伯祖父就把这个笃叙堂吟诵传给了我。

凡是传统文化的东西我都喜欢，我现在除了剪纸传承之外，对于嵩阳家史、地方志的整理都感兴趣，已到不惑之年，开始写日记，以日记串联事情，今年正月初九去我岳母家出门，她村里有个武秀才的房子，那个房子在建筑上很有特点，我就喜欢这些东西，就记下。再比如我们村流传近百年的海阳大秧歌里的“大夫调”，就是我的伯祖父教我的，现在健在的同村姑爷爷就是我们村“大夫”的代表，又能丰富我的吟诵。“大夫调”本身就是一个文人的产物，原本与吟诵相关，如《拜松门》：“村前松门挂金匾，五谷丰登写上边，就冲着匾上这四个字，明年定是个丰收年哪。也可用来吟诵”“朝辞白帝彩云间……”“白日依山尽……”。这些东西都是相关联相沟通的。我本身是教美术的，所以剪纸教学有得天独厚的条件，我所在烟台中英文学校，重视素质教育，有课外活动辅导课，教的学生还得过奖。

吕月华——迷剪纸迷了一辈子

我今年 77 岁，是海阳市留格镇山口村人，打小就喜欢剪纸，到今天已经七十多年了。七十年来，我从兴趣开始，逐步把兴趣变成了爱好，把爱好变成了责任，把责任变成了事业，使剪纸这门手艺成了我生活中不可缺少的一部分。

一、兴趣督促我不断地学习

对我来说，剪纸是一项既古老又现代的手艺。为什么这样说呢？说它古老，是因为我从小就接触，距今有七十多年了，年代久远。记得我小的时候，经常看见母亲、姥姥点着煤油灯，坐在炕上剪纸，一把剪刀握在手里，在纸上左转右转就转出个物件。每当看到这里，我心里都非常激动、佩服，也有跃跃欲试的冲动。她们剪的花样很多，有窗花、门笺、动物、花草，大多与生活相关，而且看到什么剪什么，母亲会用针在纸上划个大样，当时我就想，有朝一日如果我也能剪出来多好。七八岁的时候，我学着她们的样子，拿起剪刀，跟着剪起来。在我的剪纸记忆中，有许多令我难忘的事。母亲教我剪的第一幅作品到现在我仍记忆犹新。这是一幅比较好剪的作品，只把纸连续对折三下，再在外围剪一条斜线就成了，打开就是一个五星。就是这样一个作品，我当时不知剪了多少遍，由此也产生了对剪纸的兴趣和认真的态度。母亲对我说，只要我剪好了这个五星，就算是入门了。我按照母亲教的，先折好纸，后剪了一刀，心想，完成了，这么简单！待打开一看，我忍不住笑了，这哪里是《闪闪的红星》中的五星，分明是天上的星星，五个角大大小小、长长短短，一点也不规则。母亲看了，笑我说："剪成星星了，五个角都不一般齐，这可不行。"母亲拿过纸，认真地折起来，一折，两折，三折，然后在折心外思量一番，斜剪一刀，开折后，一个周正的五星豁然展现在眼前。

母亲说，剪纸前脑袋中首先要有个物像，也就是知道打开后可能是什么样子的，再是折叠要认真，下剪要有数，她边说边比画给我看。我按着母亲说的，用针鼻画个样子，剪了几遍终于成功了。现在回想起那次剪纸，仍回味无穷。母亲为什么把它作为对我的启蒙，现在看，是有一定的寓意吧。一是这个作品易剪又不易剪，说容易剪是指除了折叠外，只需剪一剪刀，通过让我剪，激发我的兴趣；说不容易剪，是指折叠要准确，折剪要衔接，不能随意，尤其是折的环节，提示我剪纸是个细作活，需要仔细。二是她想通过这个作品，让我同前辈一样，把剪纸这门手艺传承下去，并鼓励我让我自信起来。再一个，也许母亲是想传授门手艺，让我作为生存的手段吧。我母亲就我一个女孩，其他都是男孩，当时学校要做劳作（民间工艺品），我母亲给哥哥们用泥巴和高粱秆做成玩具“王婆赶鸡”，或者捏个马、大板车等泥玩具，给我则是剪的梅花，用灯熏下，做成剪纸熏画带到学校，我对剪纸更就来了兴趣。我还记得小时候村子里有块老石碑，石碑上面有牡丹花纹，于是我就跪在地上，用手在泥土上划，着了迷一样描摹花纹，那也是我美术上较早的启蒙临本。后来又学习剪双喜字，由于懂了路数，剪得很顺手。从那以后，我有空就剪，剪多了，手也就巧了，什么窗花、门笺、动物、物件都能剪了，而且剪得有模有样，用母亲的话说，真像会事。那个时候，我也学会了无稿创作剪纸，即在没有笔痕的情况下，以剪代笔，直接创作。会剪纸后，我隔三岔五就给乡邻们剪窗花、喜贴儿等，碰到邻里乡亲家里有喜事，也会无偿赠送自己的作品以表达心意。我认为，美的东西需要传播，只有传播了，大家分享了，才能体现出价值，才能让大家了解，才能让剪纸艺术更好、更快地发展起来。

后来我慢慢长大，成了我母亲的帮手，村子里结婚喜事中的剪纸、面花、刺绣，我也都会参与。有一年，海阳市政府安排泉水乡的一位老师到村里讲刺绣，我本身也会刺绣，这样一来我更着了迷，一整天都待在讲课老师那，中午饭都没吃。老师讲的东西对我启发很大，但讲课只安排一天，讲完后就走了。晚上，我回家后怎么也睡不着，思量去找老师探讨一下，就想法要来老师的住址，第三天就坐车去了。因为我比较好学，得到老师的赏识，从此我也会缝很多东西，比如布老虎、枕头顶、虎头帽、虎头鞋、绣球、五毒枕等。后来村子里派我去前阳台学裁缝学了 8 年，当时我已经有三个孩子了，后来又在村子里开商店，然后创业，又在山口水库开饭店开了 19 年，在开饭店的同时也为村子里的村民剪纸。开饭店期间也为学校送温暖教剪纸做公益。退休以后才真正开始我的艺术生活，也算是我创作的高峰期。画画、剪纸、做面塑、做刺绣，一时也闲不住，这期间文化馆组织的很多活动我都积极参与。

二、我的剪纸观点与实践体会

我的剪纸都是自主构思设计的，不管是什么图案，只要看到过，我就能剪出来。图样从生活中来，只有从生活中汲取营养，作品才有生命力，这是我这么多年的剪纸生涯的体会。同时，我还认为，剪纸必须要有良好的美术功底，在此基础上，加强个人的创新，搞好图案设计，不能老是模仿别人的东西，那样形不成自己的特色，只能保证手艺不会失传，却远不能发扬光大。一件作品，主体设计好了，还要搭配好小装饰、小花边，这些全靠自己的悟性，这就要求创作前脑子里要有很详细的构思。作为剪纸艺人，更要善于从生活中挖掘有品位的东西，自己每次在创作动物图案前，都要亲自去观察一番，以体现出不同的韵味。我剪的小鸡、小猫、小狗等无一不是这样。为了剪好一幅小鸡图，我有空就观察，观察它们活动的模样、吃食的模样、起飞和睡觉的模样，为找到感觉，有时还用手机拍下来，对比着琢磨，然后打草稿，设计图案，从而赋予剪纸以动感。

每一种艺术都有自己独特的艺术风格，由于剪纸材料和所用的工具决定了剪纸具有它自己的艺术风格。剪纸艺术是门易学难精的民间技艺，许多东西在剪的时候，很难剪匀、剪完整，经常大大小小、细微处断线不连贯，这些必须加以经常实践和锻炼，才能掌握。在剪纸技法上，七十年的经验告诉我，起码要熟练掌握以下三个重点：

一是要熟练运用镂空技法。剪纸作品是在纸上剪出来的，很讲究线条，而线条的形成，则是通过镂空的办法达到的。所以剪纸一定要掌握好镂空技法，尤其是阳纹剪纸，镂空后的线条必须线线相连。综合起来有圆、尖、方、缺、线，达到圆如秋月、尖如麦芒、方如青砖、缺如锯齿、线如胡须的标准要求。这是剪纸造型的基础。

二是要用开放思维构图。在构图上，剪纸不同于其他绘画，它靠的是内容的联系，需使用组合手法，做对称、平衡、组合、连续等处理。它可以把天上的景物同地上的建筑物、人群、动物同时安排在一个画面上，以体现“满”的平面效果。同时，要求抓住形象的主要部分，舍去次要部分，使主体一目了然，优美而又富有节奏。

三要巧妙运用渲染手段。剪纸的许多特点和风格都是因剪法上的一定技巧而产生的。例如剪菊花，要一瓣一瓣从里往外圈剪，剪成后花瓣卷曲自如，才能组成一朵形象殊异、风味别致的菊花。个人认为，剪纸在剪法的运用上很重要，要运用巧剪剪出“锯齿”和“月牙儿”。这是剪纸剪法中很重要的两种方法。这两种方法运用得恰当，就能形成剪纸艺术独具的“刀光剪影”，这两种剪法在同一张剪纸画面中交错运用，会使得层次更加分明和富有变化。

挖掘新奇的民艺是我最大的乐趣。我早年经商出身，时常外出各地，每到一处都留心当地的风俗民情，逛大街、找民艺作品几乎成了头等大事。我认为，民艺的东西不同的地域有不同的特色，通过别人的作品能借鉴到好多东西，会让自己少走很多弯道。我是一个从不放弃的人，只要认准的事情，就一定能坚持下去。只要知道哪地方有自己没学过的剪纸，我都要专程上门拜访学习，有时候半夜脑子里突然出现个图形，也要开灯画下来。多少次我毅然背上背包到他乡去学艺，在别人对我的作品持否定态度时，我也依旧没有灰心，时刻在告诉自己，剪纸高手在民间。在高手面前，自己就是个小学生，要不断地、痴迷地学习、学习、再学习。正是处于这样的心态和行为，我的技艺才不断有长进，才有了现在的成绩。

回头想想我的剪纸经历，大约分三个时期。第一个时期即学龄时期，这个时期，我的主要任务是学习文化知识，做剪纸只是利用下学时间，一方面满足自己的兴趣和爱好，另一方面也顺便打发一下时间。这个时期是我打基础的时期，通过跟母亲、姥姥学习，初步掌握了一些传统的剪纸技法，能够剪出一些简洁而实用的作品，如窗花、喜字、门笺等，在四邻乡村名声渐起。第二个时期即工作时期。这个时期我边工作边剪纸，利用出差时间，遍访各地艺人，与他们学习交流，提升了剪纸水平。体裁进一步扩展，不再只是窗花、门笺和小动物之类，花草、人物、中外名画等都有涉猎；技法进一步成熟，“锯齿”“旋纹”“月牙儿”运用自如，阴纹、阳纹因情而动。第三个时期即退休后这段时间，可以叫作作品创作时期吧。我的大部分作品都是在这个时期创作的，风格和特点也是在这个时期定型的。在我看来，我的作品与其他人相比，既有相同之处，也有不同的地方。相同的不外乎创作的手段和基本技法，不同的则体现了我的独有之处，归纳起来主要有以下四点：

一是具有浓重的传统色彩。这一点是从母亲和姥姥那里继承来的，图案内容以生活中的花鸟虫鱼，以童话和民间传说为题材，如十二生肖、小老鼠抬花轿、小花猫钓鱼等，让人一看就很民间、很接地气，有一种原生态的气息。

二是具有与时俱进的时代特征。我能把传统的剪纸手法与现代的内容结合起来，一并运用，凡社会上发生的事情只要我知道了，想剪了，就能通过剪刀，把它纳入我的创作领域，跃然纸上。在国家层面上，党的十八大、十九大，党的生日、国庆节等等这些重大节日我都有作品创作，在海阳这块土地上，每年发生的大事、要事如亚沙、高铁、航天城等主题都是我的创作目标，还有红色海阳中的大秧歌、地雷战等也列入其中。

三是剪纸表现形式多样。可谓多种多样，体裁丰富，有传统的窗花、喜花、门匾、绣样，内容有花草、人物、动物和中外名画、古今神话传说、各种时事题材等。我剪的《马到成功》交替运用阴阳手法，使画面显得丰富而有变化，并以2米×0.8米的横匾形式出现；而作品《孔子》则全部运用阳纹剪刻，保留原稿的轮廓线，剪去轮廓线以外的空白部分，使每一条线都相互连接，牵一发将动全身。采取这种手法剪出来的作品，配以大红底色，画面显得整洁、庄重而大气。

四是造型夸张、变形多法共用，表现的形象生动逼真，神态活灵活现。如十二生肖这个题材，我就是用夸张和变形的手法剪裁的，画面效果丰富，主次分明。十二生肖用圆润统领整体，以特点反映个体。其中，猪突出它的圆和大小，头圆耳大、身圆尾小，外加旋涡纹装饰；猴则抓住它的细尾巧身，展现它的灵动特性等。

三、传承与创新

我说我的剪纸既是传统的又是现代的，主要是从我剪的作品内容来看我的作品，既有母亲、姥姥那个时代的内容，充斥着浓重的生活气息，更有充分现代感的事和物。每当看到或听到社会发生的大事件，我都会有很多想法。比如前些年海阳举办亚沙会，我就用这个主题，剪了许多作品，有《庆亚沙》《平和中国和谐世界》《我的2012》等。后来听说海阳要修高铁了，我又动起心思，剪了高铁。去年疫情暴发后，我心里很着急，就想为防疫做点什么，但作为一个小老百姓能做点什么呢？思来想去，还是用剪纸表达吧，就借用钟馗捉鬼这一传统题材为新用，剪了一幅《钟馗驱新冠》的作品，意思是让钟馗这位捉鬼专家把新冠驱走，还国泰民安；还有刺绣《去五毒耳枕》，利用民间去五毒的传统，寓意将新冠扫除。

我觉得我在剪纸当中起了一个桥梁的作用，因为母亲和姥姥留下的很多样子，都印在我的脑海里面，所以我对传统的海阳老剪纸的样子比较熟悉，年轻人又不了解这些老样子的用途，老样子传到我的手里，我又希望它能够让更多的人了解，我自己觉得时间很急迫，我的年龄大了，所以这么多年为不让这门手艺失传，我就把主要精力用在收徒传艺上。因为这门手艺费工费事，既需要时间，又需要耐心和意志力，还需要细心，所以我就先从自己的家人开始传起，先后把我的大女儿、二女儿、儿媳妇、孙女、外孙女等都拉过来教她们剪纸，儿子、孙女也受我的影响考取了美术院校。

我的二女儿孙小黠 2019 年还成为海阳剪纸和面塑县级传承人，二女儿从小就跟着我剪纸，做面塑等，平常我做小黠就跟着做，小黠的动手能力强，而且胆子很大，所以小黠成了我的好助手。在亚沙会期间，我的创作压力非常大，又要做面塑，又要为亚沙会创作剪纸，当时中央电视台要为亚沙会做宣传，需要我创作剪纸，由于时间紧要连夜赶制作品，幸亏小黠帮我的忙，作品才得以顺利完成，所以很多的活动，都是女儿来帮忙。小黠现在也可以独立创作自己的剪纸作品，创作的剪纸作品《欢欢喜喜过大年》参展烟台展览。现在小黠自己开了麦味香面食店，专门做中式生日蛋糕、花饽饽、炸果子、喜饼等各类面食，染色为现榨的果汁和蔬菜汁，色彩雅致而健康，由于小黠制作的饽饽花样繁多，构思巧妙，造型生动，生意非常火爆，作品销往全国各地。

其他机会和场合，也都热心传承剪纸。海阳市老干局组建了老年艺术团，在艺术团中有很多擅长各个领域的艺人，我也是其中的一员。能活跃在其中我感到非常开心。在那里，我不光是学生，也是老师，大家相互学习，互为师友，每周的课程都安排得满满的，剪纸让许多老年人乐在其中。在那里，我已经教会了好多人，并且他们的技艺也很不错，许多外地对剪纸有兴趣的爱好者打电话给我，说要向我拜师学艺，就来找我学剪纸。现在，我的学生有几百上千人，有个体工作者、小学生、中学生、大学生、国外留学生，我还义务指导海阳一中的剪纸社团创作海阳剪纸和豆面灯。

我本是海阳剪纸非物质文化遗产传承人，我经常利用剪纸、面塑、刺绣等民间艺术形式，宣传推介海阳，为海阳的发展贡献自己的一分力。海阳市政府的对外宣传活动都会找到我，我都认认真真地做好，我觉得身上肩负着神圣的使命，奥运会、亚沙会以及亚沙展览馆、海阳博物馆非遗展厅里需要的各种饽饽，过年的刺猬、元宝等以及正月十五的豆面灯、炸凤等，每年非遗日的展演，都不遗余力地宣传海阳。作为海阳的一员，多年来，我围绕红色海阳、胶东节点、城市海阳、亚沙会海阳、奥运会等做了许多宣传工作，先后参加烟台、青岛、北京等地组织的各项活动几十次，使海阳剪纸等民间艺术走出民间，进入城市居民的生活。2012 年，海阳举办亚沙会期间，我应亚沙组委会的邀请，为前来参赛的外国运动员和随队官员讲授了剪纸技艺，不少作品走出了国门。2014 年，青荣城际铁路开通，这是我市历史上的一件大事。我从网上看视频、找资料，加上自己的生活经验与想象，创作了一幅《动车进海阳》的作品，连制图带剪裁整整用了两天时间。由于观察准确设计到位，作品非常具有生活气息，体现了一定的时代精神。

2017 年 8 月 8 日，青岛啤酒节举办之际，我应啤酒节组委会邀请，代表海阳市参加了啤酒节民艺展。我是头天接到通知，连夜制图到凌晨两点，第二天就完成作品，奔赴青岛参加展演。还参加了“寻访地雷战故乡，逐梦航天新征程”全国网媒看海阳活动直播。现在，我的不少作品被海阳博物馆、亚沙展览馆收藏。其中，被亚沙展览馆收藏的是《连年有余》，被海阳市博物馆收藏的是《松鹤延年》等 3 幅，均为传统笔法浓郁的作品。

2008 年年初的时候，我因腰椎骨折到了文登医院住院治疗，院方叮嘱我在病床上不许乱动，这让闲不住的我备受煎熬，人也逐渐消沉下来，孩子们见此情景，建议我趁奥运会举办的机会，创作一幅作品表达对奥运会的祝福。这一建议让消沉的我又活跃了起来，当时病房里来了不少四川汶川地震的病号，墙上贴的“祝您早日康复”字样我就想把它们剪下来。病情不允许我动手，就凭脑子构想，一周后，我的剪纸作品《2008 奥运和平鸽》已经在脑海中成型，等到病情稍微好转，我就让子女买来剪刀和纸张，开始了创作，很快在医院住院的其他剪纸爱好者，也得知了这一消息，大家一起帮忙出谋划策，就这样历时 2 个多月，用掉了二十多张红纸，我终于剪出了 2008 个形态各异的和平鸽。

作为剪纸艺人，在 70 多年的剪纸生涯中，我一直没有放弃对民间艺术的追求和探索。在亚沙会举办期间，我几乎担负起了所有的剪纸任务，一幅幅亚沙会剪纸作品，让世界各地都见证了中国优秀的传统文化。我剪的《二龙戏珠》，是在中央台给亚沙会做广告用的，全部是利用晚上时间剪的，经常剪到 11 点，睡一点觉，赶到下半夜 3 点来钟又起来剪。这幅作品我剪了将近两周，不管多苦多累，在作品最终完成的那一刻，我都发自内心地高兴，因为我知道，剪出一幅作品特别不容易，每幅作品是对自己辛勤付出的一种莫大的鼓励和肯定。剪这幅作品，半年前我就开始构思，同时构思的还有《龙凤飞舞迎亚沙》《海阳亚沙欢迎您》《快乐在一起》三幅作品。在这些作品里，我均把亚沙会特色和海阳独有的文化元素融入其中。三幅作品主要以龙和凤为造型是突出龙年，再就是突出亚沙会举办地“凤城”，尤以《二龙戏珠》最为倾心，细细的龙须、密密的龙鳞以及对称的剪纸手法，我都很用心。这个作品长宽均为 61.6 厘米，正好契合第三届亚沙会开幕时间。《龙凤飞舞迎亚沙》剪纸看着简单，也花了不少工夫，经常是剪几刀，再思量琢磨好一阵。当时的王玉波书记见到我的作品展示非常地惊讶，惊叹我能短时间内创作出这么多的亚沙会作品。

四、我的获奖情况

一路走来，我剪了许多作品，也多次在国家、省、市举办的活动中获奖。2007 年烟台市家庭文化节上，我创作的《自心美》荣获一等奖。2008 年《福娃剪纸》获烟台市老年庆奥运比赛一等奖。2009 年举办的全国老年书画大赛上，《五牛图》《八骏图》等多幅作品成功入选。在海阳市亚沙会申办三周年纪念日中，我把我创作的《亚沙吉祥物》100 多幅剪纸作品免费赠送给前来参观的各地友人，以表达对第三届亚沙会的深情祝福。2010 年 10 月，我以亚沙会为主题，专门为我市庆亚沙活动创作了《庆亚沙》等五份剪纸作品，并被选作赠送外宾的礼品。2012 年 1 月 17 日，《烟台晚报》刊登我的作品《二龙戏珠》，并以《海阳艺人飞剪裁出龙凤舞》为题对我的剪纸经历和作品进行了报道。2012 年 2 月，我受聘上海美术设计有限公司，为海阳城市规划展制作剪纸《连年有余》，还被拍成纪录片，现存于海阳亚沙展览馆，成为珍贵民俗资料。2012 年 3 月，中央电视台到海阳宣传亚沙会并且邀我现场即兴创作《牡丹图》，并在央视频道播出。2012 年 6 月，我以海阳民俗艺术家的身份参加了在海阳举行的第三届亚洲沙滩运动会民俗作品展，展出作品 40 余幅；同月，我获永盛建筑杯全市老干部书画艺术展特别奖；11 月，作品《迎十八大》被编入《共和国史册上的中国当代书画艺术名家大典》，并获金奖。自 2012 年始，市电视台每年春节都邀请我创作新的剪纸，如《动车进海阳》《我的 2012》《欢天喜地过大年》等。同年，参与在海阳举行的第三届亚沙会筹办工作，多次参加剪纸作品展，获组委会颁发荣誉证书。2013 年，我的作品多幅被编入《海阳年鉴》，成为海阳当代屈指可数的民俗艺术家之一，书中对我及作品进行了专门介绍，把我的剪纸经历和取得的成绩载入了海阳史册。2015 年 6 月，我应邀参加海阳市文化局组织的剪纸技艺展。同月，市委宣传部在招虎山组织海阳民艺宣传活动，我也应邀参加，被新华社、大众报社等媒体采访并宣传。8 月，获市旅游局举办的抗战胜利七十周年创建国家级旅游度假区摄影艺术优秀奖。2016 年 6 月获北京文艺嘉韵书画艺术研究院、中国书画六十六年鉴赏和爱我中华组委会联合颁发的金奖。2017 年 6 月，获海阳市非物质文化遗产保护中心和海阳市民间文艺家协会颁发的海阳市非物质文化遗产展演及海阳民俗艺术精品展证书。

回顾我这七十多年的剪纸生涯，我感觉内心特别充实，是剪纸艺术让我在苦难面前保持一种乐观的心态，让我内心充满爱，让我不断地持续地学习。艺无止境，我会在剪纸艺术的道路上走下去，尽我所能，将我的手艺毫无保留地传播出去。

孙述娟——剪纸的感觉很美妙

我叫孙述娟，从小就喜欢窗染花，在家里老一辈人的感染与影响下，七岁就能单独创作作品，并多次获奖。说起我对剪纸的喜爱，那就得从小时候开始说起。

小时候，我特别喜欢到姨奶奶、姥姥等有老人的家中玩，图的就是跟她们学剪纸，看她们灵活地用手中的剪刀剪出一只只栩栩如生的小动物、婀娜多姿的美女时，我喜欢极了，好奇极了，迫切希望自己也能剪出来。于是常常跟奶奶、姥姥们一待就是一整天，不到吃饭、睡觉的时候爸妈叫不回去，尤其是当某个剪纸图样我还没学会的时候，爸妈甭想叫走我，因此常常惹他们生气，不让我剪纸，尤其妈妈特别不理解，也不喜欢我这样，说："小孩子就该有小孩子的天性，和小朋友出去玩，蹦蹦跳跳的，多好！你看你，小小年纪，怎么老是跟老人们待在一起，做老人们做的事情呢？以后不许剪纸了。"我委屈极了，但我就是喜欢坐下来剪纸的感觉，静静地，完全沉浸在剪纸的世界里，感觉一切都是美好的和谐的，那种感觉很美妙。于是我就偷偷地学剪纸，不让他们知道。有一次，爸爸妈妈不在家，我可高兴了，自己坐在床上，尽情地剪纸，什么花鸟鱼虫、美女佳人、楼台轩榭……我剪呀剪，把一堆堆剪好的剪纸，忘情地到处贴，玻璃上贴满了，又忘乎所以地贴到了刚粉刷好的雪白墙壁上……结果被下班回来的妈妈揍了一顿，并没收了我的剪刀。我哭得一塌糊涂，爸爸看我是真的喜欢，就偷偷地把剪刀还给了我，并鼓励我："既然喜欢就好好学吧！"

从此，我在学习、工作之余，不断地向各位剪纸老师学习，既有家中的长辈，也有闻名十里八乡的剪纸能手，如王淑玉老师、王建菊老师……只要我听说哪里有剪纸高手，我就想方设法地上门取经，钻研临摹她们的剪纸花样。记得有一年深冬腊月，我和婆婆一家去蓬莱走亲戚，看到她家窗户上的窗花，我立马被吸引住了，啥也不谈了，就问人家关于窗花的问题，并且软磨硬泡地在人家住了两天，硬是把人家剪纸技法及熏烤纸样学了过来，惹得老公和婆婆还不理解；早在七八十年代，蓬莱有个远近闻名的剪纸高手高淑娟老师，为了能拜访到她，我费尽周折，在烈日炎炎下，晒了一整天，才拜访到了高老师；机缘巧合，就在我孜孜不倦痴情于窗染花技艺的时候，我碰到了与我住同一个小区的王建菊老师，她的剪纸获过全国金奖，从此我和王老师不分朝夕，只要有时间就凑在一起精研剪纸技艺……我在尽可能原汁原味传承剪纸技艺的同时，也与时俱进，进行创新。作品深受各级领导好评，先后多次获奖，2005 年获得“金鼎奖”美术类铜奖；2009 年获得“右玉全国剪纸大赛”优秀奖；2018 年获得山西省“灵鼠闹春”优秀奖，并将该作品编入中华生肖剪纸系列丛书；2019 年我的《大美龙口，全民抗疫》在烟台市第二届“纸艺传情”现场直播比赛中获三等奖，并且荣获烟台市优秀非遗传承人奖；2020 年中央电视台在龙口录制《中国影像方志》龙口篇时，刘杰导演把我为建党 70 周年制作的《我爱我的祖国》录了进去，在中央电视台和龙口电视台播放；2021 年我的两幅剪纸作品《牛气冲天，家国梦圆》和《牛转乾坤，山河无恙》，入选为济南市工艺美术协会、济南市历下区文艺界联合会举办的“金牛祈福，巧手迎春全国新春剪纸作品”邀请奖……种种荣誉的取得，是对我最好的肯定，让我更加坚定要把剪纸这门古老的传统技艺传承和发扬下去。

在我长期的剪纸学习中，在前辈人辅导和言传身教以及自己的摸索中，我发现剪纸要出精品，必须是剪刀、构思和手法配合得当，才能出精品，缺一不可。从小，家中会剪纸的老一辈就会告诫我：剪刀是剪纸人的灵魂，要像爱护眼睛一样爱护它，为得到一把得心应手的剪刀，那真是费尽千辛万苦也在所不辞。拥有一把好的剪刀，自信心和时刻准备着剪纸的欲望都不言而喻，剪出来的东西，自己左欣赏、右欣赏，也感觉就是不一样。从内心里觉得，拥有一把好的剪刀，好像作品都成功了一半。因此，剪纸人对剪刀的保护、保管和收藏都珍惜了又珍惜，一般人连摸都不能摸，用完了立马用自己最珍爱的小盒、绣包等装好，因此，我光珍藏剪刀都珍藏了十几把。

再就是构思。一幅好的剪纸作品，构思是主题，想剪个什么样的剪纸，突出个什么主题，表现个什么感情，都在构思上。一幅剪纸成功与否，大部分与构思有关，如2020年的疫情，牵动着全世界人民的心，我们国家的领导人、科学家、医务工作者、各行各业的抗疫英雄……乃至全世界的人民都联合起来，为抗疫做贡献。我虽然不能亲临一线，但我愿用手中的剪刀，来讴歌我们的抗疫英雄。在家封闭期间，我就是顺着这条主题思路，完全是无底样来构思、设计，创作出了抗疫若干作品。如《共战疫，同未来》这幅作品，由五幅黄县窗染花图片组成，从五个方面展现了在疫情面前，世界、中国到我们每个人，都是命运共同体。同一个地球，同一个世界，共呼吸，同命运。这也正是第一幅作品所表现的意图，世界上所有人不论国界，不分你我，高举双手，共同举起我们赖以生存的地球，心形的中国国徽和联合国的国徽，代表我们国家和世界紧密相连，心心相印；第二幅图片是我们习近平总书记戴着口罩在抗疫前线所说的“命运共同体”，展现了祖国的核心力量、全民齐心共同抗疫；第三幅图片所展现的钟南山院士，“一定赢”，给了我们全国人民乃至全世界人民的一颗定心神针；第四幅图片，“这就是光”的李兰娟院士，在疫苗的研究方面，让世人看到了一束光；第五幅作品是“火神山”“雷神山”，让全世界人民看到了中国速度、中国文化，中国全民一心的团结力量，令世人瞩目、叹服！整组作品以五个代表地球的鲜花组成的图案轮廓，代表世人同心，鲜花绚烂！再如《大美龙口，全民抗疫》这幅作品，也是顺着这条思路，把我们龙口乃至全国群防群策、万众一心抗疫的精神表现出来。这幅《我爱我的祖国》，它巧妙地把新中国成立70周年伟大成就和此次全民抗击疫情结合在一起，既展现了祖国的伟大成就，又突出了全民万众一心，抗击疫情，保卫祖国、保卫人民的信心、决心和雄心！这个作品在烟台市第二届“纸艺传情”现场直播比赛中，获得三等奖。接着又创作了《大美龙口，抗疫英雄“四剑客”》，整体用横幅的形式，把大美龙口抗击疫情的四名支援武汉的医生，用龙口特有的古色古香的窗棂为背景，把他们英雄形象罩在里面，意味着龙口抗疫情、援武汉“四剑客”，舍小家、保大家，龙口永远是他们的家的情怀。传统的保家护国的门神，经我创意出了《新门神、斩瘟疫》，以四联的形式，把中国古典文化中斩瘟疫、保家园的门神，也刻画在此次抗瘟疫的战役中，意味着天、地、人、神等成为命运共同体，还有什么瘟疫、困难克服不了的。这就是我在此次抗疫战役中，作为一个黄县窗染花传承人根据自己的所思所想来做的应该做的事情。

2020年是新中国成立71周年，巧合的是和中秋节同为一天，为此我专门用剪纸把今年一年中的三件大事新中国成立71周年、中秋节、抗击疫情三者结合起来，在我的剪纸作品《山河无恙，家国梦圆》中表现出来；在全国清正廉洁月，我又创作了《干部清正，政府廉洁，政治清明》的剪纸作品，在我们龙口市纪委部门展览留念，深受各级领导好评。2021年的牛年，是崭新和充满希望的一年，为了辞旧迎新，战胜疫情，我满怀激情，创作了《牛转乾坤，山河无恙》和《牛气冲天，家国梦圆》，两幅象征牛年疫情已去，国泰民安，欣欣向荣的大好形势，该两幅作品参加了省里举办的新春剪纸艺术展，并且捐赠给济南市工艺美术协会、济南市百花洲传统工艺工作站，并受到了山东省工艺美术学院传统工艺张老师的好评。

以上是我一些作品的整体构思过程，实际上，光构思出作品主题和设计好花样，并不是就大功告成，剪纸手法能不能跟上去，也很重要。根据构思出来的设计花样，首先用手工剪、刻，具体做法是：先把设计好的花样附在大小相同的几张白色宣纸上，用“纸捻”固定住，然后用剪刀根据花样剪，原则上是先里面后外面，先复杂后简单；也可用刀刻，一般是竖直握刀，一次可加工多个剪纸图案。剪、刻完花样后，再进行描线、上色。先用描线笔沿着花样边缘细细描线，然后在花样空白处用毛笔根据需要着色，可平涂也可晕染，除了要注意落笔的浓淡深浅变化外，还要注意颜色搭配和主调的协调。原始的颜料主要是品色，一般只有红、黄、蓝三种，还需要其他颜色，需自己用这三种品色进行调配，上完品色后，为了日后不掉色，需要最后再加上一层石蜡涂染，这样创作出来的作品，才更加色彩绚丽，晶莹剔透，美轮美奂。因此，一幅好的黄县窗染花，是经过构思、剪（刻）与染（色彩点染）相结合的剪纸形式，道道工艺，层层细心，方可称为黄县“窗染”或黄县“窗染花”。

作为一名黄县“窗染花”传承人，我有责任也有义务把此项技艺传承和发展下去。因此从1995年我刚参加工作开始，就到学校、社区、老年人活动中心去传播和义务支教剪纸。1998年我到红旗小学去教孩子们剪纸，我不但传授给同学们剪纸技艺还大胆地给同学们穿插讲解剪纸故事及民间传说、寓意等，让同学们全面了解剪纸技艺和知识，以及剪纸在广阔天地里的应用，既丰富了同学们的知识、锻炼了同学们的动手能力，又让祖国的古老文化继承和发扬下去。看着孩子们那一个个求知若渴的眼睛，那一张张积极学习的面孔，我感觉到了自己肩上的重任，我必须尽自己所能，把黄县窗染花传承和发展下去，让她在世界的角角落落开花结果，永创辉煌。

随着时间的积累，为了让这门技艺更好地传承和发扬下去，我总结出了针对不同的教学对象就要有不同的教课笔记。2015年，我到浅海老年大学去授课，老人们学习劲头可足了，对于老年人，我尽量从黄县窗染花的起源、应用场合、寓意、创作技法和特点、染色剪纸用的品色、传统剪纸和现在创意剪纸、传统剪刀和纸质的选择、窗染花的演变过程、民俗、传说和故事、销售情况、在过去农村和现在广阔天地分布状况、剪纸这门技艺怎样传承和发展下去及怎样保护等大方向讲解，老人们感同身受，纷纷表示既要自己学好，又要让家里的儿女子孙继承好……家里的子女们也特支持，家里成员纷纷各尽其职，买剪刀的买剪刀，买宣纸的买宣纸，来回接送老人的，不到上课、下课就早早在教室外等上了……我看了十分感动和欣慰。有个阿姨78岁了，还十分喜欢剪纸，天天催着我上新课，给她们布置的作业她们总是积极认真完成，还不断创新，力求多做、多想、多动，既锻炼了手、脑，又愉悦了心情，剪纸让她们焕发了第二青春，她们天天高高兴兴地上课，开开心心地回家，并且回家还继续把刚刚课堂上学到的剪纸技艺传授给子女、街坊四邻。更让人意想不到的是，就是这个78岁的老太太，回家后竟然在自家车库里免费为社区居民办了个剪纸学习班。我真的很感慨，我们老祖宗留下的瑰宝真的应该好好保留，还是有许多人喜欢的。

我从小爱好剪纸，没想到我的儿子更爱好剪纸，从小他就乖乖地跟我学剪纸，从来不乱动乱拿剪纸的一切工具、图样等，还总是很认真地帮我去整理，有时当我为一个剪纸方案设计百思不得其解时，他就很有见地地给我提供一些他的见解，并且很有参考价值。剪纸是儿子小时候的玩具之一，他经常自己在家坐着小凳剪呀剪，忙得不亦乐乎，当小朋友来叫他出去玩时，他会乐呵呵地问小朋友：我们一起在家剪纸，好不好？小朋友如果答应了，他就非常高兴，兴致盎然地教着小朋友一起剪；如果小朋友想出去玩，他就会很遗憾地跟小朋友说“拜拜”。记得他幼儿园毕业的时候他就用剪纸给老师送了个礼物，剪了老师上课时的剪影，并让我帮他留言“老师辛苦了”，接着又剪了个老师下课的剪影，也同样让我帮他留言“老师您要多休息”。就这个礼物，老师感动地热泪盈眶，一直保留在幼儿园的宣传栏里，向一批批的幼儿园毕业生讲述着。有一次他悄悄告诉我说：“妈妈，我长大了要当一名设计师，专门设计剪纸图样，把我们的剪纸传播到世界。”我当时有点吃惊，但觉得这只是小孩子的一个梦想，说说而已。没想到，时至今日，我儿子现在真的梦想成真，考上了意大利都灵美院。在面试的时候，我儿子就拿着自己剪的《喜鹊登梅》剪纸，向都灵美院的院长、教授、主考官讲授中国剪纸的魅力，赢得了主考官一致好评，并对中国的古典文化产生了浓重兴趣，嘱托我儿子一定要把中国剪纸这门技艺带到都灵美院去，带到意大利艺术王国去……我儿子现在在都灵美院利用业余时间为该院的学生们上剪纸课，并不定期地把我的剪纸和他的剪纸在校园里办展览，学生们都非常喜欢中国的剪纸。意大利孔子学院还不时地邀请他去那里上剪纸课，深受教授和学生好评，我儿子为此也当上了该学院学联主席，并不断地举办各种剪纸活动，让外国友人更好地认识到了中国剪纸的奇妙魅力，推动了剪纸这门古老艺术走向世界。

我作为一名黄县窗染花非遗传承人，除了自身技艺要更加精益求精外，还有有义务、有责任、有担当为黄县窗染花这个非遗项目传承和发扬下去，让祖国的传统文化走向世界，走向辉煌。

王美玉——我愿意学习这门老技艺

我叫王美玉，今年40岁，龙口人。剪纸是一种起源于我国民间，且流传久远、影响范围极大的一种平面镂空艺术形式。较为常见、具有典型代表性的有我们生活中常见的“窗花”，个别地方俗称“剪福字”。融合不同地域的历史、民俗习惯，地域特征，并经过岁月的沉淀造就了如今剪法多样，样式繁多，独具中华传统特色的剪纸文化。

一、记忆中的剪纸

在小的时候，姥姥家每到过年的时候玻璃上都会贴上窗花，觉得很好看，就问姥姥是怎么剪的，姥姥拿出来熏样给我看，教我怎么熏样。剪纸熏样，就是把剪纸的原样贴在一张或一沓纸上，然后将固定着的剪纸样稿的一面对着烛火，在蜡烛或油灯上方进行烟熏，去掉被熏黑的纸样，纸上就留下一个清晰的“底样”，于是就得到了要剪的花样。这是旧时民间普遍采用的一种保存剪纸花样的方法，不仅使画面色彩对比鲜明，还能不破坏，原汁原味地保留下古老的花样。姥姥还教我怎么用纸做捻子固定，怎么剪。

上高中的时候有空就把剪纸拿集上卖，那时候赶农村集买窗花的人很多。以前的窗户都是 9 个小窗户并排在一起，剪小窗花卖得最好，剪小花瓶、喜鹊、福字、花鸟、十二生肖，还会剪些农作物，每套都很有讲究的，每套都是一个故事一个系列。红纸那时都是龙口芦头村自己村做的，染红纸也是一个祖辈传下的手艺。红纸先裁出来，每年都会先剪当年的大生肖，还有猪，肥猪拱门每家过年都会贴在对联下面，寓意发财，越过越有。还会有剪门签，小的时候的门签都是五个颜色，红的，绿的，蓝的，黄的，粉的。还剪门吊子，老一辈的人都会打门吊子，先把五张不同颜色的纸叠起来，再用刀割出来，然后用一种工具，也就是老辈子叫“冲子”的，“冲子”里面的头各式各样的，有月牙形，有圆形，三角形，正方形，长方形，等等。剩下的纸就会剪成小的窗花，一个大概也就 8 厘米左右大小。也准备些白色的纸，剪好后，再染上颜色，也就是黄县窗染花。往往会剪一沓白色的纸，先用铅笔描出图案来，再用剪子剪出来，再把它画出来。

二、我的老师

在2016年的时候，我有幸拜省级黄县窗染花非遗代表性传承人王松生老师学习黄县窗染花。我当时在东江小学教剪纸时就想龙口有没有什么剪纸组织能加入，后来经朋友介绍加入了龙口市民间艺术家协会，后期又加入了烟台民间艺术家协会，在协会里认识了王老师，我第一次看见师傅做的黄县窗染花，深深地被震撼了。我从小就喜欢画画，这回跟着师傅每天都学习，师傅总是很耐心地教导我，我参加比赛的时候也会去向师傅请教用什么作品参加。看到我取得成绩师傅也非常高兴，在此也深深地感谢师傅的教导之恩，今后我会继续跟师傅好好学。

黄县窗染花与别的剪纸不同。黄县窗染花主要是先剪后画，剪也可以理解成为黄县窗染花的第一道工序。黄县窗染花制作时，先用手工剪刻花样，常用的手法有剪刀剪和刀刻两种，剪刀剪是用剪刀剪出花样，再把几张纸用纸捻固定起来，用剪刀重复剪出图样；刀刻则是先把纸张折成数叠，然后用小刀按花样图形慢慢刻出图样。剪刻过程完成后，在花样空白处用毛笔蘸颜料涂色，要注意色彩变化和色调搭配，个别地方也可渲染，如用生宣纸创作，需注意落笔的浓淡深浅变化，最后用石蜡（或桐油、清漆）涂染，完成创作过程。黄县窗染花取材的内容很广泛，欢乐祥和、四季平安、吉祥如意等都是黄县“窗染花”表现的主题。黄县窗染花制作过程属于民间艺术的再创作，作品色彩鲜明，幅可大可小，既可直接粘贴，又可长期保存；创作时，剪刻刀落处当即成形，难以增减修补，具有较强的艺术性及较高的收藏价值。

三、我的剪纸作品

2018年黄县窗染花剪纸作品《盛世龙口》获得“民间的记忆”——纪

念改革开放40周年山东剪纸艺术展评优秀奖。《盛世龙口》是一副黄县窗染花剪纸作品，底图为景泰蓝剪纸的八折团花，蓝色象征海洋，八条金龙为黄县窗染花，龙代表龙口，整幅作品寓意龙口像巨龙一样飞腾，繁荣。

2019年10月《书房雅韵》在庆祝新中国七十华诞胶东艺术作品展获优秀奖，这幅作品的原稿是师傅的父亲画的，我把它重新剪好后并上了颜色，也是希望把这个图案、手艺能够传承下去。

2020年疫情突发，响应龙口市文化馆、文化局、团市委的号召，创作多幅抗疫作品。制作黄县窗染花作品《龙口抗疫前线》，一套6幅小的作品，里面有警察奔赴前线的医护代表吕慧，村口检查的居委会人员，龙口交界线上检查的文旅工作者等。制作《龙口战役英雄》以龙口四位去武汉支援的英雄们的肖像为主题，制作四幅黄县窗染花，并在他们回来的时候去龙口市政府献给他们。

任常伦是俺们龙口的抗日英雄，2020年清明节那天，我把剪纸作品《抗日英雄任常伦》送给龙口市七甲任常伦纪念馆，抗日英雄是我自己的一幅原创作品，参观了任常伦革命纪念馆，深受鼓舞，决定制作一套任常伦剪纸系列。

四、剪纸传承教学

这几年，我的精力大多用到了剪纸教学上。2017年，孩子在龙口市东江小学上学，我有幸加入学校家委会，第一次开家委会的时候校长问哪位家长有特长可以教孩子们，我就报名了说可以教孩子们剪纸。学校就把剪纸社团给我了，一开始孩子们连剪子都不会拿，到后来学会了剪纸的基本符号，当第一次看到孩子们剪出的一幅幅完整的作品，心里真的感觉很欣慰。记得前年的时候班级里来了一个小男孩，刚开始觉得是个男孩子不能剪好，才二年级，可他的班主任极力推荐说小男孩平常非常喜欢做手工，结果真的是，上第一节课我就发现他好聪明，手非常巧，剪得很干净，一点毛刺都没有。这样的孩子有天赋，真的应该好好培养。

第一节课讲剪纸的历史，剪纸的符号，剪纸符号的剪法。第二节课讲对称的剪法。对称剪纸讲完了给学生们讲四折团花，六折团花，八折团花。基本掌握完了以后进行稍微复杂的剪纸图案的制作。

2019 年在庆祝中华人民共和国成立七十周年暨青岛西海岸新区成立五周年全国剪纸作品大展，我获优秀指导老师奖。2019 年在党的生日的时候去龙口市锦鲤社区教老党员们剪党旗，给大家介绍剪纸的历史，教大家剪一些简单的团花图案，共剪一面国旗。听老党员们讲党的故事，给我也上了一堂生动的党课。

2020 年，在龙口市残联华翼儿童学校公益教自闭症孩子们剪纸，上第一节课的时候孩子们紧紧抓着我的手，我感到了这不仅仅是力量更有信赖。

2021 年 6 月受残联的邀请去教残疾人剪纸，正好逢党庆 100 周年，教大家剪五折团花五角星，大家热情高涨，都不让我走，有个大姨非得让我再教着剪喜字，看着大姨虽然手有残疾，但还是那么认真，剪得非常漂亮，临走的时候还加我微信说有不懂的地方再问我。每当这时候，我心里都很感动，感动大家喜欢剪纸，也感谢大家对我的信任。我就觉得更有义务和责任，把剪纸传承下去。为庆祝党的 100 年生日，在团市委和青少年社会服务中心的组织下，组织了“童心向党，庆百年华诞”剪纸活动，活动组织了 56 名小志愿者，有的上幼儿园，有的上小学、初中，有自闭症儿童，有春蕾女童。每个人剪一幅作品，然后装裱在一个长卷轴上，56 个孩子代表了中国的 56 个民族，也象征着祖国的团结、强大、欣欣向荣。

我现在还要继续跟师傅学习，一面学习传统窗染花，自己多剪出好作品，一面把传承的事情继续做下去。

王醒华——剪纸给我的生活增光添彩

我的剪纸生涯起源于我的母亲。母亲当年是家乡远近闻名的剪纸高手，自我懂事起，就愿意在母亲身边看她剪纸，久而久之，耳濡目染，自幼就喜欢上了剪纸，7 岁就随母亲动手剪纸。母亲是蓬莱高家庄的人，随父母到大连。我从小看母亲剪，对剪纸的好奇心应该是从小学一年级起，学校有活动，我都回来跟母亲一说，我母亲都说好。每次母亲剪，我就跟着学，做一步学一步，每次活动我都获奖，都是第一名，但这些都是母亲帮我得来的，后来就喜欢上了，怎么形容这种喜欢，饭可以不吃，但是剪纸不能不做。

前面说了我母亲剪纸手巧，母亲还有一样手艺做花饽饽，其他做别的手工也都好。我们兄弟姊妹五个，小的时候家里五个孩子要穿衣，我母亲出身大户人家，生活困难的年代，她就把她陪嫁的衣料，给我们改衣服，那时候流行女孩子穿苏联的布拉吉，小兜兜带花边，母亲都能给做出来，就是说外边时兴穿什么衣服，我们也都能穿上。我父亲手也巧，什么东西都能做，我们家整体的手都很巧。

1968年我是第一批下乡的知识青年，我下乡的地方是丹东，在青年点早出晚归参加生产劳动。1970年随父母又转回到蓬莱，又看到了蓬莱剪纸，又开始萌发了剪纸的热情，又喜欢得不得了。但主要以工作为主，偶尔剪剪。1996年46岁退休后立马拾起了剪刀。我觉得我喜欢这个剪纸跟我从小喜欢画画也有关，我小时候不知道用了多少粉笔，就在门口的路上画美女，过两天没有了再画。也没有经过名师指导，但喜欢画。退休后上老年大学学书法、画画，书法我上学那会也喜欢，在老年大学学了十几年，书法、国画、山水，学得不精，但是能画一点。做剪纸也必须懂得一点绘画。

开始剪纸了之后，我常出去参观学习，每次出去学习回来心情都特别好，为什么呢，我就觉得在我有生之年国家给咱创造了这么好的一个平台，咱作为一个剪纸爱好者，有机会就去参观学习，心里就特别高兴。我做这个剪纸离不开我老伴背后的支持，一般来说，家庭妇女，吃、做、买、卖、油盐酱醋，但这些全都是老伴给包下来了，给了我极大的支持，我才就能腾出时间来做剪纸。做了这几十年了吧，收获确实挺大的，接触了不少剪纸同行，也了解了不少剪纸知识。所以说现在我也积极回报社会，去年不是新冠肺炎流行吗，正月初三那天，文化馆王金鹏老师打电话问我，是能配合抗疫工作做剪纸作品。我问多长时间，说两天。那时候正过年，我的三叉神经病也犯了，疼得吃睡不安，天天针灸，但是后来遭着罪还把作品交上了。文联郝副主席说我配合工作雷厉风行，真是这样。咱就觉得人家找到咱了，就是承认咱，认可咱，所以我一般不辞掉。每次不管是蓬莱还是上级文化部门有什么活动，我都是积极分子，制作了不少作品，也得了不少奖，对这些奖励吧，我没觉得骄傲，我没有这个心，我就觉得，人岁数这么大了，已经退休了，经济上也有保障，咱把自己晚年安排好，另外能为国家做点什么就做点什么，出一点力都是应该的，就是这么想的。

我退休后，主要精力放在剪纸上，我听说哪里有剪纸好的人都登门学习，咱蓬莱有个刘金荣，剪纸剪得特别好，她在蓬莱地儿、烟台地儿都很有名，我去她家学习过。没学几天，我去那时候她身体已经不好了，不太能剪了。她手里有些老样子，说起这个老样子我太后悔了，我当时就欠缺了一句话，她告诉我她有病了以后我就应该问她，你要是不剪了把老样子转给我，咱收购它。等后来再去看她的时候，她告诉我她那些老样子就卖了，我当时一听，你不知道我后悔的，我就没想到能那么快。我那时候拿我的作品让她提提意见，她说还行，那年是龙年，她还给我画了几个龙、几个鱼给我剪。她会画，她是东北人，嫁到这边来的。她原来在工厂里干宣传干事。我收集了一些老样子，为了保留一些老样子，我和老头都下去找下去买，有人说岁数这么大何必还走街串巷，咱也不是唱高调，咱有多伟大，俺也是一种爱好，咱也就是想发掘，收集来的有些我都复原了，剪了很多。你知道咱蓬莱有些老样儿是真漂亮，咱要想做到老辈子传下来的那个样子不容易，咱们创作不出原来过去那个老样子，但是可以临摹，临摹多了，那些样子就在自己脑子里了，以后可以添加到自己的作品里面。

我自己创作的作品一般是时代性强，“十八大”、伟人像、反腐倡廉、巨龙腾飞、一带一路，这些题材我都剪过，政治性作品较多。你人就生活在这个时代，不可能离开时代。我这个思想比较超前，退休后的老年生活玩得丰富多彩。我会电脑，现在还会玩抖音，我母亲节剪的剪纸发到抖音上，点击量很高。我45岁那年就开始玩电脑，电脑上花样多，于是我就尝试着创新。剪纸艺术是民间瑰宝，有收藏价值，但是现在的利用价值低，过去的剪纸就是实用，现在没有窗了，没有地方贴，怎么能让现代人把剪纸运用到家居里。我就琢磨这些问题。我从十年前就喜欢做青花瓷剪纸，青花瓷作品好看，市场价值也高，买的人多，一张青花瓷能卖两三百块钱。咱一起都是红色的剪纸多，我也是出去看展览，才看到人家有剪青花剪纸的，觉得真是好看，我原本也喜欢青花，回来就自己琢磨着剪，我这样人就是这样，有样子但凡别让我看到，看到了我就能剪出来。我在构图上有一些安排技巧，剪出来就真漂亮。咱是代表胶东剪纸，不能丢了脸面。青花里我最喜欢瓶子图案，我第一次回来自己尝试，那时候没有这个颜色的纸，我就自己染色，用排笔染色，我第一次剪的那张青花纸，染了十遍，成功了，装裱起来非常美，现在看买的纸还不如我当初染的那个。这张剪纸我送了我女儿，她挂在家里，她同学去玩看到了喜欢得不行，拿走了，我女儿不舍得，回来跟我说，我说人家喜欢就好，证明咱剪得好，妈妈再给你剪。我都是从电脑上找样子，把我不喜欢的地方改一下。出去我也学习别人，去北京开会，见到本溪的一个人剪青花，我就请教人家。青花剪纸里最喜欢的就是剪瓶子，毕竟和青花瓷最搭配。

说到剪纸卖钱，那是2000年前后，第一次是去赶毓璜顶庙会，别人拉着我去的，卖不出去，又上火又害臊。后来慢慢地有这样的场合就带点剪纸出去。2017年，烟台举办工艺品博览会，我带了我剪的12生肖，朋友给弄的镜框装起来，结果一起出去的就我的卖光了。这才开始知道剪纸可以有收入，起码我买纸的钱回来了，慢慢地有订的有来家买的，我做出一样东西就有订制的，收入也有了，兴趣也满足了。我自己有退休金，足够生活，但剪纸能见到效益心情更好，出去看看人家怎么做的，我就怎么做。我的剪纸有点现代派，根据市场需求，谁手里有好的作品，我就学习。但跟他们剪的不一样，我会在里面加上一些传统的元素，加上我自己的审美。你比如说这幅剪纸，虽然都是青花，都用到了脸谱元素，而且男的配龙，女角配凤。我还做过一些剪纸的衍生品，你看这个照片，我做的1.2见方的剪纸桌布，去年6月13日非遗日展示上卖了80元，虽然人家都说我卖的价位太低，但我觉得有人喜欢就好。我就是尽量做到自己的剪纸作品与众不同，这两年，咱政府每年不是都举办文化大集，从腊月二十三赶到腊月二十八，我们在文化大集上展示自己的手艺和作品，我这两三年的剪纸卖得特别好。

在剪纸传承上我主要是带班，哪里需求就是去教，别人不去教的，我都去，我在传承这一块上太热心了。我去过军营、进过高校、到过干休所、教过志愿者、手把手教过残疾人。我亲自教过和带过的弟子，有部队官兵和家属、有高校的莘莘学子、有志愿者协会的初、高中志愿者，有残疾协会的残疾人、有干休所的职工和家属。我自己家里呢，我女儿会剪，也会画，比我画得好，她念小学时画的一本子模特，我现在还给她保留着。女儿单位有时候有活动，我也帮她一起剪了不少作品。我外孙会画画，他的专业就是美术，我有时候就让他给我画个样子我剪，这也是我们祖孙之间的一种乐趣。我希望他们把老祖宗留下的东西学一点。我也带了几个学生，学生就收2年级以上的孩子，太小不能拿剪子。这些孩子们学的也都是挺主动的，一到周末就来，剪得不错。

现在活动太多，蓬莱画院请我去教剪纸，遇到三八节，还给单位里的姐妹们教剪纸。六十四五岁以后不太出去参赛。随着年龄大了，视力减退，剪一个小时就得休息两个小时，但就是喜欢，看着剪纸心里就美，能不吃饭，不能不剪纸，就跟年轻人唱歌一样，有瘾。我现在就是合理安排日程，每天难剪的部分剪多少，好剪的部分剪多少。由于我的不懈努力和辛勤付出，多年来，特别是2005年之后的10多年里，我的剪纸作品先后多次受到国家、省、市、县各级的表彰奖励。《今日蓬莱》以“剪回快乐的18岁”“巧手老太剪出精彩生活”“六旬老人剪纸献主席”“用剪纸赞美生活”等为题多次做过报道。剪纸不仅传承了技艺和美，也满足了我的爱好，使我的生活丰富多彩。

我的获奖作品情况：

2008年12月参加烟台市妇联举办的剪纸大赛，作品《金鱼戏莲》获三等奖并获创作奖。

2010年8月参加“第六届世界语大会”书画剪纸艺术精品展，作品《鼎盛中华》获铜奖。

2012年8月在中华文促会与山西省右玉县人民政府举办的剪纸大赛中，作品《蓬莱十景》被收藏。

2012年10月在“中国传统文化诗书画协会”“中国·迎党的十八大胜利召开工艺书画展艺术委员会”等五个主办单位举办的剪纸大赛上，作品《喜迎十八大》《莲年有鱼》被评为金奖，我个人被授予“中国传统文化剪纸艺术博学名家”荣誉称号。

2015年9月作品《伯牙遇知音》在“鲁光杯”2015（临沂）全国剪纸艺术大展中获优秀奖。

2016年9月作品《窗心——事事如意》在由文化部非物质文化遗产司、上海市文化广播影视管理局主办，上海市非物质文化遗产保护中心等单位承办的中国传统工艺（剪纸）大赛中获奖，并由上海海派连画环中心永久收藏。

2017年9月作品《太白醉酒》，在山东民间艺术家协会、烟台市文学艺术界联合会、中国民间文艺家协会展览委员会联合举办的“山东剪纸艺术展”获优秀作品奖。

2018 年 12 月作品《伯牙遇知音》荣获“第一届仙境文艺精品奖”三等奖。

卫爱君——追梦剪纸无怨无悔

我叫卫爱君，福山人。我的姑姥姥会剪纸，我小时候整天在炕上看姑姥姥剪纸，经常问东问西："小老鼠为什么要上灯台？""为什么叫榴开百子图？"姑姥姥经常被我问得答不上来，只好说："你这个小精灵，长大了你就明白了！”我们福山剪纸很兴盛，除了姑姥姥，村里左邻右舍的婶婶嫂嫂们凑在一起剪纸那一幕幕，也都印在我心里。

想想，这都是五十多年的事了，如今，姑姥姥已去世，我也已经年近六旬，得益于姑姥姥的影响与传承，也许是与剪纸有缘，让我从小就有了一个“将来也要成为一个像姑姥姥一样心灵手巧的剪纸人”的朦胧梦想，这个梦想，成为我大半生挥之不去的美丽梦境，我幻想着，有一天，要用小小的剪刀剪尽人生的喜怒哀乐。

1980 年，对我来说毕生难忘，那年，我 18 岁，高中毕业回到村里务农。由于长的弱小，生产队长为了照顾我，让我去放牛，当跟在牛的屁股后面，赶着牛往山上走的那一刻，我真的崩溃了，难道我真的要复制父辈的生活轨迹吗？难道放牛就是我的一生？那个时候，我就把放牛当成了我生活的一个重要组成部分，放牛的时候，树枝做画笔，土地做画板，老牛、青草、蓝天都成了我写生的对象，从小就喜爱美术的我在放牛中找到了乐趣，以至于多年以后，闲暇想想，各种牧牛的情景依旧如画，时不时地在眼前浮现。

8 个月后，也就是毕业的当年，福山区教育局首次破天荒地招收了一次社会美术班，这个班就设置在当时的福山城关中学，共招收了 16 人，为期一年，我作为第一批学员，考入了这所社会美术班。

那个年代，群众性的文化培训活动几乎每年都有，福山区文化部门每年都要义务为社会举办各种培训活动，而在美术培训班里，每次都少不了我的身影。

美术班毕业后的第二年，我被招收到福山一所工艺美术厂上班，专门负责相关工艺美术的设计工作，在这里，我更是倍加珍惜，利用这个机会系统地学习掌握了相关专业广告设计的相关技术。

三年后，我利用父母给的 2000 元婚礼礼金，在福山城区办起了第一所广告公司，这所公司我一干就是大半生。我也利用这么多年的积累，夯实了自己的美术基础，为自己的剪纸打下了理论和实践基础。

在过去的30多年里，无论是在做什么，我总是自觉不自觉地把自己所涉及的相关行业与剪纸结合起来，偶有空闲，生活中亲历的琐碎小事，我也会用剪刀做成剪纸记录下来，在我看来，所有的生活、美术都与剪纸有关，都是为剪纸而储备，特别是随着年龄的增长，儿时那个剪纸梦如影相随，挥之不去。在剪纸爱好与公司运营中，我选择了前者，我把自己的公司移交到儿子手上，开始逐梦剪纸艺术。

2018年10月14日，受福山区文化旅游局推荐，我进入了山东工艺美术学院省级非遗剪纸高研班里，成为烟台市三位参加这个班的学员之一。对此，我非常兴奋，有一天能走进大学校门，做一名大学的讲堂里的学生，是一生中梦寐以求的事情，今天，我终于圆梦大学。

在短短的一个月里，我系统地学习并了解了山东乃至全国范围有关各个剪纸的流派、传统、传承以及目前的发展状况，对剪纸艺术有了一个详细系统的了解，提升了自己剪纸技艺的理论水平，在学习期间，我利用所掌握的剪纸技术，现场创作了一幅名为《天相》的剪纸作品，该作品广泛采用了剪刀、刀客、手撕、粘贴、套色等国内多种剪纸流派及手法，将一幅剪纸作品硬生生地做出了颇具禅意韵味的水墨画效果，任课老师见状大呼："难得一见的剪纸作品，奇迹！"这幅作品经我同意，被山东工艺美术学院永久收藏。

如同饥渴的婴儿，为了掌握学习各地不同风格的剪纸作品，2018年刚出正月十五，我就走出家门，到全国各地寻访剪纸各大流派，足迹遍布国内剪纸的四大剪纸之乡——黑龙江的海伦的"满族婚俗"、河北蔚县的"北方民俗"、湖北仙桃的"水浒人物"、广东佛山的"红楼梦"。我还先后到贵州、广西、新疆等地采风，拍回来许多当地传统工艺品以及与剪纸有关的资料，让这些作品成为自己剪纸作品的有益启蒙和补充。

在山东境内，我更是走遍了各个剪纸名乡名师，滨州、茌平、高密、聊城等地各具特色的剪纸，都被我走访了个遍，但走了一大圈之后，我却发现，胶东的剪纸艺术特别是我们福山的剪纸艺术，在民间剪纸中的地位不可撼动，其成因主要是长期以来，福山的剪纸深受儒家思想、佛教传承、道教信仰、民间民俗等影响，并逐步形成了自己独特的剪纸风格，广泛在民间流传。福山剪纸艺术源远流长，是胶东半岛历史悠久的群众性传统民间艺术活动，2015 年 12 月被列为烟台市级非物质文化遗产名录项目。作为胶东剪纸的一个分支，一直以来都有“胶东剪纸看烟台，烟台剪纸看福山”的说法。福山剪纸基本上分山区、中部和沿海三大流派。山区派，诸如张格庄、回里一带，保持着山区风情，剪纸造型细密与粗犷兼有；福山中部以城里、门楼为主，多以故事题材为主，处处可见受戏曲文化影响的发展痕迹；福山沿海一带，诸如古现、八角，仍保留着海洋气息的文化色彩。福山剪纸造型讲究工整对称，线条细腻流畅，以历史传统和生活装饰图案为艺术源流来反映现实生活。

我是土生土长的福山人，我的剪纸继承了福山剪纸的传统。我在传统福山剪纸的基础上不断地寻求创新。在剪纸技艺上，我除了采用阴刻、阳刻等福山传统剪纸手法外，还创新使用了套色、彩色拼贴等剪纸形式，让剪纸作品更加生动、具体、形象。时代在变，想要将剪纸这项非遗文化传承下去，必须得创新，不然走不下去。我姑姥姥那一辈的人，几乎人人都会剪纸，到了我这一辈会的就少了，现在就更少了。

我还先后拜访了曲青棠老人（原烟台画院院长兼党支部书记、中国剪纸学会常务理事）、福山区百岁剪纸老人林桂茂等剪纸界名人，最大程度地丰富了自己的剪纸技艺。

厚积才有薄发。在遍访剪纸名家的同时，我积累下许多丰富的剪纸素材。长达20多米、宽约30公分、各种不同风格、不同字体的《百寿图》《百福图》很快就诞生了，这两幅作品很快在福山区范围引起了轰动。紧接着，《三字经》《道德经》《二十四孝》《福山甲骨文》《京剧脸谱》《中国中药名大全》《毛泽东诗词》等20多部大部头作品，都相继进入了构思、创作、剪纸阶段，有的已经完成。

为了传承剪纸艺术，2019年，在福山区张格庄镇政府的帮助和支持下，我在禅意文化村西水夼建起座“卫爱君剪纸艺术馆”，胶东剪纸艺术将在这里和禅意文化融合，也将在这里得到传承、发展、光大。对我来说，就是感觉时间太不够用了，每天工作十几个小时都干不完的工作！我不但追求剪纸艺术如饥似渴、孜孜不倦，经历过改革开放每一个步骤，切实从中感受到社会的进步、国家的强大，我应该如何爱国家、应该如何感恩、回报社会。我用传统的剪纸技艺重现改革开放四十周年，讴歌改革开放四十周年。福山区妇联的领导闻讯后，对我的义举给予了肯定，并立即介入，帮助指导，免费为我联系了区文博园展厅，决定为我举办这场“改革开放四十周年剪纸艺术展”。2018年1月18日在福山文博苑展出了我的一系列剪纸作品，包括《改革开放40周年》系列剪纸、《百猪图》《二十四孝》以及《青花百瓷》等系列剪纸作品。这些剪纸作品既有传统的纹饰花样，又融入了新鲜的创新内容，让剪纸这项传统艺术变得更具有现代性和故事性。

展出的作品中，最受关注的是《改革开放40周年》系列，它以大事记的形式，每年一件事，用40幅剪纸作品记录了改革开放40年的成就，表达了我对祖国繁荣昌盛的美好祝福。《改革开放40周年》这一套剪纸，在准备过程中，我不管走到哪里都想着找资料、选题材，要在每一年发生的大事中选出最有意义、最重要的。确定了题材之后，我开始进行设计，剪纸本身对我来说已经很熟悉了，最难的是设计的过程，一个好的作品，一定要有自己的想法。经过缜密思考，精心策划，我决定剪出四十幅剪纸作品，按时间顺序，把改革开放所走过的四十周年的历程，浓缩到剪纸作品中去，用剪纸艺术见证改革开放四十年中所走过的每走一步。剪纸首先需要创作，我扎实的美术功底在关键时刻发挥了作用，我查资料、绘画、制图、打样，每天都忙到半夜，恨不得把自己分成两半。经过近半年的准备，“我改革开放四十周年剪纸艺术展”基本准备就绪，作品涵盖了十一届三中全会召开、小岗村、女排精神、中国首金、春天故事、“一国两制”、尊师重教、香港回归、一带一路等四十幅剪纸作品。在纪念嫦娥 1 号飞船发射成功的《神舟飞船》剪纸中，我不但结合了事件本身的元素，更巧妙地融入了中国传统故事“嫦娥奔月”的内容，如果单纯地表现地球、月球和飞船，整个作品会缺少流线，显得特别生硬，为了让它更生动，我立刻就想到了“嫦娥奔月”这个故事，自然而然地就把它表现了出来。

将自己的想法更好地设计并表现出来，靠的是美术基础。我创作的《百猪图》剪纸作品，每一幅都不相同，各具特色：可能设计 10 个很容易，但是设计 100 个不一样的“猪”可就真的难啦！同一个主题创作 100 件作品，这既需要我多年的艺术审美基础，又需要不断地创新。为了创作这 100 幅《百猪图》，我几乎把所有的时间都用在了构思上。最重要的还是因为喜欢。我认为，兴趣是坚持下去的最大动力，这使得我在设计的过程中充满热情。我的作品既有写实，又有创意，经过构思和设计的作品，总能生动地传递出民间艺术的感染力和时尚的时代气息。

在我看来，要将剪纸这项传统艺术传承下去，就需要不断地创新剪纸的应用形式，现在很多人，还是把剪纸停留在“窗花”这个概念上，其实剪纸可以应用的领域有很多。剪纸可以衍生出许多不同的表现形式，像雕刻、服装花样等都可以应用剪纸的艺术。除了从剪纸衍生形式上寻求创新，我认为剪纸本身的内容和形式表现也存在很大的创新空间，从内容上来说，剪纸不应仅仅停留在过去人们印象中的花鸟上。我喜欢尝试各种剪纸创意，在我的手中篆刻、文字都变成了剪纸，我还创作出一套《十大名茶》的剪纸作品。

我去年退休后，现在专心做剪纸，没有什么利益追求，也不是生活所迫，就是为了兴趣，也希望把剪纸这门艺术更好地传承下去。我认为，最好的传承就是融入时代的元素，让剪纸更具有可看性。不断寻求创新的我，继《纪念改革开放 40 周年》系列剪纸之后，我还计划在建党 100 周年的时候，用一百幅剪纸组成一套百米长的长卷来反映这段历史。

要让人们爱看，就得有吸引人的内容。或许是得益于 30 多年的广告工作经验，给了我很强的时代敏感性。我认为剪纸艺术的创新发展，应当提升到创建文化品牌的层面。剪纸的内容要有故事性。很多地方都有剪纸，但是要让更多的人认识、了解福山剪纸，更好地把剪纸艺术发扬传承下去。故事，是剪纸的灵魂。眨眼间，我也是年过半百了，人生不可能重来，但我的梦可以延续。剪纸，是一个长长的梦，在梦里，我哭过，笑过，感动过，沮丧过，但我的梦境依旧是剪纸。

于在英——活到老剪到老

我叫于在英，今年 75 岁，山东省烟台市牟平区高陵镇邹家埠村人。我家世代与剪纸有缘，我母亲就是一个剪纸艺人，当地远近闻名。每逢过年过节，我母亲总是剪些窗花福字、鱼、鸟、大鸡等送给亲朋邻居，以增加节日气氛图个吉利。

小的时候，我的母亲经常用手将一张张白纸撕成一只只小鸟，一条条小鱼的样子，并且这些鸟和鱼有眼睛、尾巴和身体上的纹路，然后告诉我这些是剪纸的几种纹路，当时我心里就想剪纸原来这么简单啊，我先照母亲的方法撕了些小鱼和小鸟，尽管撕得不大规矩，但是撕的一些小齿纹看起来越来越好看，撕着撕着就想用剪刀再修整一下，慢慢地就喜欢拿着剪刀乱剪一番。小时候家里条件不好，记得有一次拿着剪刀剪了些纸片后，顺便把裤子剪了几个小洞，晚上母亲干完活回家后，发现我把裤子剪了气不打一处来就想把我暴揍一顿，在父亲的安慰下总算把母亲的火压下去了，免了一顿暴揍，现在回忆起来其实还偷偷剪过床单、布料等，为这些事没少让母亲操心，也没少挨批，现在想想也挺好笑。母亲很勤劳，白天干农活晚上吃完饭就拿出剪刀剪些简单的小鱼、小鸟、喜字、福字等，一边剪一边跟我讲一些小道理，比如剪刀的尖和刃很锋利，容易划破手，使用时一定注意安全，也不能乱剪东西，用完一定放在抽屉里，不能随便放。因为家里条件不好，母亲非常珍惜她的小剪刀，每次用完都用纸包好放在抽屉里，母亲的这些细节我都看在眼里。每晚睡觉前，母亲总是讲一些关于剪纸的用途和习俗，比如，窗花一般在过年的时候贴在窗上，多以花鸟鱼虫、小动物、神话传说、十二生肖为主，渲染吉祥的气氛。窗裙是贴在窗顶横木上，用来装饰房间，烘托节日气氛，流行最广的是剪双喜字，周围饰以龙凤、鸳鸯、喜鹊、竹、梅、牡丹等图案，用来烘托喜庆等等一些小知识。在母亲的熏陶下，我也慢慢喜欢上了剪一些图案，虽然不怎么好看，但是也总喜欢乱剪，对母亲剪的一些东西，爱不释手，拿着到处炫耀，给小朋友看，心里那个乐啊。

母亲见我这么喜欢剪纸，就慢慢地一点点地开始教我，刚开始母亲只教给我一些基本的东西，选纸、折纸、画图案，如何使用剪刀，一再告诉我剪纸是要有耐心的细致的活，不能心急，往往一幅作品马上就要剪好了，一不小心剪断一根线条就会功败垂成，让人觉得可惜，只有把心静下来，把基本功学扎实了，以后剪的纸才能活灵活现的。以后的一段时间，有时间我就看母亲剪，看着母亲剪总是感觉好简单，心里痒痒的就拿起剪刀试着剪，当自己开始用剪刀的时候却完全不是那么回事，觉得非常生疏，不是看着简单那么回事，经常是一不小心就划伤了手，有一次看着母亲剪的小蝴蝶真好看，情不自禁地就剪了起来，剪到最后一看蝴蝶怎么成红色了呀，一看原来自己的手什么时间划破了，母亲就教育我说剪纸的时候一定要细心，不能分神，分神的话要不划伤了自己，要不就把纸剪坏了，白白浪费了纸张，这些我都记在心里，跟着母亲学了一段时间我就能剪出一些简单的小鱼、小鸟、花花草草，看着自己手里剪出的这些作品，心里真是美滋滋的，就这样，我便爱上了剪纸。

在中学时期，我对剪纸更加痴迷，业余时间所有的精力多半用在剪纸上，不仅仅练习剪纸的技能技巧，更注意收集剪纸方面的资料图案，认真学习，反复研究新的设计图案，有时上课的时候和老师斗智斗勇，偷偷地在桌子下面叠纸、折纸玩，甚至还偷偷地把剪刀带到学校里偷偷地剪，不过最后还是让老师抓到了，好一个批评教育。

中学毕业后，我回村当赤脚医生，当时农村看病的人也不多，闲的时候就用医用剪刀剪些红十字，剪一些花花草草、孙悟空之类的小作品贴在诊室玻璃上，慢慢地去看病的人都说好看，后来有许多人没事拿着剪刀上诊所找我教给他们剪，剪的人越来越多，慢慢地诊所的一角成了一道亮丽的风景线，看着活灵活现的孙悟空，有人开玩笑说于大夫以后不用给俺们看病了，病神都让神仙打跑了，我们村的人以后就不会生病了啊，看着他们那么开心，我也非常欣慰。不管工作怎么忙，怎么累，都没有影响我对剪纸的热爱，我始终没有放下我心爱的剪刀。虽然工作忙，但我会用业余时间进行创作，为了一个图案，一幅作品查阅资料，反复修改，有时还会走进图书馆查阅，经常是废寝忘食，忙到深夜，家里人见我很辛苦，三番五次叫我吃饭，劝我早点休息，并从多方面给予支持，尤其是我老头子一直在背后默默地支持我，往往有时候当一幅作品没有思路进行不下去的时候，我就会着急，不吃饭，甚至发火，记得有一次剪寿星作品的时候，快要完工了，临时有点事出去了一趟，回来发现一部分被小猫抓坏了，当时我就把作品扔垃圾桶里了，没找到小猫就把气撒在老头子身上，但是他毫无怨言，去垃圾桶里把剪纸捡了起来，一边听着我的骂声一边用胶水慢慢地给粘了起来，从不和我犟嘴。有时候我忙到半夜，但是不管到晚上几点他都一直陪着我，我烦躁的时候还安慰我，这样就更加激励了我剪纸的信心和毅力。老头子还有一个绝活那就是磨剪刀，我用的剪刀基本上都是他打磨出来的，工欲善其事，必先利其器。在他认为把剪刀磨好了，我使用起来就能得心应手，就能不至于那么累手，由于常年磨剪子，他的手磨了一层一层的大茧子，旧茧子磨去了新茧子又出来了，让人心疼，剪子和茧子就没离开他的手，后来磨剪子出了名，村里谁家的剪子不锋利了就找我老头子帮忙磨，慢慢地家里有跟着学剪纸的人，有来磨剪子的人，好不热闹。

在剪纸的艺术殿堂里，我走过了60多个春秋，酸甜苦辣皆有之，经过反复的历练，剪得越来越好，逐渐形成了自己独特的剪纸风格，也不断加深了对剪纸意义的理解和认识。为了把剪纸艺术传承下去，发扬光大，我首先把剪纸技术传授给了三个儿子，小儿子张洪保剪得最好，他现在也已成为烟台市牟平区的剪纸传承人，看着儿子的剪纸作品越来越成熟我感到很自豪，也是希望他能把这些好的优良传统继续传承下去。我本人也经常参加公益活动，2015年，曾受聘担任高陵中心小学剪纸特色课程教师，培养了数百名的师生学会了剪纸，有的作品还参加市级比赛，获得一等奖。我还经常参加区文化馆组织的各类剪纸公益活动，培养了一批又一批的少儿剪纸能手。多次参加区文化馆组织的非遗展出，其中我剪的“社会主义核心价值观”“56 个民族庆国庆” 等作品深受大家喜欢。受区组织部委托我为雷神庙战斗遗址创作了一系列 30 余幅革命题材作品，《智取威虎山》等多次参加非物质文化遗产的活动展览。

总之，这些年来，在同行老师的帮助和支持下，加上自己刻苦努力，博采众长，不耻下问，我终于初步掌握了剪纸艺术的基本技能技巧，学会了一些图案的设计，创作了成百上千的作品，有些作品紧跟形式，为社会提供正能量，例如，2008 年奥运会的胜利举行、杨子荣纪念馆革命传统教育、社会主义核心价值观、56 个民族庆国庆等，也获了不少奖。我很喜欢一些具有生活格调的题材，例如梅兰竹菊、吉祥如意、喜庆万年、12 生肖、八仙过海、红楼梦、鱼鸟花虫、福禄寿喜等，剪完之后，我会无偿赠送给亲朋好友，他们都很高兴，我也很开心，很欣慰。我还把大量剪纸作品无偿赠送给了世界很多国家的来宾，让他们把这些作品传遍全世界，让他们更好地了解中国非遗文化。有些作品多次被区电视台录制摆放，被区报社录用发表。在疫情期间，剪纸“战疫情”系列作品被学习强国平台录用，今年 3 月份我又创作了很多作品发表在学习强国，不为别的，就是为了向社会传递一种正能量。在这些荣誉面前，我很欣慰，很自豪，但我并不骄傲，因为，相比同行我还差很远，我虽然现在已 70 多岁，眼花手硬，但我不服输，我有信心，有决心，在有生之年把精力献给剪纸事业，把具有独特价值和艺术价值的剪纸艺术继承下来，传承下去。

张艳——方法对于传承最重要

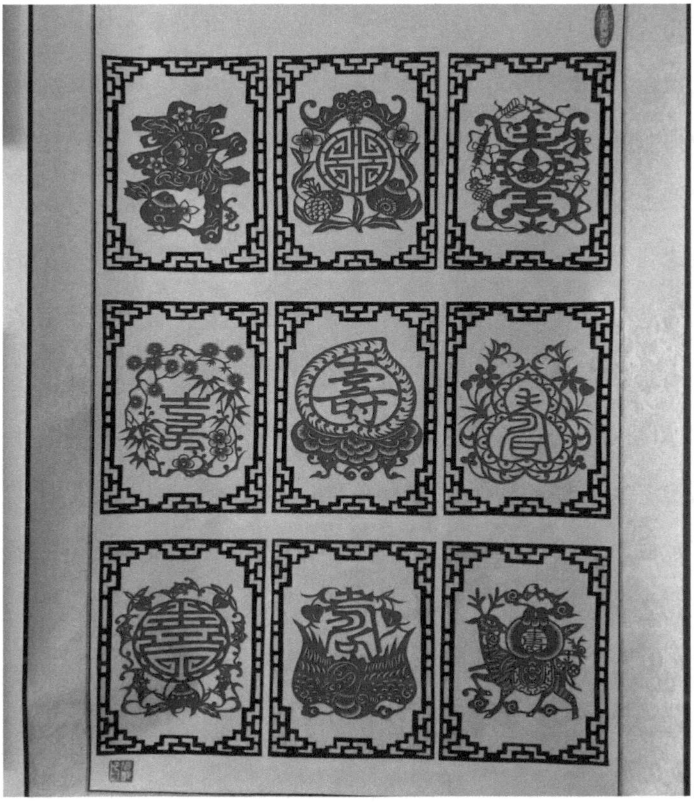

我叫张艳，招远人，现年 42 岁，是招远市非物质文化遗产剪纸项目传承人，现在是招远市剪纸艺术协会秘书长、烟台市民间文艺家协会会员，山东省民间文艺家协会会员，招远市磁性剪纸推广第一人。

我家算是个剪纸世家，我姥姥、我大姨都是剪纸能手，我自幼受家庭的影响，酷爱剪纸，用长辈留下的剪纸花样，开始了我的“剪纸生涯”。小时候用小剪刀剪一些小花、小草、小动物、团花、窗花等，随着时间的推移，从兴趣的爱好转换成重视对剪纸艺术的学习，开始剪一些福字、喜字、寿字送给朋友，每次都能得到大家的赞赏，得到了肯定，这也是我能坚持做剪纸的原因。后期创办了自己的剪纸工作室，在多个社区、居委会开办剪纸班，义务传授剪纸，同时在学校综合活动实践课中，让学生更多地关注我国的传统文化，培养孩子的剪纸兴趣，传承我国的剪纸文化。

我的姥姥叫秦桂香，1926 年生人，是招远市横掌秦家村人，后嫁到招远市玲珑镇寨子村（2000 年 5 月 14 日去世），姥姥别的女红技艺就不说了，因为那个年代的老人们，为了生计都需要做的，不过姥姥的手就是巧，在剪纸上就是最好的体现。

我姥姥自小就练得一手的好手工，姥姥的妈妈在她三岁的时候就去世了，姥姥的剪纸是她的姥姥教的。姥姥嫁给我姥爷后，姥爷勤奋能干，家里的活都不用姥姥做，所以姥姥在闲暇的时候就能做剪纸了。在我记事的时候，看见姥姥家的炕边、墙围、顶棚上、箱柜、衣橱、墙上、窗子上面，都贴着各式各样的剪纸图案。每次回姥姥家，都能看见姥姥坐在炕头上，带着她的老花镜，手里拿着一张普通的红纸，在手里叠来叠去，边叠纸还边念叨着：“小红纸，方正正，用它剪纸多威风，小纸落在我手里，我拿它来剪花样，能剪花，能……”一手拿着叠好的红纸，一手拿着普通的刀尖处理好的剪刀，在左右手的协调下，只看见纸上开始出现一个个缺口，碎纸像雪片一样飘落，听见剪刀剪纸的“唰唰声”，一会工夫一个漂亮的团花就完成了。有一次，她又拿起一张长方形的红纸，对折再对折，“三一二一”，按照这个方法，剪了几个小长方形，剪完最后一刀，姥姥将纸慢慢展开的时候，一个漂亮的双喜字，展现在我的面前。天呀！剪纸真是神奇，姥姥用一把小小的剪刀就能变出这么美丽的图画来。这欢快的歌声来自姥姥口中，每次剪纸的时候，她都要一边唱这首歌一边剪纸。每当我看见姥姥在一张纸上飞快地挥舞着剪刀，创作栩栩如生的作品时，我都十分的羡慕。日久天长，村里的人都知道姥姥会剪纸，结婚娶媳妇的都会找姥姥给他们剪喜字，过年的时候也会求姥姥给他们剪些福字窗花，村里的人对她都赞不绝口，在不是农忙或是逢年过节的时候，都会坐在姥姥家的炕头上学剪纸，或者求她剪花样。姥姥家的大炕就是村里最热闹的地方。

我的大姨叫温淑英，现年 77 岁，1944 年出生于山东省招远市玲珑镇寨子村，后嫁到龙口市黄城镇李巷村，受我的姥姥的影响自幼喜欢剪纸，如今的大姨在当地也是一名出色的剪纸能手。听大姨说："从我记事起，就记得小时候，最爱看我妈妈拿着剪刀剪纸，每当妈妈拿起剪刀的时候，我就安静地坐在旁边，看着妈妈怎么叠怎么剪，怎么设计花样，教别人怎么剪，那一张张的红纸，在妈妈的剪刀下来回移动，一会儿就变成一个个好看的图样，有小动物、老寿星、神话故事里的各种人物等。看时间久了，我自己也动起手来剪。从那个时候，我就喜欢上了这门手艺活。"她就是喜欢，凭借着这份兴趣跟着自己的妈妈学会了这门手艺，从开始学习到现在有七十多年了。大姨有几十本书，里面夹得都是剪好的各种各样的剪纸图案，记得大姨每次回娘家的时候，就会让姥姥给她准备剪纸图样，坐在姥姥的旁边和姥姥一起剪，大姨有她自己的想法，她的剪纸方法，不局限于固有的形式，每次都和姥姥探讨着把旧的剪纸图样改变成新的样子。而我也被她们吸引着，特别爱回姥姥家。

我 6 岁那一年，第一次看见心灵手巧的大姨，坐在姥姥家的炕头上，用剪刀在手工纸上轻轻地剪一下，一只活泼可爱，全身粉红的"小兔子"便出现在我的眼前。乍一看，还以为是真的小兔子在吃草呢！我最喜欢的动物是小猴，于是我便对大姨说：“大姨，我喜欢小猴，可以帮我剪一只吗？”大姨立刻停下手中的活，拍拍我的头，笑着对我说：“好呀！大外甥女，大姨这就给你剪小猴子！”于是，她在炕上的小桌子上，拿起纸和笔，先在纸上画一只可爱的猴子，再用剪刀轻轻剪去多余的部分……

姥姥看见我巴巴看着那期盼的小眼神，就拿出给我准备的一套剪纸工具、剪纸图样，看着这些东西，我越看手越痒，于是就央求姥姥和大姨教我怎么剪，姥姥说：“剪纸时剪刀一定要对着你画的轮廓剪，不然剪歪了，或是不顺溜就不好看了。线条要顺畅，不能有毛刺。”我点了点头，接过姥姥给我的剪刀和画好了的一个团花便剪了起来。姥姥在旁边指导着我，告诉我左右手协调的重要性，剪刀的危险，千万不能剪到手，坐在姥姥和大姨的旁边，我边看她们怎么下手，边自己摸索着剪，原以为剪纸很简单，其实并不是我想得那样。突然！那锋利的剪刀刺破了我的手指，“疼……”我生气地把才剪一半的“团花”丢在桌子上，气呼呼地坐在炕上，看着姥姥和大姨。她俩冲我笑着，大姨用纸给我擦着手上的小血珠，并一再告诉我：“剪纸是个细致活儿，心急的人是做不来的，剪刀尖扎纸的时候，不能太用力，否则扎过了，就会扎到自己的手，得使用巧劲儿。剪刀打开，一个刀尖用力，轻轻转一下，就可以进去了。你再试试？”听了大姨的话，我纠结了一下，又看了姥姥一眼，都是鼓励的眼神，我一手拿起了那个“团花”，一手拿起了剪刀，再次剪了起来，这股巧劲儿，我还是不会用，剪刀再次碰到了手指，我停下剪刀看了一下，还好没有出血，只是破了一层小皮，我于是专心致志地剪这个“团花”，不多会儿时间就剪完了，放下剪刀，打开一看，一个漂亮的六角团花便出现了。这是我第一次接触剪纸，虽然线条不流畅 ，手上也被扎了两下，但让我有信心剪下去了，我继续拿起剪刀，一个个漂亮的四角或是六角团花便出现了。刚开始，姥姥和大姨只是教我一些基本的东西。比如：选纸、折纸、画样、用剪刀等。告诉我说，大部分团花剪纸是轴对称的，只需要简简单单在用剪刀“飞舞”四分之一、六分之一或是八分之一个图案，团花便能整整齐齐地展现在我们眼前。得多练习基本功，只有基本功扎实了，才能剪出好看的作品来。在姥姥和大姨的诀窍讲解和示范剪纸之后，我恍然大悟，原来完成一幅剪纸竟然也是易如反掌之事。因为我有姥姥和大姨的指导，学起剪纸来就如鱼得水了。经过一段时间的练习，我就能剪出一些简单的花草和小动物了，看着从自己手中剪出来的作品，心里真是美滋滋的。我也深深地爱上了剪纸，而且从中我体会到了剪纸的奥妙，只有用心去做，才能使作品美不胜收。我们祖孙三代，经常围在炕头上，听着剪刀发出的“沙沙的声音”，就像是美妙的音乐，大姨每次都说“这个时候的你就像小时候的我”，我们三个人哈哈大笑起来。从此我就拿起我的小剪刀，开始我的剪纸生涯。我爱剪纸，虽然它曾经让我疼痛，但我得到的快乐足以抵偿我付出的一切。

经常看见姥姥炕头上一叠剪纸花样，每次给我剪完的时候，手上都是黑色的，就问姥姥这是怎么回事，姥姥就告诉我，这些的花样子她都是用烟火、煤油灯或是蜡烛熏的，这样花样子才能保存下来，成为远近乡村剪花的样子。姥姥一边操作，一边给我解释：“将剪完的纸样放在报纸或是白纸上，一起平放在水里，待水将纸浸湿，而又不能带出水珠，将纸样和白纸同时从水里面拉出来，平贴在木板上，然后将木板朝下，将纸放在烟火、煤油灯或是蜡烛下熏，但是不能离灯头太近，以免烧焦，移动的速度不能太快，得让每一处都熏到，再把木板拿到通风的地方，让它晾干，等到晾干后，再把上面的纸样拿掉，这样新的花样就保留下来了。”

大姨还告诉我，要做一幅剪纸，不管简单还是复杂的，步骤还需要很多。

第一步是画图，刚开始学剪纸的时候，可以从照着画图开始，选一幅自己喜欢的剪纸图样，细心观察，用铅笔画出来，或者复印出来进行剪刻，这是刚开始学习剪纸效果最好、最便捷的方法。

第二步是画稿，就是根据自己想剪的主题，再根据剪纸的特点，从构图、造型、黑白关系、装饰纹样等全方面考虑，构思好后再画出大概的轮廓，修改定稿后，再勾勒出线条，这样才能看出疏密关系、黑白关系、线条粗细。构思确定后，起稿布局，对画面进行具体的描绘，画出黑白效果，修改部分可用，对刚开始学习剪纸来说，稿子越详细，剪起来越省事，若是对称的图案，画一半就可以了。

第三步就是剪或者刻，如用刀子刻，须将花样和红纸用纸捻固定好，将四角固定在蜡盘上，再由中心慢慢向四周刻，刀的顺序如同写字一样，由上到下、由左到右、由小到大、由细到粗、由局部到整体。尽量避免重复下刀，不要的部分必须刻断，不能用手来撕，否则，剪纸会撕碎或是带毛边。

如用剪刀剪，把画好或者熏好的剪纸图样，放在两张或是四张红纸上，四周用纸捻固定后，就可以剪了。剪的顺序最好是先中间后外圈，从细小的、难以剪的地方下手，一半的也可以先内后外、先上后下、先左后右、先细后粗。

第四步是揭离，剪刻完成后，需要把剪纸一张张纸揭开，因为纸的材质和图样的难易程度不同，揭开的时候需要格外小心，最后将剪好的纸轻轻抖动一下，让纸张互相脱离，然后再一张纸分离。

第五步是粘贴，作品分开后，还需要粘起来，粘到自己需要装饰的地方，也便于保存。方法有两种，第一是把剪纸平放在托纸上，用毛笔或是细木条蘸上浆糊，由里向外一点点粘住，不过这种方法不能使剪纸全部粘平，速度也比较慢，优点是比较简单。第二种是把剪纸反过来平放在纸上，然后用排笔蘸着调稀了的糨糊，轻轻地平刷在要粘的纸上，注意不要把纸刷皱起来，刷子上的糨糊一定要少，然后很快把刷好糨糊的这一面，合在剪纸的背面，用手轻轻压平，使剪纸全部粘在托纸上，轻轻揭起来，晾干、夹平、保存。

我的作品内容挺广泛，我喜欢自然和谐、造型生动夸张的剪纸风格，在灵活运用前人技巧的同时敢于大胆创新，被一些剪纸前辈称为“新一代剪纸能手”。在大家的鼓励下，我不断学习、创作，剪纸技艺有了较大的提高，逐渐涉及从事剪纸工艺。后来经常会参加一些展会、活动等，在这些地方，认识了不少剪纸前辈，既观赏他们的剪纸作品，还可以接受前辈的亲身指教，更是结识了许多同行，从他们身上学习到了很多，在剪纸艺术上得到了很大的启发和提高，回来后我自己也慢慢揣摩感悟，使自己的剪纸技艺有了很大提高。作品有《金陵十二钗》《八仙过海》《牡丹》《56个民族》《二十四孝》《十二生肖》《老鼠娶亲》及部分表现我们这里民俗风情的作品。

剪纸是我国民间传统手工艺术，具有一千多年的历史了，是非物质文化遗产的一种，现在政府和学校都开始逐渐重视民间手工艺，为了把我国这一民间传统艺术发扬光大，让剪纸这门民间手艺后继有人，同时让更多的学生了解剪纸，学习剪纸，市里的多所学校开设“剪纸兴趣小组”，让我去给孩子们传授剪纸技艺，提高学生的动手操作能力和审美能力。我曾在招远实验小学、丽湖小学、金晖小学、泉山小学、魁星小学、龙鑫小学等学校做过外聘剪纸老师。

为了让孩子们更好更快地学习剪纸，摸索总结了一套比较容易接受的剪纸方法：

首先，对于初学剪纸的学生，我把图样打印出来，让他们准备两张红色纸，把打印好的图样用订书机钉在红纸上。单幅剪纸一般四至六张最好剪，单层或层数太多都不好剪，考虑到纸太多太厚，学生们力度太小，不好剪，就订了两张。学生拿到图样后，先分析手中的图样，考虑图案的特性，是否是对称图形，看清应该去白留黑还是去黑留白。

然后，按照剪纸过程的“三先三后”原则，先复杂后简单，先主要后次要，先中间后外圈。采取插入法，从中间空白处开始剪起，再剪外围，将图样按照由内向外裁剪。下剪时要让剪尖落在空白处的中间，再向边缘逐渐剪去，直到空白处全部剪完。如果把剪尖落到边线上，那样很容易剪出线，使边缘线不能整齐流畅，甚至造成剪纸破碎。确定中间空白处都已经剪裁完毕后，再将外围剪掉。特别要注意的是，手要捏紧纸张，左右手相互配合转动纸张，否则在剪外围的时候，很容易走形。沿着外围画好的线条依次下剪刀时，注意线条要流畅，中间没有锯齿痕。每次上课的时候，我会先用几分钟的时间，让孩子们先参观一些老艺人们的剪纸作品，了解一些简单的剪纸符号，展示剪纸、刻纸、撕纸等形式，每节课都讲一些，这样孩子们可以逐渐记住。

剪纸教学这方面，我大概从事了十年左右，坚持下来的理由，一方面是自己的爱好，另一方我觉得剪纸传承应该从孩子开始。再就是我觉得学习剪纸的确对孩子们有好处，很多小朋友都十分喜欢剪纸，因为漂亮又可以自由发挥，有些家长认为孩子学习剪纸没必要，不过就只是剪剪纸，没什么发展，这是一种错误的观点。剪纸这种民间艺术的题材都来源于生活，来源于大自然。因此，在孩子创作剪纸的同时，首先要有丰富的生活经验，孩子也自然而然地需要在平时的生活中，做一个有心人，学会观察并善于观察。通过我的教学实践我觉得，剪纸能培养孩子的多方面能力，比如说孩子的观察能力、手眼协调能力、审美能力，还能培养孩子的耐性，养成良好的生活习惯。剪纸是一种安静的艺术，剪纸的过程相对复杂，要完成一幅生动的作品，学生必须耐下心来，安安静静坐下来，专心致志地先画样、定稿，再按照画好的线条小心地裁剪，需要静心，不急不躁。我在上课的时候发现，开始的时候，孩子们基本上不能剪出一个完美的纹样或图案来，一方面是在家的时候，用剪子的机会很少，左右手不协调，另一方面就是有些学生的性格急，一下剪子就着急剪，直接捅破了，但是在后期学习剪纸的过程中，学生们左右手也协调了，也能坐得住了，心也能沉静下来，剪出他们要剪的图案来。这样久而久之，培养了学生们的耐心、细致的好性情。像剪完纸会有许多碎屑，还要认真地清理纸屑，能养成孩子保持环境卫生的好习惯。最主要的我觉得剪纸能培养孩子的创新能力。我觉得只要发挥自己的想象力，并且能表现出来就是创新。一个人的想象是很丰富的，只不过有时候是没表现出来而已。像在剪纸制作过程中，少剪一剪刀或你多剪一剪刀，呈现出来就是不同的剪纸作品。在给孩子们上课的时候，我经常告诉他们：我是这样设计的，但图样只是一个参考，每个人都可以根据自己的想法，添加上自己喜欢的剪纸符号。所以经常会看到，当学生完成我指定的图案后，剩余的时间里，动手能力强的学生会利用现有的图案再添加一些剪纸符号，或者随意性地画些图案，他们会剪出一些新的作品来，然后兴高采烈地举起给我看：“老师！你看，我自己想象来剪的，不错吧！”说真话，这种时候我就有一种无比的满足感，这就是我最想看到的，我觉得这也是这节课最成功的地方。我教的那些学生有多次参加全国剪纸比赛并获奖，而我也获得指导教师优秀奖。这样的剪纸教学我还会继续下去，希望剪纸这门艺术在孩子们的手里有更好的发展。

后　记

2017年1月25日，中共中央办公厅、国务院办公厅印发的《关于实施中华优秀传统文化传承发展工程的意见》中提道："文化是民族的血脉，是人民的精神家园。文化自信是更基本、更深层、更持久的力量。"提出要实施非物质文化遗产传承发展工程。2021年8月12日，"两办"再一次印发《关于进一步加强非物质文化遗产保护工作的意见》。可以说，全社会都在重视优秀传统文化的传承和发展。作为非物质文化遗产名录第七类民间美术的民间剪纸，是"非遗"的重要组成部分。烟台剪纸是山东剪纸乃至中国剪纸中的佼佼者，繁密、细致、精美又具有地域特点，2008年入选第二批国家级非物质文化遗产代表作名录，2009年又作为《中国剪纸》的一部分入选联合国教科文组织《人类非物质文化遗产代表作》名录，现有国家级、省级、市级、县级代表性传承人40余人，其中国家级1人，省级4人。

烟台民间剪纸，在我国的剪纸艺术中久负盛名，独具特色，分布于烟台市各县市区，广泛应用于各种喜庆节日的居住装饰以及婚丧嫁娶等人生礼仪各个方面，同时也用于娱神赐福、防避守护、消灭灾患、诅咒替身以及服饰佩戴等方面，日常生活民俗、建筑民俗、节日习俗、民间俗信等都可以从剪纸上找到印证，可谓是地域文化的活化石。人们用这种民间美术形式，美化环境，赞美生活，表达内心对吉祥幸福生活的向往。在过去，剪纸就是人们生活中的一部分，流行剪纸的区域大部分农家妇女都会剪纸，其中不乏剪得好的民间手艺人，这些手艺人有一些就成为现在烟台剪纸的代表性传承人。

这些人中只有个别剪纸传承人偶尔有见诸报端的简单介绍，他们对于自己的剪纸，也大多还停留在浅层次的欣赏或办展览上，没有系统的展示与研究。口述史首先是一种研究方法，可以填补重大历史事件和普通生活经历中那些没有文字记载的空白，或至少弥补其不足。同为烟台剪纸，各县市的代表性传承人各有特点，或粗犷或细腻。对这些代表性剪纸传承人进行口述史采录，从他们的剪纸经历和实践中去感知烟台剪纸，去听取他们对剪纸作品的解读，听他们的剪纸故事。大千世界，每个人都有自己的经历与故事，这些剪纸传承人含老中青三代，其中有 70 岁到 90 岁的老人，也有 40 岁到 60 岁的中年，还有 90 后的年轻人。他们每个人都是一个传奇，每个人都有一个自己的剪纸世界。烟台剪纸有广泛的群众基础，民间有无数剪纸艺人和剪纸爱好者，这些传承人也只是其中的一分子，是烟台剪纸的骨干和中坚力量。他们看似是一个个独立的个体，其实更是一个集体。烟台剪纸代表了烟台地域的人们自古至今的审美和民俗诉求，每个传承人都代表了烟台剪纸，而不应该以个人利益而损害烟台剪纸的整体性。因此，剪纸不是哪一个人的，而是民间群体的遗产，传承人对于剪纸重要，剪纸对于每个传承人更重要。我做这个口述，看似是在做个体传承人，但更重要的是为了整体的烟台剪纸得到更好的传承和发展。

2006 年，我第一次参与烟台市非遗名录评审工作，这也是我第一次接触烟台剪纸。这期间对烟台剪纸的喜爱与日俱增，我在外出的时候也开始关心其他省份的剪纸，天津、河北、陕西、广东等，对比看下来，觉得烟台剪纸极具地域特色，甚至烟台域内各县市的剪纸也是风格迥异。看得多了，愈加觉得烟台剪纸的精美。2018 年 10 月，我有幸随烟台市文化馆的国家艺术基金项目《600 年 · 回眸——烟台剪纸艺术韩国行》，前往韩国首尔、大丘、安东三市巡展，看着韩国人对烟台剪纸的赞叹，心中那种自豪感无以言表。当时就有了想为烟台剪纸做点什么的念头，我觉得这样好的民间艺术应该让更多的人知道。随着对剪纸的关注度提高，我与一些剪纸传承人也有了一些接触，也知道了他们的辛苦与不易，为他们对剪纸艺术的坚守感动和敬佩，便萌生了把传承人的剪纸经历和故事以口述的方式展现出来，借以宣传烟台剪纸的想法。因此，2019 年我申报了山东省社会科学规划研究项目“烟台剪纸代表性传承人口述史整理与研究”（19CZWJ03）。由于疫情的影响，2020 年上半年进展不大，采录工作到下半年才全面展开。当我联系到这些传承人的时候，有的人很激动也很热情，也有的人持观望和冷漠态度，感受不到自己对烟台剪纸传承的重要性。由于各种原因，最终采录到 33 位烟台剪纸的代表性传承人，其中包含两对母女和一对母子，两代同为传承人。编排上按照国家级、省级、市级、县级依次排序，同属一个级别根据评定批次先后排序，同一批次则按姓名的音序排列。

作为口述史，我主要的构思是，对每一位代表性传承人做客观记录，揭示烟台剪纸的演变发展过程和丰富独特的文化特点：

谈剪纸缘起。从每一位代表性传承人剪纸的缘起与启蒙开始，请他们口述自己的剪纸创作之路，谈剪纸之于他生活中的地位；有的传承人在剪纸的同时也收藏大量剪纸与熏样，也兼及谈自己的收藏故事。

谈创作特点与代表作品。这些传承人中有耄耋老人，也有 90 后的年轻一代，每个人的风格不同，代表了各自地域的剪纸特点。烟台剪纸中的蓬莱、龙口、招远、莱州、栖霞、福山、牟平等地剪纸各有特点，即使同一个县，东、西、南、北也会形成差异。传承人对自己作品都有定位，对本地剪纸与其他地方剪纸的差异都有自己的看法，也都有自己的代表作品。任何作品的创作都离不开时代，作品一定会反映时代的风貌，一些重要的事件及节点都有剪纸的参与。因此，收录传承人的代表作品，是因为这些作品是创作者的心血，也是对时代的记录与见证。

谈继承与创新。时代在变，剪纸的创作也必然会有传统与现代的交汇，无论是从技法上还是题材上都会有所变化，因而继承与创新一直是相生相长，如何对待继承与创新的关系是每个传承人都避不开的问题，也有他们各自的心路历程。请传承人谈他们自己如何看待借鉴与变革、继承与创新的关系，他们自己又有哪些创新。

谈传承与发展。每一个代表性传承人都有清楚的传承谱系，请他们谈自己的师承与授徒情况。非遗时代，作为项目代表性传承人是一种荣誉，也肩负着一种使命，那就是传承与发展的重任。因而，有些传承人热心做公益，进社区、进学校，传授剪纸技艺，积极开展传承活动，培养后继人才。有的还走出国门，进行国际文化交流等。

谈影响与效益。成为代表性传承人的剪纸艺术家们，技艺精湛，作品受到广泛的欢迎，很多人都有参加国内外大赛和展览的经历，作品也获得多种奖项。有了社会影响，也带来了社会需求和经济效益，有的人还成立了剪纸工作室或剪纸工坊，办起了剪纸博物馆。请他们谈谈各自的现状及未来打算。

做口述史，首先就是要对各位传承人作田野采录，如何确保采录材料真实有效，需要做大量的准备工作；其次，对采录的资料进行分析整理，从具体的人物和事件里，梳理出最贴近当时剪纸所表现出的文化现象，总结其特点，条贯其内在理路。因而，在对传承人进行采录的过程肯定会遇到一些困难，如年龄层次、文化层次、方言表述、受访人是否配合等具体难题；另外，关于烟台剪纸的文献记载很少，民间说法不一，其中不少内容错综叠合，如何甄别，如何准确阐发它们之间的内在关联与影响，如何界定某些剪纸的年代，都有一定难度。

最初我找到这些传承人的时候，好多人不明白口述是要做什么，认为还是像平时参展那样写个简介，他们不知道有人会听他们讲自己的经历和故事；他们也不理解怎么还有人会免费为他们出一本书，甚至问我是否需要赞助或作品。这些传承人的文化素养也参差不齐，有的对剪纸有很深的研究，有的只知道剪；有的非常自信，有的则很谦恭甚至自卑；但在采录过程中，遇到的最多的还是传承人对剪纸的热爱甚至痴迷。采录整理的过程是我之前没有想到的艰辛，首先是人太多，跑的地方多，有时候约一位老师要约好几次才能成行，还有的老师不善言辞，一次所得材料不多。整理文稿的时候遇到的问题更大，口述史的语体主要是口语，和书面语的表达差异很大。既要保留传承人的表达特点，又要兼顾到读者的阅读顺畅，这种转换和自己写稿子完全两回事。譬如有一位传承人，我把对她的采录从两万多字最后压缩至不足一万字，断断续续几乎花费了一个月的时间，这种整理不是想象地直接删改，还要调整句子的语序和内容的前后顺序等，因为有时可能说着说着就岔出去了，真的是字字句句费心思。还有的由于表述不准确，需多次求证，以保证材料的准确性。另外作品图片的选取，有时在一堆图片里找不到能用的，要么像素低，要么没特点，要么照片拍摄角度和效果太差等。

口述史在国际学术界受到广泛和高度的重视，一个重要的原因是，口述史在复原历史资料方面，有其他任何档案、文献资料无法替代的价值。有道是“言为心声”，通过剪纸人的口述，可以看到胶东剪纸这些个体传承者的现状，他们在关心和担忧什么，他们用剪纸在表达什么。从他们的叙述中看到不同时代的剪纸特点及当下剪纸的发展，看到烟台剪纸乃至胶东剪纸的过去、现状与将来，从个体叙述中看到烟台剪纸的整体面貌。譬如他们中比较明显地分为两派，一个是传统派，重技艺，手艺精，手里大多收藏有许多传统老花样，他们中有些人觉得烟台剪纸已经不纯粹了；一个是创新派，认为应该重创新，当然创新也离不开传统。实则两者都是在传承，侧重点不同而已，守成与创新历来都在共存与发展。

烟台剪纸已入选世界级非遗名录，其剪纸资源丰富，民间的传统熏样和剪纸藏品多，代表性传承人群体活跃。通过对这一群体的口述整理，可以让更多的人了解烟台剪纸的精美和这些代表性传承人的精湛技艺，也使得这些口述互相印证，不至于形成孤证。做传承人的口述史最终还是为研究剪纸所用，习近平总书记号召我们要“加强对中华优秀传统文化的挖掘和阐发”，加强我们民族的文化自信。当代社会，剪纸并没有失去其价值，反而更加成为人们喜闻乐见的艺术形式，在庙会、节庆、仪式、游艺等文化空间，烟台剪纸都成为最活跃、最受欢迎的形式之一。有些剪纸传承人走进社区、走进学校，对于剪纸的普及和传承不懈努力，有的还走出国门进行国际文化交流，使剪纸成为世界了解中国文化极好的窗口。对于这些代表性传承人而言，他们把毕生的精力放在剪纸上，做好他们的口述史，也是对其价值的一种肯定和承认，让他们更有动力将剪纸技艺继续传承下去。目前对剪纸的研究成果多是从民间美术的角度做探究，对烟台剪纸的研究和挖掘明显不够。以这些口述史作为第一手资料研究烟台剪纸，不仅可以反观过去不同时代的生活状貌，对于研究胶东民俗和地域文化有重要的价值，还可以推动烟台剪纸的保护和传承，为实施国家和地方的非物质文化遗产传承发展工程助力。因此，我愿意为烟台剪纸和烟台剪纸的代表性传承人鼓与呼，也希望有更多的人关注烟台剪纸，共同助力烟台剪纸焕发出新的时代光彩。

本书的出版是许多人共同努力的结果，首先感谢烟台剪纸的各位代表性传承人老师的支持，他们对剪纸的热爱与坚守是促使我坚持做下去的动力。感谢曲青棠老师、郭万祥老师、曲绍平老师的大力支持，他们是烟台剪纸的专家、践行者和研究者，给我许多意见和指导，特别感谢曲青棠老师，百忙之中为本书热情作序。感谢烟台市文化馆的曲建鹏主任，为本书提供资源并帮忙联络。感谢我的先生，每每驱车陪我下乡。感谢我的学生徐广田、刘鑫萍、李雪婷、吕薇。感谢甄利英和丁立松老师费心编辑。本书得到鲁东大学文学院科研经费支持，感谢胡晓清教授及各位同仁的大力支持，是大家的关爱使拙作得以顺利出版。

兰　玲

2021 年 9 月 19 日

图书在版编目（CIP）数据

烟台剪纸代表性传承人口述史 / 兰玲，王淼，杨超著. -- 湘潭 : 湘潭大学出版社，2022.2
ISBN 978-7-5687-0745-9

Ⅰ. ①烟… Ⅱ. ①兰… ②王… ③杨… Ⅲ. ①剪纸—民间艺人—事迹—烟台 Ⅳ. ① K825.72

中国版本图书馆 CIP 数据核字（2022）第 058560 号

烟台剪纸代表性传承人口述史

YANTAI JIANZHI DAIBIAOXING CHUANCHENGREN KOUSHUSHI

兰玲 王淼 杨超 著

责任编辑：丁立松
封面设计：清 清
出版发行：湘潭大学出版社
社 址：湖南省湘潭大学工程训练大楼
电 话：0731-58298960 0731-58298966（传真）
邮 编：411105
网 址：http://press.xtu.edu.cn/
印 刷：长沙创峰印务有限公司
经 销：湖南省新华书店
开 本：710 mm×1000 mm 1/16
印 张：17.75
字 数：246 千字
版 次：2022 年 2 月第 1 版
印 次：2022 年 2 月第 1 次印刷
书 号：ISBN 978-7-5687-0745-9
定 价：58.00 元